现代农业产业体系北京市奶牛创新团队资助

北京奶业经济发展研究
（2020）

刘　芳　路永强◎著

中国商务出版社
CHINA COMMERCE AND TRADE PRESS

图书在版编目（CIP）数据

北京奶业经济发展研究. 2020 / 刘芳，路永强著
. -- 北京：中国商务出版社，2021.10
　ISBN 978-7-5103-4032-1

　Ⅰ.①北… Ⅱ.①刘…②路… Ⅲ.①乳品工业—经
济发展—研究报告—北京—2020 Ⅳ.①F426.82

中国版本图书馆CIP数据核字(2021)第197308号

北京奶业经济发展研究（2020）
BEIJING NAIYE JINGJI FAZHAN YANJIU (2020)

刘　芳　路永强　著

出　　版：	中国商务出版社	
地　　址：	北京市东城区安外东后巷 28 号　　邮　编：	100710
责任部门：	教育事业部（010-64255862　cctpswb@163.com）	
责任编辑：	刘豪	
直销客服：	010-64255862	
总 发 行：	中国商务出版社发行部（010-64208388　64515150）	
网购零售：	中国商务出版社淘宝店（010-64286917）	
网　　址：	http://www.cctpress.com	
网　　店：	https://shop162373850.taobao.com	
邮　　箱：	cctp@cctpress.com	
排　　版：	德州华朔广告有限公司	
印　　刷：	北京建宏印刷有限公司	
开　　本：	710 毫米 × 1000 毫米　1/16	
印　　张：	20　　　　　　　　　　　字　数：286 千字	
版　　次：	2021 年 10 月第 1 版　　　印　次：2021 年 10 月第 1 次印刷	
书　　号：	ISBN 978-7-5103-4032-1	
定　　价：	58.00 元	

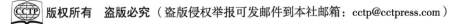

作　者

刘　芳　　路永强　　何忠伟　　王　琛　　袁艳云　　郭江鹏

孙志华　　任　康　　杨宇泽　　王　俊　　韩庆民　　陈维鹏

高彬彬　　成旭冬　　刁艺帅　　邢晨雨　　王海莲　　许　可

王天坤　　温富勇　　陈　琛　　姜小平

　　本书以北京奶牛产业经济发展为主线，以都市型高效现代农业为背景，从政策宏观、产业中观、企业微观三个层次对北京奶业经济发展和政策进行了全面的梳理，并在此基础上系统分析了北京奶牛养殖、乳企品牌、市场流通、奶业链等内容。同时，着眼于北京奶业可持续性和京津冀一体化，力求全方位审视北京奶牛产业经济发展全貌。本书的内容包括八章。

　　第一章：北京奶牛产业发展概况。在分析总结2020年北京市奶牛产业养殖、加工流通、市场消费和奶牛种业基础上提出了北京奶业发展的政策建议。

　　第二章：物联网技术在北京奶牛养殖业的应用研究。主要通过对北京奶业发展的分析，提出北京奶业对物联网技术的发展需求；其次通过研究物联网在奶业的应用，针对奶业生产物联网技术应用进行分析，从而总结出物联网应用在北京奶业中发展的问题；最后根据分析结果，归纳出北京物联网在促进奶业发展上还需要改进的方面，并根据新时代国家对奶业振兴的要求提出相关建议。

　　第三章：北京乳企品牌价值评估与发展战略研究。本章聚焦北京乳业企业品牌这一农业品牌的中流砥柱，研究其品牌发展现状、计算其品牌价值并提出北京乳企品牌发展的政策建议。

　　第四章：北京市乳业冷链物流成本优化分析研究。本章梳理了北京乳业产业发展与乳业冷链物流现状，分析了北京乳业冷链物流成本构成，并基于蚁群算法的优化配送成本模型，提出了北京乳业冷链物流成本控制优化策略。

第五章：北京市奶业链利益分配机制优化研究。本章基于合作博弈框架，分析北京市奶业链各环节成本收益构成和利润分配，并运用Shapley值法按照各成员贡献程度对利润分配机制进行优化。最后，给出了改善北京市乳制品奶业链利益分配优化方案及行业发展建议。

第六章：奶牛养殖业奶料比的国际比较。本章通过测算四国奶料比并利用随机前沿模型实证研究各国奶牛养殖效率，旨在研究与国际先进水平比较我国奶牛养殖业的发展水平，并借鉴国外经验探究提升养殖效益和效率的路径，从而促进我国奶牛业的健康发展。

第七章：北京奶业一体化管理平台构建研究。本章基于北京奶业一体化的背景下，为达到整合奶业各经营主体奶牛产业信息的目标，简化奶业各主体获取信息的渠道和方式，就北京奶业一体化管理平台的构建做出了详尽的规划。

第八章：北京生鲜乳价格协商机制构建研究。本章在分析北京市建立生鲜乳价格协商机制必要性的基础上，借鉴上海、河北的生鲜乳价格协商机制经验，并基于北京三元在奶源领域的有益探索，提出了在北京市建设生鲜乳价格协商机制的政策建议。

本书在调研与撰写的过程中得到了北京市农业农村局畜牧渔业处、北京市畜牧总站、北京市各郊区县农委、中国奶业协会、北京市奶牛创新团队等单位的大力支持；借鉴了同行专家的宝贵意见，在此一并表示感谢！

由于我们研究水平有限，本书还存在很多不足，敬请批评指正！

作　者

2021年8月

目 录

第一章　北京奶牛产业发展概况 ··· 1

　一、生产现状 ··· 2

　二、加工流通现状 ·· 13

　三、市场消费现状 ·· 16

　四、奶牛种业发展现状 ·· 19

　五、北京奶业发展政策建议 ·· 20

第二章　物联网技术在北京奶牛养殖业的应用研究 ················· 23

　一、物联网技术概念与发展应用 ·· 24

　二、北京奶业发展对物联网技术的需求 ·································· 31

　三、北京奶业物联网技术的应用研究 ···································· 34

　四、北京奶牛养殖业物联网技术应用存在的问题 ·························· 45

　五、北京奶业发展物联网的对策建议 ···································· 50

第三章　北京乳企品牌价值评估与发展战略研究 ··················· 55

　一、北京乳企品牌发展现状 ·· 57

　二、北京乳企品牌价值影响因素分析 ···································· 66

　三、北京乳企品牌价值评估 ·· 68

　四、大型乳企品牌价值成功经验借鉴 ···································· 84

　五、北京乳企品牌发展战略政策建议 ···································· 92

第四章　北京市乳业冷链物流成本优化分析研究………………… 97

一、相关概念和理论………………………………………… 98

二、北京乳业冷链物流现状与配送公司 A 现状及配送成本分析…… 105

三、北京乳业冷链物流成本优化主要面临的问题………………… 120

四、北京乳业冷链物流成本优化研究…………………………… 122

五、北京乳业冷链物流成本优化对策…………………………… 133

第五章　北京市奶业链利益分配机制优化研究………………135

一、研究综述………………………………………………… 137

二、北京奶业链发展现状……………………………………… 138

三、北京奶业链利益分配实证分析…………………………… 143

四、对策建议………………………………………………… 147

第六章　奶牛养殖业奶料比的国际比较……………………149

一、相关概念的界定及理论基础……………………………… 150

二、国内外奶牛养殖业概况…………………………………… 156

三、国内外奶牛养殖业中的奶料比测算分析…………………… 182

四、奶料比对养殖效率变动的贡献度分析……………………… 200

五、国外奶牛养殖业经验借鉴及对策建议……………………… 207

第七章　北京奶业一体化管理平台构建研究………………211

一、相关概念界定和理论基础………………………………… 213

二、北京奶业一体化发展现状及问题………………………… 214

三、北京奶业管理信息化发展概况…………………………… 223

四、各主体对北京奶业一体化管理平台的加入意愿和需求……… 236

五、北京奶业一体化管理平台设计…………………………… 252

六、北京奶业一体化管理平台运行机制……………………… 264

七、构建北京奶业一体化管理平台保障机制………………… 269

第八章　北京生鲜乳价格协商机制构建研究 ……………………277

一、在北京市建立生鲜乳价格协商机制的必要性……………… 278

二、上海与河北生鲜乳价格协商机制的经验借鉴……………… 279

三、北京三元推行的生鲜乳按质论价体系……………………… 287

四、在北京市建设生鲜乳价格协商机制的政策建议………… 288

参考文献 ……………………………………………………290

图目录

图 1-1 北京市奶牛存栏量和成乳牛存栏量 ·········· 3

图 1-2 2020年北京100头以上规模化牛场布局图 ·········· 4

图 1-3 2011—2020年北京市牛奶产量及成乳牛单产情况 ·········· 6

图 1-4 2014—2020年每50公斤主产品成本 ·········· 11

图 1-5 2020年北京示范牛场净利润 ·········· 12

图 1-6 2014—2020年北京示范牛场成本收益率 ·········· 12

图 1-7 2020年北京各区示范牛场成本收益率 ·········· 13

图 1-8 2010—2020年北京乳制品产量变化情况 ·········· 14

图 2-1 物联网解决方案架构图 ·········· 25

图 2-2 物联网在奶牛养殖环节的应用 ·········· 34

图 2-3 计步器 ·········· 39

图 2-4 各大类物联网技术应用在奶牛场的应用情况 ·········· 42

图 2-5 各类物联网技术在奶牛场的应用情况 ·········· 43

图 2-6 物联网技术成本投入情况 ·········· 44

图 2-7 物联网技术在奶牛养殖业中存在的问题分析 ·········· 45

图 3-1 Interbrand模型介绍 ·········· 69

图 3-2 品牌强度曲线 ·········· 71

图 4-1 节约里程法示意图 ·········· 104

图 4-2 2012—2018年北京货运量 ·········· 105

图 4-3 2017年中国冷库容量前十位省（区、市） ·········· 107

图 4-4　2018年中国冷藏车数量前十位省（区、市）·················· 108

图 4-5　2017年10月A公司超市节点 ···························· 116

图 4-6　2017年10月A公司超市节点示意图 ···················· 116

图 4-7　配送节点路线示意图 ································· 117

图 4-8　节约里程法示意图 ··································· 124

图 5-1　产业链研究关键词 ··································· 138

图 5-2　北京市玉米产量与播种面积 ··························· 139

图 5-3　北京市牛奶产量与奶牛存栏量 ························· 139

图 6-1　2005—2019年澳大利亚养殖场数量和奶牛存栏量变化趋势 ··· 157

图 6-2　2005—2019年澳大利亚养殖规模变化 ·················· 158

图 6-3　2000—2019年新西兰牛奶产量与奶牛存栏量变化趋势 ······ 161

图 6-4　2002—2018年新西兰养殖规模变化趋势 ················ 162

图 6-5　2000—2019年新西兰奶牛单产水平变化趋势 ············· 163

图 6-6　1975—2020年美国奶牛养殖场数量的变化趋势 ··········· 165

图 6-7　1996—2018年美国平均养殖规模变化情况 ·············· 166

图 6-8　2000—2016年美国不同规模养殖场牛奶生产比例 ········· 167

图 6-9　1996—2018年美国奶牛单产水平 ····················· 168

图 6-10　2005—2018年荷兰平均饲养规模变化趋势 ············· 169

图 6-11　2000—2018年荷兰奶牛单产概况 ··················· 172

图 6-12　1978—2018年我国奶牛存栏量及牛奶产量变化趋势 ······· 173

图 6-13　2008—2018年全国奶牛养殖主要地区奶牛养殖场数量变化趋势 ··· 175

图 6-14　2008—2018年全国主要地区奶牛头数变化趋势 ·········· 176

图 6-15　2008—2018年全国主要地区奶牛养殖规模变化趋势 ······· 178

图 6-16　2003—2017年中国奶牛养殖规模比重变化趋势 ·········· 178

图 6-17　1996—2018年牛奶产量变化趋势 ···················· 180

图 6-18　1996—2018年五国奶牛头数变化趋势 ················· 181

图 6-19　1996—2018年五国平均养殖规模变化趋势 ············· 182

图 6-20　1996—2018年五国奶牛单产变化趋势 ⋯⋯⋯⋯⋯⋯⋯⋯ 182

图 6-21　大规模养殖模式下不同地区的奶料比变化情况 ⋯⋯⋯⋯ 185

图 6-22　2008—2018年不同规模奶料比变化趋势 ⋯⋯⋯⋯⋯⋯⋯ 191

图 6-23　测定牧场的奶料比趋势图 ⋯⋯⋯⋯⋯⋯⋯⋯⋯⋯⋯⋯⋯ 193

图 6-24　2015—2018年澳大利亚奶料比变化情况 ⋯⋯⋯⋯⋯⋯⋯ 194

图 6-25　2015—2018年新西兰奶料比变化趋势 ⋯⋯⋯⋯⋯⋯⋯⋯ 195

图 6-26　2015—2018年美国奶料比变化趋势 ⋯⋯⋯⋯⋯⋯⋯⋯⋯ 196

图 6-27　2015—2018年荷兰奶料比变化趋势 ⋯⋯⋯⋯⋯⋯⋯⋯⋯ 197

图 6-28　2015—2018年五个国家的奶料比情况 ⋯⋯⋯⋯⋯⋯⋯⋯ 198

图 6-29　奶料比对养殖效率的影响路径图 ⋯⋯⋯⋯⋯⋯⋯⋯⋯⋯ 206

图 7-1　2007—2016年北京市乳制品产量及乳制品收入情况 ⋯⋯⋯ 215

图 7-2　2010—2016年原料奶产量、乳制品产量和乳制品进口量变化图⋯ 217

图 7-3　2015年1月至2017年8月北京市示范牛场生鲜乳收购价格变化情况

⋯⋯⋯⋯⋯⋯⋯⋯⋯⋯⋯⋯⋯⋯⋯⋯⋯⋯⋯⋯⋯⋯⋯⋯⋯⋯ 218

图 7-4　2007—2015年北京市乳制品加工企业总数及亏损企业个数 ⋯⋯ 219

图 7-5　2007—2015年北京市乳制品企业利润变化趋势 ⋯⋯⋯⋯⋯ 219

图 7-6　2011—2016年北京乳制品产量和液态奶产量变化 ⋯⋯⋯⋯ 220

图 7-7　2007—2017年北京市液态奶和干乳制品进口量 ⋯⋯⋯⋯⋯ 221

图 7-8　一牧云管理平台图 ⋯⋯⋯⋯⋯⋯⋯⋯⋯⋯⋯⋯⋯⋯⋯⋯ 225

图 7-9　GEA管理平台图（一） ⋯⋯⋯⋯⋯⋯⋯⋯⋯⋯⋯⋯⋯⋯ 226

图 7-10　GEA管理平台图（二） ⋯⋯⋯⋯⋯⋯⋯⋯⋯⋯⋯⋯⋯ 226

图 7-11　阿菲金管理平台图（一） ⋯⋯⋯⋯⋯⋯⋯⋯⋯⋯⋯⋯⋯ 227

图 7-12　阿菲金管理平台图（二） ⋯⋯⋯⋯⋯⋯⋯⋯⋯⋯⋯⋯⋯ 227

图 7-13　奶牛一点通管理平台图 ⋯⋯⋯⋯⋯⋯⋯⋯⋯⋯⋯⋯⋯⋯ 228

图 7-14　北京市13家示范牛场管理软件使用状况 ⋯⋯⋯⋯⋯⋯⋯ 229

图 7-15　北京13家示范牛场员工学历分布 ⋯⋯⋯⋯⋯⋯⋯⋯⋯⋯ 231

图 7-16　养殖户对奶业协会信息网关注度 ⋯⋯⋯⋯⋯⋯⋯⋯⋯⋯ 235

图 7–17　北京奶业协会信息网图片 ················· 236

图 7–18　荷斯坦信息网图片 ······················· 236

图 7–19　行政管理部门宏观调控图 ··············· 244

图 7–20　平台使用过程中的问题 ·················· 246

图 7–21　利益协调机制 ··························· 266

图 7–22　北京奶业一体化管理平台保障机制 ······· 270

表目录

表 1-1　北京市各区奶牛存栏情况　·················· 4

表 1-2　2020年北京示范牛场生鲜乳质量情况·········· 8

表 1-3　北京市奶牛产业地方标准　·················· 9

表 1-4　2020年北京示范养殖场成本构成情况　········· 10

表 1-5　2019年全国缺奶、奶源过剩统计表　·········· 15

表 1-6　北京乳企本地奶源需求趋势分析　············· 15

表 1-7　2020年与2016年乳制品消费情况对比　········· 17

表 1-8　北京乳制品消费市场本地奶源需求趋势分析　····· 19

表 2-1　规模化奶牛养殖场一览表　·················· 30

表 2-2　物联网技术重要程度测度　·················· 33

表 3-1　北京乳品企业基本情况　···················· 58

表 3-2　低温奶各企业品牌北京市场保有情况　········· 61

表 3-3　常温奶各企业品牌北京市场保有情况　········· 61

表 3-4　奶粉各企业品牌北京市场保有情况　··········· 62

表 3-5　中大型乳制品企业品牌企业基本情况　········· 63

表 3-6　北京乳品企业品牌的消费者好感度　··········· 65

表 3-7　Interbrand规定的指标及权重　··············· 66

表 3-8　适合北京乳企品牌的指标及权重　············· 68

表 3-9　19家北京乳品企业品牌的消费者好感度·········· 75

表 3-10　北京乳企品牌收益得分　··················· 76

表 3-11　北京乳企品牌强度得分 ·················· 78

表 3-12　北京乳企品牌强度加权后的得分及总分 ·········· 79

表 3-13　北京乳企品牌强度总分及乘数 ··············· 80

表 3-14　北京乳企品牌价值计算结果 ················ 81

表 3-15　北京乳企企业品牌价值排名 ················ 82

表 4-1　我国物流配送发展阶段 ·················· 99

表 4-2　2016—2018年北京居民家庭人均主要食品消费量统计 ····· 106

表 4-3　北京冷链物流公司现状 ·················· 109

表 4-4　冷藏设备的种类和特点 ·················· 111

表 4-5　冷藏车的特点 ······················ 111

表 4-6　2017年A公司9月支出费用及比例 ············· 113

表 4-7　2017年10月28日A公司配送路程表 ··········· 117

表 4-8　配送节点之间的路程 ··················· 117

表 4-9　A公司2017年10月28日的配送任务表 ·········· 118

表 4-10　2017年9月A公司各费用占物流费用的金额及比例 ····· 120

表 4-11　各节点间路径表 ···················· 125

表 4-12　未排序各点节约距离表 ················· 126

表 4-13　排序后各点节约距离表 ················· 127

表 5-1　北京大规模养殖场原料奶年平均生产成本 ········· 140

表 5-2　2015—2017年乳品企业经营现状分析表 ········· 141

表 5-3　各主体成本收益分析 ··················· 142

表 5-4　不同合作模式下各环节收益 ················ 146

表 6-1　1980—2019年澳大利亚奶牛产出量变化情况 ······· 159

表 6-2　2015—2020年澳大利亚各州农场的平均资产收益率 ···· 160

表 6-3　2002—2018年新西兰奶牛养殖业概况 ·········· 161

表 6-4　1996—2018年美国牛奶产量与奶牛头数变化情况 ····· 163

表 6-5　美国近30年农场大小数量变化 ············· 164

表6-6 1992—2017年美国奶牛养殖场规模结构的变化 ……… 166

表6-7 2009—2018年美国不同养殖规模牛奶生产成本 ……… 168

表6-8 2005—2018年荷兰牛奶生产情况 ………………… 169

表6-9 2000—2018年荷兰奶牛养殖规模概况 ……………… 170

表6-10 2007—2018年全国奶牛存栏量和牛奶产量 ……… 172

表6-11 2008—2018年全国主要地区奶牛养殖场数量 …… 174

表6-12 2008—2018年全国奶牛养殖主要地区奶牛头数 … 175

表6-13 2008—2018年全国奶牛养殖主要地区奶牛养殖规模 … 177

表6-14 2008—2018年全国不同规模奶牛养殖场测定日平均产奶量 … 179

表6-15 中规模奶牛养殖地区成本利润率 …………………… 179

表6-16 大规模养殖模式下不同地区的奶料比情况 ……… 184

表6-17 中规模养殖模式下不同地区的奶料比情况 ……… 185

表6-18 小规模养殖模式下不同地区的奶料比情况 ……… 186

表6-19 2008—2018年全国平均奶牛散养模式下的奶料比 … 187

表6-20 2008—2018年全国平均奶牛小规模养殖模式下的奶料比 … 188

表6-21 2008—2018年全国平均奶牛中规模养殖模式下的奶料比 … 189

表6-22 大规模养殖奶料比 ………………………………… 190

表6-23 不同规模奶料比情况 ……………………………… 191

表6-24 测定牧场的奶料比情况 …………………………… 192

表6-25 2015—2018年澳大利亚奶料比情况 …………… 193

表6-26 2015—2018年新西兰奶料比情况 ……………… 194

表6-27 2015—2018年美国奶料比情况 ………………… 195

表6-28 2015—2018年荷兰奶料比情况 ………………… 196

表6-29 2015—2018年各国的饲料占比 ………………… 198

表6-30 回归结果 …………………………………………… 200

表6-31 技术效率影响因素描述统计 ……………………… 203

表6-32 随机前沿生产函数的估计结果 …………………… 204

表6-33　技术效率估计结果 ………………………………………… 205

表6-34　奶料比与养殖效率的回归结果 ………………………… 206

表7-1　2010—2015年北京乳制品生产企业个数及盈利变化 ……… 218

表7-2　2018年北京市13家示范牛场从业人员受教育程度表 ……… 229

表7-3　计划行为理论概念 …………………………………………… 237

表7-4　奶农参与意愿影响变量量表 ……………………………… 238

表7-5　变量描述性统计表 ………………………………………… 239

表7-6　研究变量及数据总体克朗巴哈α系数表 ………………… 240

表7-7　奶农加入北京奶业一体化平台意愿影响因素打分表 ………… 240

表7-8　乳品加工企业加入北京奶业一体化平台意愿影响因素打分表 … 242

表7-9　平台功能需求表 ……………………………………………… 245

表7-10　奶农对平台功能需求的意愿表 …………………………… 247

表7-11　变量描述性统计表 ………………………………………… 247

表7-12　研究变量及数据总体克朗巴哈α系数表 ……………… 248

表7-13　平台功能需求分值表（奶农）…………………………… 249

表7-14　平台功能需求分值表（乳品加工企业）………………… 250

表7-15　北京奶业一体化管理平台功能设计表 ………………… 254

表7-16　用户权限设计 ……………………………………………… 262

表7-17　北京奶业一体化管理平台流程表 ……………………… 263

表8-1　上海市原料奶按质论价体系 ……………………………… 282

第一章

北京奶牛产业发展概况

北京奶业虽然在资源禀赋与养殖数量上不再占据优势，但是它凭借着独特的科技与种质资源、面向超大型超市多层次的消费需求，在我国奶业中依然占据着不可忽视的地位。本章主要从奶业生产、加工、市场消费、奶牛种业四个方面介绍了北京奶牛产业特色发展情况，阐述了近年来北京奶业发展中发生的显著变化，包括取得的喜人成就与遇到的突出问题，并基于此提出了针对性的政策建议。

一、生产现状

（一）总体情况

1.奶牛养殖规模概况

近年来，随着非首都功能的疏解和京津冀协同发展战略的推动实施，北京市向河北等地疏解了近10万头奶牛。

据北京市统计数据显示，近年来北京奶牛存栏量和成乳牛数量总体呈双线下降趋势，近一年趋于稳定。截至2020年12月，北京市奶牛总存栏57 912头，成乳牛存栏30 069头。自2011年以来，奶牛存栏量和成乳牛存栏量持续下降，2020年比2011年分别下降61.56%和69.89%；与2019年相比，2020年北京市奶牛存栏规模没有再发生大幅波动，基本趋于稳定，奶牛存栏总量增加1.91%，成乳牛存栏量减少8.61%（见图1-1）。

虽然存栏总规模大幅缩小，但北京市奶业顺应发展环境，积极应变，逐步实现了从数量向质量，从传统向规模化、集约化、标准化、生态化的转型升级。

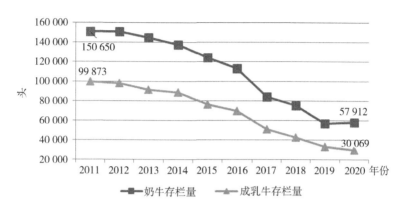

图 1-1　北京市奶牛存栏量和成乳牛存栏量

2.奶业发展布局

与奶牛存栏量下降同步，北京市奶牛规模养殖场的数量也持续减少，但同时可喜的是，养殖场的规模化水平在不断提升。2020年，北京市现存奶牛规模养殖场50个，较2012年减少212个，但2020年牛场场均奶牛存栏量为1 182头，较2012年增加603头，场均规模扩大了1倍多。其中，养殖规模在1 000~1 999头的规模化牧场有13个，主要分布于通州和顺义区；2 000头以上的有6个，主要分布在密云和通州区（见图1-2）。

另外，北京市奶牛养殖优势区域分布趋于集中，目前形成以顺义、密云、延庆、通州、房山、昌平、大兴为主的远郊奶牛养殖集聚区。2020年奶牛养殖规模较大的区是顺义、密云、延庆和通州。北京奶牛产业顺应北京城市的新型定位，在区域分布上进行了调整，城市核心区存栏量最少，城市发展新区虽然目前承担着奶牛产业发展的重任，但为了支持北京生态保护、腾出近郊土地，2019年通州腾退了1万余头奶牛，大兴也从2017年开始大幅减少奶牛存栏，生态涵养发展区中的门头沟、怀柔、平谷作为生态保育重点区域也清减了奶牛存栏。昌平、房山、顺义、延庆、密云区存栏量虽也有减少，但幅度较小，基本保持稳定，保障着北京市奶源的供应（见表1-1）。

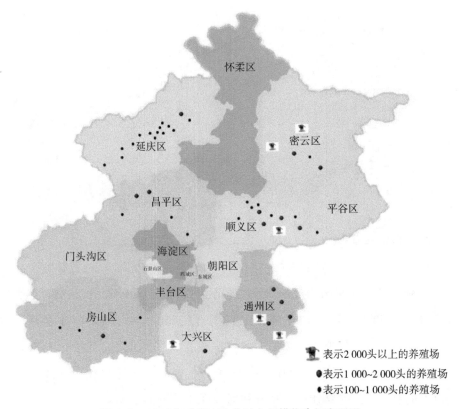

图 1-2　2020年北京100头以上规模化牛场布局图

表 1-1　北京市各区奶牛存栏情况

单位：头

单位	2011	2012	2013	2014	2015	2016	2017	2018	2019	2020	2020年比（%）
北京市	150 650	151 013	144 435	137 663	124 213	111 803	84 188	75 236	56 829	57 912	100
城市功能拓展区	6 789	—	5 172	3 755	1 446	1 222	426	369	387	524	0.90
朝阳	3 179	164	2 520	1 911	824	626	152	187	216	328	0.57
丰台	968	564	760	158	39	39	15	0	0	0	0.00
海淀	2 642	—	1 892	1 686	583	557	259	182	171	196	0.34
城市发展新区	90 050	72 395	93 909	88 520	79 535	74 424	55 623	49 077	36 064	36 445	62.93

单位	2011	2012	2013	2014	2015	2016	2017	2018	2019	2020	2020 年比（%）
昌平	10 938	4 524	10 821	10 459	8 740	6 776	4 564	4 166	4 323	4 510	7.79
房山	10 408	10 778	14 071	11 516	11 278	9 623	8 634	7 923	6 753	6 363	10.99
通州	20 211	13 552	23 036	22 786	22 388	20 436	19 804	19 860	9 147	9 018	15.57
顺义	18 487	19 594	17 380	16 672	16 876	17 787	14 566	11 746	11 567	12 185	21.04
大兴	30 006	23 947	28 601	27 087	20 253	19 802	8 055	5 382	4 274	4 369	7.54
生态涵养发展区	53 811	—	45 767	45 388	43 232	36 157	28 139	25 790	20 378	20 943	36.16
门头沟	316	—	30	29	10	10	7	7	7	8	0.01
怀柔	10 952	11 743	9 285	8 664	7 819	4 667	1 297	44	45	49	0.08
平谷	1 036	1 125	760	1 042	1 080	936	238	493	239	255	0.44
延庆	20 443	21 749	16 855	16 839	14 850	12 180	11 421	11 339	9 159	9 321	16.10
密云	22 411	22 273	18 837	18 814	19 473	18 364	15 176	13 907	10 928	11 310	19.53

资料来源：中国奶业年鉴，"—"代表数据缺失。

3. 生产水平

北京生鲜乳总产量稳中有降，单产波动式上升。随着机械化、精细化、信息化养殖模式的日益普及和健全，北京市成乳牛单产水平整体呈波动式上升趋势，仅于2016年有所下降，至6.57吨/头，2020年上涨至最高点。2020年北京市牛奶产量24.2万吨，比2014年减少了59.33%，主要集中于城市发展新区，占总产量的66.78%；此外，2020年成乳牛平均单产为8.06吨，与2014年相比上升19.76%（见图1-3）。

其中，由奶牛产业技术体系北京市创新团队提供全方位"奶牛保姆"式服务与技术支持的示范牛场的单产水平更为瞩目，生鲜乳产量从2015年至2020年一直呈稳步上升趋势，示范场生鲜乳产量在北京市生鲜乳总产量中所占比重也不断上升；单产方面，示范牛场始终高于北京市平均单产水平，且近3年单产水平有大幅提升，已超过10吨，2020年示范牛场成乳牛单产水平达到10.90吨，接近11吨，可见北京市奶牛创新团队对示范牛场的帮助与支持成效显著（见图1-3）。

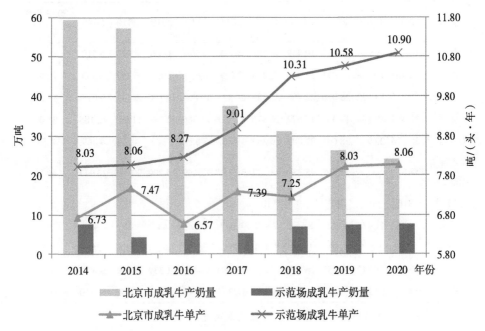

图 1-3　2011—2020年北京市牛奶产量及成乳牛单产情况

4.奶源基地建设

开展奶源牛群优化改良与繁育提升合作计划，完善奶牛良种繁育体系，推动良种产业发展。蒙牛集团奶源事业部、北京首农畜牧发展有限公司、北京奶牛中心三方进行全面合作，这次全面合作本着"强强联手、优势互补、振兴奶业"的原则，就启动牛群繁育与改良计划、开拓牧场创新管理方面达成合作共识，通过充分发挥和协同三方优势资源，助力北京市奶源基地建设。

进一步推进京津冀协同发展，优化了奶业布局。按照《京津冀畜牧业协同发展合作框架》协议，相关部门及组织从产业对接、资源共享、人员科技信息协作、示范基地共建等方面积极推动京津冀奶业协同发展，布局了奶牛养殖和加工基地。通过龙头企业外埠基地建设等政策，按优化布局、协同发展的原则，引导产业向河北等周边省市转移。

推广生鲜乳价格的保障机制，保护奶农利益，确保奶源市场稳定。北京市奶业协会与中国太平洋财产保险股份有限公司以及奶牛养殖企业共同合作推动"生鲜乳价格指数保险（北京地区）"产品实施，2020年参加保险的养殖企业范围进一步扩大，有效保证了奶价的稳定，确保奶源市场与终端市场乳品供应，取得良好效果。

（二）生态环境

1.种养结合不充分

当前北京市奶业种养结合发展并不充分，真正的种养结合应该是：养殖场被种植业用地环绕，基本上是牧场与农场在空间上的重合；如果一个养殖企业拥有饲草料基地，但种植业用地与养殖场之间有几十公里的距离，这是不能算作真正的"种养结合"的。然而北京市目前多数养殖场周围没有配套耕地，奶牛粪污无法以有机肥的形式还田，牛场只能通过昂贵的技术设施对粪污进行处理，如此不仅增加了粪污处理成本，压缩了养殖端的盈利空间，也造成了有机肥的浪费，不利于推进"化肥减量"工作。

2.粪污处理成本高

北京市奶牛养殖粪污处理趋于无害化，但粪污处理模式并不完善，存在一些问题。国外引进的粪污处理新技术昂贵，大大提高了养殖成本，利用复杂的工艺，投入国家大量的资金进行处理和利用，从社会效益、经济效益和生态效益方面考虑值得商榷。

（三）安全情况

1.牛疫病防治问题

通过对北京市示范奶牛养殖场月度监测，发现目前北京奶牛发病率较低，其中，2020年乳房炎发病率平均为2%，子宫炎发病率平均为1%，蹄病发病率平均为2%，营养代谢发病率平均为1%。虽然其发病率相对较低，但是常见病的发生对奶牛养殖场的经济效益会产生不可逆转的影响，因此应该继续加强奶牛疾病的防治工作，达到奶牛零发病率。此外，奶牛在用药过程中不仅要注重"质"的标准，还要符合"量"的要求，不仅要确保奶牛的健康福利问题，还要保证人体健康。

2. 健康养殖问题

在牛场设施设备方面，北京市奶牛养殖场的防暑降温设施、饮水槽加热装置、卧床垫料和运动场地面设计、奶牛福利设施等总体上在国内处于相对较高的水平，但与国际主要奶业生产国相比仍存在差距。美国、澳大利亚等国家普遍采用太阳能、电子围栏以及防冻供水系统，同时配有先进的装卸和运输奶牛的装置和设备。

在奶牛福利理念方面，与国内其他省份类似，北京市多数养殖场对奶牛福利重视程度仍有待提高，牛群健康监测和评价记录存在缺失的现象，与国外奶牛福利现状存在一定的差距。如荷兰成立了"农场牛奶产业供应链质量保障基金会"，对动物健康、营养、福利、卫生和环境等方面进行检查，法国设立了《动物福利保护法》，要求奶牛养殖户要从场区建设、动物心理方面考虑动物福利。

3. 生鲜乳质量安全状况

北京示范牛场生鲜乳平均品质水平高于国家标准，达到优质乳工程中特优级水平。与2010年颁布实施的《食品安全国家标准——生乳》相比，北京示范牛场2020年生鲜乳的乳脂肪率高0.87个百分点；生鲜乳的乳蛋白率高0.49个百分点，另外，生鲜乳的体细胞数降低到了17.86万个/ml，菌落数降低到了2.70万CFU/ml，均达到了优质乳工程中的特优级水平，与2019年相比，生鲜乳质量各项评价指标又有进一步提升（见表1-2）。

表 1-2　2020年北京示范牛场生鲜乳质量情况

指标	乳脂率（%）	乳蛋白率（%）	体细胞数（万个/ml）	菌落数（万CFU/ml）
国家标准	3.1	2.8	-	200
北京示范牛场	3.97	3.29	17.86	2.70

指标	乳脂率（%）	乳蛋白率（%）	体细胞数（万个/ml）	菌落数（万 CFU/ml）
特优级	≥ 3.3	≥ 3.1	≤ 30	≤ 10
优级	≥ 3.3	≥ 3.1	≤ 40	≤ 20
良级	≥ 3.2	≥ 3.0	≤ 50	≤ 30
合格级	≥ 3.1	≥ 2.9	≤ 75	≤ 100

数据来源：《中国奶业年鉴》，北京示范牛场监测月度数据。

4. 地方标准

截至2020年底，北京市制定了与奶牛产业相关的地方标准共计16项，2019年新立项地方标准4项，对推动本地区奶牛产业规范、健康、有序发展起到了积极作用（见表1-3）。

表 1-3　北京市奶牛产业地方标准

标准号	标准中文名称	实施日期
DB11/T150.1-2019	奶牛饲养管理技术规范第1部分：育种	2019/10/1
DB11/T150.2-2019	奶牛饲养管理技术规范第2部分：繁殖	2019/10/1
DB11/T150.3-2019	奶牛饲养管理技术规范第3部分：饲养与饲料	2019/10/1
DB11/T150.4-2019	奶牛饲养管理技术规范第4部分：卫生防疫	2019/10/1
DB11/T1332-2016	奶牛机械挤奶操作规范	2016/8/1
DB11/T1021-2013	奶牛电子耳标技术规范	2014/2/1
DB11/T902-2012	秸秆复合颗粒饲料制备及质量要求	2013/1/1
DB11/T868-2012	生鲜乳贮运技术规范	2012/9/1
DB11/T708-2010	生鲜乳收购站建设与管理技术规范	2010/8/1
DB11/T631-2009	有机生鲜乳生产技术规范	2009/5/1
DB11/T150.5-2007	奶牛饲养技术规范第5部分：卫生防疫	2007/12/1
DB11/T425-2007	种奶牛场舍区、场区、缓冲区环境质量	2007/3/15
DB11/T150.1-2002	奶牛饲养技术规范第1部分：育种	2002/4/1
DB11/T150.2-2002	奶牛饲养技术规范第2部分：繁殖	2002/4/1
DB11/T150.3-2002	奶牛饲养技术规范第3部分：饲养与饲料	2002/4/1
DB11/T150.4-2002	奶牛饲养技术规范第4部分：卫生保健	2002/4/1

数据来源：北京市畜牧总站

（四）效益水平

1.成本构成分析

北京示范场饲料成本占比较高。根据对17家北京示范牛场月报监测，2020年北京市示范牛场饲养成本中饲料成本占比最高，每头牛平均饲料成本为11 064元，占总成本的72.88%，其中精饲料成本平均每头为7 136元，占总成本的47.01%，粗饲料成本平均每头为3 928元，占总成本的25.88%，人工成本平均每头为1 374元，占总成本的9.05%，其他成本平均为每头为2 742元，占总成本的18.07%（见表1-4）。

表1-4　2020年北京示范养殖场成本构成情况

单位：%

	饲料成本	精饲料成本	粗饲料成本	人工成本	其他成本
1月	77.74	46.79	30.95	9.23	13.03
2月	74.47	48.03	26.44	8.00	17.53
3月	75.63	48.53	27.10	8.22	16.15
4月	78.18	53.24	24.94	9.27	12.55
5月	75.47	48.58	26.89	8.45	16.08
6月	64.89	42.26	22.63	9.96	25.15
7月	62.25	41.10	21.15	9.87	27.88
8月	69.99	47.45	22.54	8.66	21.35
9月	71.25	48.34	22.91	7.90	20.85
10月	72.84	48.91	23.93	9.95	17.21
11月	76.41	45.46	30.95	9.45	14.14
12月	75.47	45.41	30.06	9.68	14.85
平均值	72.88	47.01	25.88	9.05	18.07

从每50公斤主产品成本来看，2014—2020年，其主产品平均成本整体呈现下降趋势，最近两年呈上升趋势。2020年示范牛场的每50公斤主产品平均成本152.58元，与2019年相比上涨了2.57%，与2014年相比下降了12.74%。2020年平均成本涨幅较高的阶段主要有两个，分别是2月至3月和

10月至12月，两个阶段成本上升原因不同，2月至3月成本上涨原因是新冠肺炎疫情造成的饲料等投入品运输成本上升和劳动力紧缺引起的人工成本上升；10月至12月成本上涨原因是饲料成本大幅上升造成的传导效应。整体来看，2020年是奶牛养殖成本较高的一年（见图1-4）。

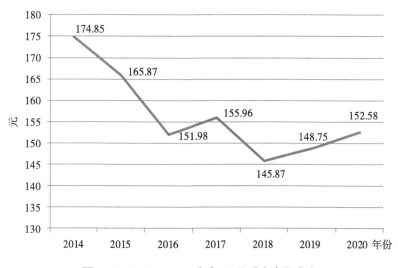

图1-4　2014—2020年每50公斤主产品成本

2. 净利润分析

2020年北京示范奶牛养殖场每头净利润呈稳定波动趋势，除3月和4月受新冠肺炎疫情影响净利润较低外，其他月份均稳定在480元左右，团队在帮助示范场对抗疫情冲击中起到了关键作用，5月后示范场经营逐渐改善。1月，北京示范牛场每头净利润为510元，同比上涨29.52%，之后于6月达到最高点，每头净利润达到525元。3月和4月为净利润全年同比降低的月份，分别降低了8.19%和11.06%，可见新冠肺炎疫情还是给示范牛场经营带来了一定的冲击。12月，示范牛场每头净利润同比也出现降低，这应是饲料成本大幅上升带来的结果。但总体来看，示范牛场全年累计每头净利润仍有所上涨，为5749元，较2019年增长了12.00%（见图1-5）。

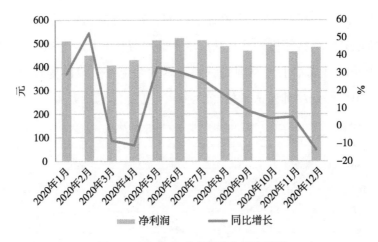

图 1-5　2020年北京示范牛场净利润

3.成本收益率

2020年，北京示范牛场成本收益率略微下降。2014年至2020年，北京示范牛场的成本收益率呈上升趋势，2014年北京示范牛场平均成本收益率为17.21%，2019年北京示范牛场平均成本收益率达到最高，为34.54%，较2014年增长了17.34%，与2018年相比成本收益率增加了5.23%。2020年，在新冠肺炎疫情和年底饲料成本大幅上涨的双重冲击下，示范牛场的成本收益率依然达到了几乎和2019年持平的水平，仅较2019年下降了0.31%。从各区构成来看，除房山区外，2020年各区均处于盈利状态，且昌平和通州区示范牛场平均收益率较高，超过45%，延庆区较低，为17.66%（见图1-6和图1-7）。

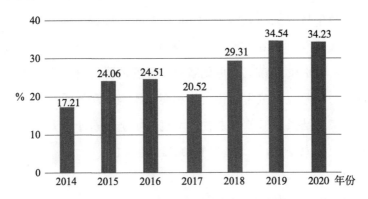

图 1-6　2014—2020年北京示范牛场成本收益率

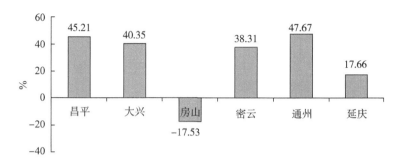

图 1-7　2020年北京各区示范牛场成本收益率

二、加工流通现状

（一）乳企基本情况

北京大型乳企主要有三元、蒙牛（含达能）、伊利、光明四家，并在新一届的D20峰会换届选举中入选，其中三元为北京本土企业。

三元股份率先建立了奶源、研发、加工、检测、物流配送、销售及售后服务为一体的全产业链模式，从牧场到餐桌，每一瓶牛奶都历经层层把关，全程透明可追溯，基于此，自成立以来，三元股份从未出现过任何食品质量安全问题。截至目前，三元股份拥有"三元""极致""爱力优""八喜""太子奶"等一系列有较高知名度的品牌，低温巴氏鲜奶始终是三元股份的优势战略产品，在北京市场多年来始终保持着市场占有率第一的位置。

从国内第一包早餐奶到极致ESL、布朗旎烧酸奶、A2β酪蛋白牛奶等，三元乳制品研发标准日益提升，更加注重营养和健康，新鲜、高品质、创新是三元乳业高质量发展的关键词。2020年，三元以强大的技术领先优势，推出了三元72度巴氏杀菌鲜奶，更低温度保留了更多营养，成为低温巴氏鲜奶市场的一匹黑马，也为消费者带来了更多的健康选择。

另外，北京市乳制品的流通渠道更加多样化。目前北京市场上流通的乳制品品牌主要有伊利、蒙牛、三元、光明等，因此也形成了以各个企业为代表的流通渠道。其中伊利提出了"一级配送、二级强化、决胜终端"的销售模式；蒙牛采用三级渠道分销网络；而三元以地域销售为主构成，分区划片，统一销售。

（二）乳制品产量稳中有降

总体来看，北京市乳制品产量在2016年以前总体呈上升趋势，自2016年以来逐年下降，如图1-8所示。2010年北京市乳制品产量为52.30万吨，至2016年升至最高为62.19万吨；2020年北京市乳制品产量为53.70万吨，与2019年相比下降了3.07%，但是与2016年相比下降了13.52%。北京乳制品加工以液态奶为主，历年均占总产量的92%以上。

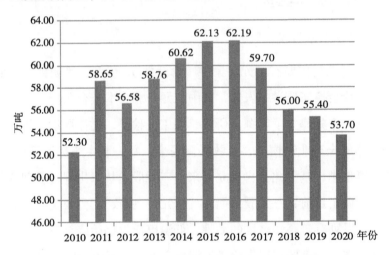

图1-8 2010—2020年北京乳制品产量变化情况

数据来源：《中国奶业年鉴》，2020年数据来源于同花顺数据库。

（三）乳企本地奶源自给率不足

虽然种种成绩表明北京市奶业构建起了"高精尖"化的发展模式，但北京市奶牛疏解力度却稍显过度，缺奶成为目前影响北京市奶业可持续发展的主要问题之一。北京市乳品加工企业数量多，加工能力强，截至2019年12月，北京市共有乳品加工企业20家，然而，2019年，加工企业的北京奶源满足率却不足50%。2019年，北京市液态奶产量为53万吨，而原奶产量仅有26万吨，经测算，北京本地奶源的液奶转化率超过了200%，排进了2019年全国缺奶省市的前十名，也是我国北方省市中唯一进入严重缺奶程度的地区，如表1-5所示。

表1-5 2019年全国缺奶、奶源过剩统计表

2019年缺奶前十名

序号	省市	原奶产量（万吨）	液态奶产量（万吨）	干浮制品产量（万吨）
1	湖北	13	86	12
2	广东	14	83	15
3	重庆	4	24	—
4	湖南	6	35	6
5	浙江	16	68	5
6	安徽	34	123	2
7	广西	9	27	1
8	贵州	5	13	—
9	江西	7	17	0
10	北京	26	53	3
合计（万吨）		135	530	44
占全国的比例（%）		4	21	24

2019年十大奶源过剩统计表

区域	奶源富余量（万吨）	富余程度（%）
西藏	44	94
青海	26	74
新疆	147	71
辽宁	54	40
山西	36	39
内蒙古	176	30
宁夏	27	15
黑龙江	58	12
河南	9	5
河北	9	2

370 —

（1）奶源富余量
=奶类产量-液奶产量-干乳制品产量×8
（2）富余程度=奶源富余量/奶类产量×100%

若从加工角度对北京市适宜奶牛养殖规模进行测算，通过对三元和光明乳业奶源部进行访谈调研，了解到其奶源自给率目标，并借鉴上海乳企本地奶源自给率情况，本节初步将北京市乳品加工企业的奶源自给率定为70%。经预测，得出表1-6所示结果，可发现北京市奶牛存栏量达到8.4万头能较好地满足乳企的奶源需求。

表 1-6 北京乳企本地奶源需求趋势分析

年份	北京原奶产量（万吨）	北京液态奶产量（万吨）	乳企北京奶源满足率	成乳牛单产（吨）	乳企所需	
					成乳牛存栏（万头）	奶牛存栏（万头）
2015—2017年平均	46.8	58.2	80%			
2018	31.1	53.6	58%			
2019	26.4	52.7	50%			
2020	24.2	53.0	46%	8.1	3.0	5.8
2021	27.5	55.0	50%	8.5	3.2	6.5
2022	31.4	57.0	55%	9.0	3.5	7.0

续　表

年份	北京原奶产量（万吨）	北京液态奶产量（万吨）	乳企北京奶源满足率	成乳牛单产（吨）	乳企所需	
					成乳牛存栏（万头）	奶牛存栏（万头）
2023	35.4	59.0	60%	9.5	3.7	7.5
2024	39.0	60.0	65%	10.0	3.9	7.8
2025	42.0	60.0	70%	10.0	4.2	8.4

三、市场消费现状

（一）新冠肺炎疫情刺激乳制品消费增加

在新冠肺炎疫情期间，北京市奶牛创新团队产业经济岗位对北京消费者进行了线上问卷调研，对北京市居民的乳制品消费情况进行分析。发现近80%的居民对乳制品的消费量持平略增，其中62.34%的居民乳制品消费量与疫情发生之前持平，另外有15.06%的居民乳制品消费量增加，由于本次调研是在2020年2月份开展的，彼时正是绝大多数居民居家隔离的阶段，故由于出行不便等影响，仍有22.59%的消费者减少了对乳制品的消费。整体来看，疫情在一定程度上刺激了北京市居民的乳制品消费，由于乳制品具有健康属性，疫情又使得消费者更加关注健康，从而逐渐养成了乳制品消费习惯，增加了对乳制品的消费。

（二）乳制品消费升级趋势明显，低温奶消费需求增加

将2020年与2016年的调研数据进行对比分析，发现北京市居民对低温奶包括巴氏奶、酸奶的消费均有所增加。巴氏奶方面，2020年增加其消费的被访问者占比30.16%，较2016年增加了4.26%，较为显著的是，选择"无人消费"选项的被访问者比重明显下降，较2016年下降了20.72%，说明北京市居民对巴氏奶的认知度与认可度有较大提升，促使居民对巴氏奶的消费有所增加。酸奶方面，2020年增加了酸奶消费的被调查者占比60.34%，较2016年增长了20.44个百分点，增长幅度较大，选择"无人

消费"的被访问者仅占了3.16%，说明酸奶在北京市居民的生活中普及程度已较高（见表1-7）。

表1-7　2020年与2016年乳制品消费情况对比

乳制品种类	消费趋势	2020年（%）	2016年（%）
巴氏奶	增加	30.16	25.90
	不变	42.85	28.20
	减少	5.11	3.30
	无人消费	21.88	42.60
酸奶	增加	60.34	39.90
	不变	32.67	47.00
	减少	3.83	4.20
	无人消费	3.16	8.90

资料来源：团队线上调研数据

根据天猫商城提供的数据显示，2020年常温奶的销量同比增长了50%，而低温奶的销量同比增幅则在150%以上；又根据饿了么于2020年9月发布的《鲜奶外卖报告》数据，过去一年，低温巴氏鲜奶外卖订单增长一路高企，渗透率超过30%，在北京、上海、南通、合肥的低温巴氏鲜奶渗透率在38%左右，消费者更愿意为低温巴氏鲜奶买单。

同时，《经济日报—伊利集团消费趋势报告（乳制品）》中也显示，低温乳品在北上广的销售额增长率相对其他线级城市更高。以上研究报告均说明，我国城乡居民的乳制品消费结构正在不断优化，而北京作为首都及一线城市，始终处于乳制品消费升级的前列，消费者正在从"喝上奶"向"喝好奶"过渡，所以低温奶将是未来北京市奶业的新增长极，这对于北京市乳制品企业来说是一个持续性的利好因素。

（三）乳制品消费渠道更加多样化

近年来，随着消费者更加习惯在手机等移动端进行消费，以及大数据、物联网、冷链技术的发展，网购以及无人零售、生鲜电商、社区店等"新零售"消费渠道发展步入快车道，尤其是网购，是增速最快的销售渠道，疫情加速了这种发展趋势。

团队线上调研数据显示，虽然超市仍是占比最高的销售渠道，但疫情期间其增长不佳，80.75%的受访问者选择从超市购买乳制品，这较2019年的调查数据减少了5.65个百分点。相反，通过网购获得乳制品的消费者比重已占到11.30%，较2019年增长了1.90个百分点，是仅次于超市的第二大消费渠道。

《经济日报—伊利集团消费趋势报告（乳制品）》中的数据显示，截至2020年11月6日，乳制品在大型超市的销售额占比为22.9%，同比降低8.6%。与此同时，小超市、网购以及新零售渠道的销售额占比逐年提升，其同比销售额增速分别为9.1%、64.3%和97.5%。

北京市乳制品企业需迎合这种消费渠道的变化趋势，加快线上线下的融合，探索多渠道的销售模式。

（四）消费端的奶源自给率不足

从消费角度看，北京市乳制品消费量不断增长，高端奶需求尤其旺盛，但本地奶源自给率也很低。据北京奶业协会统计，北京市乳制品年人均消费量达50公斤以上，高于全国平均水平（35公斤），并表现出明显的健康消费趋势，对低温巴氏奶、有机牛奶等高品质牛奶的需求旺盛，而按人均50公斤的消费需求计算，北京市奶源自给率仅有23%，如此下去，消费者高端消费需求将难以有效保障。

从消费角度看，北京市常住人口2 153.6万人，按人均50公斤需求算，得出表1-8的结果：当前北京奶源自给率仅有23%，如提高到40%，需要奶牛存栏8.6万头。

表 1-8　北京乳制品消费市场本地奶源需求趋势分析

年份	北京人口（万人）	人均液态奶消费量（公斤/人）	北京奶源自给率	人均原奶量（公斤/人）	原奶产量（万吨）	成乳牛单产（吨）	成乳牛存栏（万头）	奶牛存栏（万头）
2020	2 153.6	50	23%	11.3	24.2	8.1	3.0	6.0
2021	2 153.6	50	25%	12.5	26.9	8.5	3.2	6.3
2022	2 153.6	50	30%	15.0	32.3	9.0	3.6	7.2
2023	2 153.6	50	35%	17.5	37.7	9.5	4.0	7.9
2024	2 153.6	50	40%	20.0	43.1	10.0	4.3	8.6
2025	2 153.6	50	45%	22.5	48.5	10.0	4.8	9.7

四、奶牛种业发展现状

（一）奶牛种源发展现状

北京市奶牛种业发展全国领先，并有着育种规模较大、科技实力较强的奶牛良种繁育及供种基地——北京奶牛中心，辐射引领全国奶牛种源。目前北京市优秀种公牛存栏量为210余头，年产销优质种公牛冻精159万剂，占国产冻精的50%，销售额6 050万元。北京奶牛中心种质资源的销售区域覆盖河北、东北、宁夏、甘肃、内蒙古、山东、新疆、西藏等，基本覆盖了我国奶牛主要养殖区域。北京奶牛中心公牛种质国内领先，优势种牛也达到国际先进水平，为加速我国牛群遗传改良做出了巨大贡献，但规模有待提升。

（二）北京奶牛中心发展需求

我国奶牛种业受进口冲击影响很大，进口冻精超过450万剂，且持续增长，目前已占到全国冻精市场总需求的56%，2020年奶牛冻精进口总额高达6 122万美元，同比增加45.8%，对中国奶牛种源安全影响巨大。

为保障我国奶牛种业安全，打好种业翻身仗，在未来的发展中，北京奶牛中心面临几个需重点攻克的难题：第一，自主种质评价机制相比奶牛种业发达国家仍存在提升空间；第二，以基因组选择为国际黄金标准的种质评价体系亟待完善；第三，在参考群体规模、组织形式和产业公信力上亟待提升。

在打好这场硬仗的过程中，参考群体建设需要资金集中支持，体系建设需要长期建设，从而支撑自主种源占有率的持续提升，不断强化我国的种业安全。

五、北京奶业发展政策建议

（一）明确奶业发展规划，提高奶源自给率

北京可用土地逐渐减少，外加环境压力下的腾退工作，北京奶牛养殖场骤然下降，然而，北京市奶业发展规划不明，会影响奶业可持续发展。

目前北京市奶业发展缺少明确的整体规划，各区政府无法对本区奶牛养殖的大体规模进行把控，且受环保等相关政策的影响，各区政府养殖积极性又极低，因此便出现了稍显过度的禁限养现象，把大量奶牛迁出了北京，只余下了目前的一小部分来支撑着北京奶源。也是由于缺少整体规划，养殖经营主体对奶牛养殖业在北京的发展前景没有稳定预期，如此便难以招集和吸引大量的社会资本来支持牛场的可持续发展。长此以往，首都的应急保障需求以及诸多重大会议对直供奶的刚性需求将难以有效保障。

因此，建议依据北京市奶源自给率现状，综合考虑北京市畜牧业的扩容空间，尽快调整奶业发展规划，规划应依据北京市畜禽环境承载空间，明确测算出北京市奶牛存栏的适宜规模，并依据各区的环境资源禀赋和功能定位，明确各区的养殖指标，从而让各经营主体看到奶牛养殖业在北京市的发展前景，调动养殖积极性，吸引社会资本，提高首都奶源自给率，增强奶业可持续发展的动力。

（二）发挥科技资源优势，打造中国"奶业芯片"

在奶牛育种方面，北京建有国家奶牛胚胎工程技术研究中心，在乳品加工方面，又建有国家母婴乳品健康工程技术研究中心，北京目前已拥有单产

水平超过10吨的成乳牛，这是北京独有的资源优势，建议把这些优质成乳牛资源集中起来，为北京奶牛中心的种公牛站建立配套的优质种子母牛基地，助力奶牛育种研究。建议相关部门提供配套的财政政策与资金支持，并建立奶业育种专项，保障北京奶牛中心打好"种业翻身仗"，提升北京奶牛中心市场竞争力，打造中国"奶业芯片"，助力北京"种业之都"建设。

（三）建立利益联结机制，形成稳定的利益共同体

当前北京市奶业"种+养"一体化发展并不充分。建议加快组建"区域内种养联合体"，可以建立中等规模养殖场，养殖场周围配套相应规模的饲料种植基地，实现适度规模的"种+养"一体化，在全国率先形成绿色高质量发展模式，打造"北京科技养殖标杆"。

另外，养殖与加工方面，双方利益联结尚不紧密，建议以乳企入股、购买牛场，或鼓励有能力的养殖场开展适当的乳品加工等形式，加快构建"乳企+奶农"一体化发展机制，密切养殖与加工端的利益联结，以保障双方均有较大的盈利空间，促进奶业链整体的稳定发展。

（四）加强智慧牧场建设

虽然北京市奶牛养殖场机械化、精细化逐渐普及和健全，但信息化却仍显不足，牛场管理智慧化程度欠缺。奶牛养殖场智慧化管理可有效提高奶业生产效率，例如通过智能识别奶牛发情期，可准确得知奶牛的最佳配种时间，提高受胎率，从而增加牛奶产量，假设这种准确率大大提高，可相对减少北京市的奶牛养殖规模，通过更加集约的方式助力北京奶业发展。

现代牧场通常是指以规模化、集约化、标准化、生态化为标准的"四化"牧场，而北京作为全国奶业的领头羊，目标不能仅仅停留在对现代牧场的建造上，而应加强"信息化"的普及与精进，致力于打造"智慧牧场集群"，为全国奶业做出示范，辐射引领。

（五）加大力度推进京津冀奶业协同发展

要积极鼓励北京市奶业龙头企业到外埠建立标准高、可控性强的奶牛生产基地，缓解北京奶源的供需不均问题。优化奶业布局，发展适度规模化养殖，构建现代化奶业社会服务体系，推动奶业转型升级，打造京津冀奶业生态圈，形成目标统一、优势互补、联动创新、互利共赢、组织有效的京津冀奶业新格局，倡导科学饮奶，提高区域人均乳制品的消费量，提升民族乳业品牌的竞争力。

（六）弘扬北京奶业文化，加强乳制品消费引导

深度发掘北京奶业的历史，传承优秀文化，继续弘扬和丰富养殖文化、加工文化、消费文化，以奶业文化引导乳制品消费。建议加强休闲观光牧场推介，组织开展乳制品企业公众开放日活动，让消费者切身感受牛奶安全生产的全过程，激发消费活力。大力推广国家学生饮用奶计划，增加产品种类，保障质量安全，扩大覆盖范围。开展公益宣传，加大公益广告投放力度，强化乳制品消费正面引导。普及灭菌乳、巴氏杀菌乳、奶酪等乳制品营养知识，倡导科学饮奶，培育消费者食用乳制品的习惯。

第二章

物联网技术在北京奶牛养殖业的
应用研究

物联网技术是提高奶牛养殖场信息化、智慧化管理水平的有效载体，如何加速物联网在奶牛养殖业中的发展和应用，提升北京奶业的发展效率已经成为亟待解决的问题。本章首先通过对北京奶业发展的分析，提出北京奶业对物联网技术的发展需求；其次通过研究物联网在奶业的应用，针对奶业生产物联网技术应用进行分析，从而总结出物联网应用在北京奶业中发展的问题；最后根据分析结果，归纳出北京物联网在促进奶业发展方面还需要改进的方面，并根据新时代国家对奶业振兴的要求提出相关建议。

一、物联网技术概念与发展应用

（一）物联网技术的概念与物联网解决方案

1.物联网技术的概念

物联网是以网络为信息载体，让所有独立的普通物理设备实现互联互通的一种网络。物联网是运用物与物相连的技术最终实现为人类服务的目的。物联网具有感知物体、信息传输、智能处理三个显著特征。

一个典型的物联网技术架构包含感知层、网络层到应用层三层架构。感知层包括传感器感知终端技术、图像识别终端技术、RFID射频技术等。网络层包括专用内网、互联网、窄带物联网（NB-IoT）、5G等蜂窝网络。应用层，主要是针对不同行业以及细分行业的具体应用，主要包括数据采集技术、数据展示技术、数据分析技术、应用模型技术、远程控制技术、设备状态管理等。

2.完整的物联网解决方案

完整的物联网解决方案集成了四个不同的组件（见图2-1）：设备域、边缘域、集成域和应用域。下面对物联网方案不同组件进行解释说明。

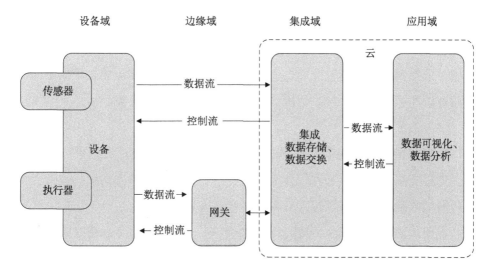

图 2-1　物联网解决方案架构图

（1）设备域

这个区域是传感器或设备为了感知某一物体所处环境进行数据收集的过程。这个过程根据不同设备的工作原理不同，获取的数据的复杂程度也不相同。比较简单的是利用某一种传感器采集较为单一的感知数据，如温度传感器；相对复杂的是将多个传感器捆绑在一起组成一个复杂的设备，从而来感知某一个事物的多重属性，如水质检测仪。

设备域除了感知数据外，另外一项重要的组成是需要控制的设备，如风机卷帘等。

无论是一个独立的传感器还是一个完整的设备，在设备域中感知数据和接收指令并执行是核心。

（2）边缘域

位于设备域之上的是边缘域，在这个领域中最核心的部件就是网关。边缘域的工作原理相对比较简单，即经过网关将边缘域与云端的物联网应用进行数据的交换。

传感器设备将数据传输到网关，网关通过不同方式连接到云端，包括：蜂窝移动（2G、3G、4G、5G）、卫星、Wi-Fi、蓝牙、低功耗广域网

（LPWAN）、窄带物联网，或者直接使用以太网连接到互联网。这些网络传输介质都可完成相同的任务，即将数据传输到云端服务器。在物联网解决方案中，选择哪种连接传输介质，主要取决于具体的物联网应用，根据不同的应用范围和区域会在功耗、范围、带宽和成本之间进行权衡。

（3）集成域

数据到达云端服务器后，数据接收平台的软件就会对数据进行集成处理。如检查温度读数是否在可接受的范围内，是否符合基础的数据规范，再解析所接收到的数据将其保存到相关的存储区域。

在集成域中已经通过传感器收集到数据，物联网应用会根据应用的情况将数据转换为有用的信息，并下发不同的命令到设备域，由设备域执行指令。

（4）应用域

物联网应用域的用途是以用户接受的方式，比如手机App、Web等使采集到的信息传递给最终用户，使用户实时查看所需要的信息。同时，应用域可通过发出异常警告（通过电子邮件、短信、通知等发送）让用户实时掌握所关心的情况以便用户及时处理信息。例如，当牛场的冷库温度过高时，会发出警告信息，用户可下发指令打开风机等调节设备。

（二）农业物联网技术的发展

1.农业物联网的发展阶段

自2009年温家宝总理提出"感知中国"以来，我国的物联网有了11年的发展。这11年里，我国农业物联网技术经历了由原来的学习国外到赶超国外的过程。

（1）农业物联网1.0——向西方学习阶段

自1978年改革开放以来，农业土地政策放宽，规模化生产的农场出现，机械使用率迅速提高，对农业生产效率有了更多的要求。再加上农业生产的链条不断延伸，伴随着专门从事农业生产企业的出现，为提高企业的生产力水平，提升农产品的质量，增加出口农产品销量，农业物联网技术开始出现。在这一时期，中国的农副产品在世界经济中的价格相对较低，我国农副产品出口增多。企业开始学习西方用于提高生产效率的物联网技术，最初的农业物联网应用技术就在这样的背景下出现了。

据桑福德伯恩斯坦公司的零售业分析数据表明，美国最大的零售企业沃尔玛运用RFID同时解决了零售业最大的两大难题：商品断货和供应链被搅乱而损失用户。应用该技术可以不需要人工查看进货的条码而节省劳动力成本，从而越来越多的企业开始效仿并促进相关RFID技术产业的发展，促使RFID技术整体实施成本得以下降，走向良性发展。

随着类似沃尔玛这样的进口企业希望能够提高和改善运营效率，对供应链商品进行可视化管理需求的不断增加，我国为了顺应国外进口农产品的要求，提高与国外商业伙伴之间的协同性，我国的农业企业也开始应用RFID技术对自身的农产品进行相应的编码。

综上所述，在这一阶段，我国农业企业应用物联网技术主要是RFID技术，主要用于我国出口农产品的识别方面。

（2）农业物联网2.0——国家推广试验阶段

2009年8月7日，温家宝总理在无锡就"传感网"的谈话，掀起了物联网发展的巨大浪潮。2012年1月9日农业部办公厅发布了《关于组织实施好国家物联网应用示范工程农业项目的通知》，要求黑龙江省农垦总局、北京市农业局、江苏省农业委员会，三个政府单位分别做好黑龙江农垦大田种植物联网应用示范、北京市设施农业物联网应用示范和江苏省无锡市养殖业物联网的应用示范项目。三类项目的承担单位将国家物联网应用示范工程，与现代农业示范区建设、高产创建、标准良田建设等"十二五"期间农业部重要的建设项目和各类惠农政策紧密结合。从此标志着我国农业物联网项目大规模推广试验拉开序幕。

在2014年北京市农业信息化工作总结中，北京市承担了国家级设施农业物联网示范工程建设，在数万亩设施农业中部署了智能传感终端，实现了设施蔬菜种植环境的实时监测和智能化控制，提高了生产经营水平，保证了农产品质量和安全，打造了具有现代农业全行业的物联网监控中心。

到2015年9月份农业部在省（区、市）农业部门组织农业物联网项目积极申报的基础上，物联网行业专家进行了评估。从名单中选出了一批"节本增效突出、技术设备成熟、模式值得推广"的农业物联网应用模式。向社会公布的农业物联网应用模式有116种，其中田间种植14种、设施种植52种、畜禽养殖18种、水产养殖8种、综合类24种。

2016年《农业物联网发展报告》中，总结了农业物联网深度实验对我国的农业物联网起到了积极的推动作用，并总结了农业物联网软硬件技术产品的推广模式426种，有效地促进了我国农业节本增效和农业生产智能化管理等。

在这一阶段中，农业物联网在田间种植、遥感监测、病虫害遥感诊断、水稻智能发芽、农业机械精密操作等方面有了广泛的应用。在设施农业中，温室环境自动监测与控制、水肥及农资智能化管理，加快了推广应用；在畜禽养殖业中，精确饲养、发情监测和自动挤奶在规模化养殖场中得到了广泛的应用；在水产养殖中，水质监测、饲料自动投喂等快速综合应用。我国的规模化农业生产基地利用物联网技术的推广试验应用，对农业物联网的应用起到了良好的示范作用。

（3）农业物联网3.0——大规模应用阶段

2014年9月举行的中央全面深化改革领导小组第五次会议，提出在坚持农村土地集体所有的前提下，在原来单纯的由农民承包使用的基础上将承包权和经营权分离，将所有权、承包权、经营权三权分置，标志着我国土地经营流转格局的开始。2016年以来，随着国家对土地的"三权分置"、农业信息技术的加速发展以及农民文化素质的提高，农业智能化装备已广泛应用于农业生产、经营和服务中。此阶段农业物联网应用得到了进一步的发展，主要表现在两个方面：物联网农业的发展催生了新的商业模式，致使我国的绿色农业、观光农业出现并快速发展；物联网的发展使得一批农业科技公司产生，利用物联网技术实现了数字化和精准化对农业生产各个环节进行了智能化的监管和控制，无人机遥感技术、人工智能以及对大数据的运用不断提升。

（4）农业物联网4.0——以数据驱动的智慧化农业

2019年以来，农业物联网软硬件技术飞速提升，从传感器、图像检测设备再到云端的大数据处理技术都得到了发展。农业生产的各个环节都被纳入智能化管理系统之中，实现了全程的可检测与可操控，大规模农业生产企业实现了"无人化"的操作。与此同时，农业物联网管理技术水平也在提升，物联网技术运用延伸到生产、包装、运输、售卖等各个环节。物联网技术和互联网技术的融合，使得农业生产真正进入以数据化驱动的智能化时代。

2.奶牛养殖业物联网的发展

我国奶业规模化和专业化的出现较早，在奶业行业的物联网应用出现也较早。下面对北京规模化奶牛养殖场目前物联网的应用情况进行了调研。

2019年10月到12月，在北京市7个奶牛养殖重点区县共20家示范奶牛场发放了调研问卷。其中，大兴2份、房山3份、密云2份、顺义1份、通州2份、延庆7份，覆盖范围广泛，在北京市奶牛养殖场中具有一定的代表性。

此次被访谈者基本为牛场负责人，年龄在24～60岁，为主要养殖场决策者群体，保障了问卷信息的可利用价值。从被访问的奶牛养殖场存栏总量来看，200～500头的养殖场占比25%，500～1 000头的牛场占比30%，1 000～1 500头的牛场占比30%，1 500～2 000头的牛场占比15%，大中小规模分布均匀。成乳牛单产水平方面，头年均单产小于等于9.5吨的牛场占25%，9.5～10吨的占35%，10～11吨的占20%，高于11吨的占20%，单产水平高低有别。其中调研的养殖场及其是否应用物联网技术，如表2-1所示。

表 2-1　规模化奶牛养殖场一览表

序号	养殖场名称	是否应用物联网技术
1	昌平三石奶牛场	是
2	大兴创辉牛场	是
3	昌平小王庄牛场	是
4	房山中加永宏科技有限公司	是
5	顺义中地畜牧科技牧场	是
6	首农畜牧三垡牛场	是
7	首农畜牧半截河牛场	是
8	大兴东兴富强牧业	是
9	延庆富农兴牧奶牛养殖中心	是
10	延庆金龙腾达养殖场	是
11	延庆大地群生	是
12	房山森茂	是
13	延庆延照富民奶牛养殖中心	是
14	密云鼎晟誉玖牧业有限责任公司	是
15	密云久兴养殖场	是
16	首农牧圣兴达奶牛场	是
17	昌平南口二农场	是
18	昌平南口三农场	是
19	延庆金龙腾达养殖场	是
20	延庆瑞林奶牛养殖中心	是

经过对示范牛场的调研结果得知，目前北京市在奶牛养殖环节中，物联网技术具体应用在牛舍环境管理的环境调节，奶牛饲养管理中的日料TMR混合日粮配比，牛奶的生产过程中挤奶及追溯，奶牛常见疾病的预防与治疗，奶牛繁育过程中发情期监测，牛场经营管理中对牛场人员、牛群档案、DHI生产性能测定等方面。

二、北京奶业发展对物联网技术的需求

（一）北京奶牛养殖业的空间格局变化对物联网的需求

北京奶业近几年的发展现状表明，北京奶业虽然历经70年，得到了全面升级，实现了"从无到有""从有到足""从足到好"的重大转变。但受到土地资源减少、城市水资源短缺、污染物排放要求提高等因素制约，奶牛养殖的空间格局正从郊区向远郊、从平原向山区、从京郊向京外转移，北京奶牛养殖规模在不断缩小。

利用物联网技术可在有限的资源内，进行高效的养殖。也可对属地是北京但牧场在京外的养殖场，采用物联网的远程监控技术对奶牛养殖场进行实时监控。

（二）北京奶牛养殖环境对物联网的需求

随着北京对环保要求的加大，奶牛的排泄物污染对环境的危害问题日益突出，利用物联网技术对环境质量进行实时监测成为当前影响奶业发展必不可少的需求。

同时在牛舍环境管理中，利用物联网的终端感知，饮用水箱可实现保持水箱里的水温度恒定，解决冬季水冰、夏季水温过高的问题；水质传感器确保奶牛饮水时饮用水保持清洁；物联网感知牛舍环境变化，控制大型风扇自动喷雾器，定期喷洒水，为奶牛热应激降温提供帮助等方面，实现对牛舍环境的实时感知和远程控制。

（三）北京奶牛疾病防疫对物联网的需求

在北京示范牛场的奶牛养殖中已经建立完善的疫病防疫消毒制度，加强对疫病防控。对于容易滋生病毒和细菌的重点区域（排污池、粪便池等）实施消毒和提前干预。利用物联网技术不仅可以定期对需要消毒的区域进行及时消毒，而且还可以减轻工作人员的日常工作强度，可将人工重点放在奶牛的疾病治疗上。

对奶牛常见的几项疾病防治方面，物联网可在疾病发生的早期对疾病进行及时的预警，可对疾病进行提早的预防和治疗。例如利用物联网技术可预测蹄病发生初期的奶牛，这样就可以及时对奶牛进行修蹄、浴蹄处理，加强疾病预防控制。

（四）北京奶业的乳制品安全对物联网的需求

奶业是农村第一、第二、第三产业的支柱产业。中国的乳制品行业新标准，使乳制品行业发展到了一个新的阶段，越来越多的消费者对中国乳制品行业的信心在逐步恢复，但目前北京牛奶的自给率在52%左右，乳制品的质量安全问题对北京乳制品依然有着严峻的挑战。

在牛奶的生产中可能会出现：个别牧场只注重效益，忽略防疫的管理；由于饲料的存储不当，饲料发生霉变，造成牛奶亚硝酸盐等有毒有害霉素残留超标；因人为原因，造成奶牛用药不当；采用人工挤奶方式，出现交叉污染；对储奶设备消毒不到位等。这些都会造成奶源的质量安全问题。

利用物联网技术可对奶牛产奶信息进行及时的采集。对乳制品的生产过程进行信息公开，将提高消费者对乳制品安全的信赖度。

（五）北京奶牛养殖业生产经营对物联网技术的需求

经过调研，应用物联网技术进行奶牛养殖的好处主要体现在三个方面。第一，可以提高生产效率。有95%的奶牛养殖场认为应用物联网技术可以节约处理问题的时间，具体体现在减少人工观察时间、发情监测比传统养殖更及时，可以及时发现存在的隐患，立即进行处理。第二，可以节约人工数量。70%的养殖场认为可以节约1~3人的人工数量，15%的养殖场认为可以节约4~8人，5%的牛场节约了9~15人，大多数养殖场是可以运用物联网技术节约人工的。第三，可以提高牛奶产量比例。与人工数量节约情况类似，大部分养殖场认为应用物联网技术可以提高牛奶产量，但有65%的牛场认为提高的产量比例在10%以下。

（六）北京牛场管理者对物联网技术认可度较高

在北京示范牛场调研中对奶牛场应用物联网技术的需求情况做了进一步的访问。例如"物联网在多大程度上可以帮助奶牛养殖业""物联网管理者在多大程度上关心物联网"等。

表 2-2　物联网技术重要程度测度

等级	1	2	3	4
对奶牛养殖帮助性	帮助很大	帮助较大	有帮助	没有帮助
占比	35%	20%	45%	0%
近年来发挥作用	越来越好	没有变化	越来越糟	说不清
占比	90%	5%	5%	0%
对管理牛场的必要性	有必要	无所谓	没必要	说不清
占比	95%	0%	0%	5%
对奶牛养殖业的作用	很大	比较大	一般	比较小
占比	35%	60%	0%	5%
对物联网技术关注程度	很关注	较关注	一般关注	不关注
占比	20%	55%	20%	5%
未来 5~10 年应用前景	非常乐观	比较乐观	一般	不乐观
占比	10%	80%	5%	5%

利用spss软件统计发现，北京市奶牛养殖场对物联网技术存在较大的需求。如表2-2所示，所有的养殖场都认为物联网技术对奶牛养殖是有帮助的，其中有35%的养殖场认为物联网技术对奶牛养殖的帮助很大；90%的奶牛养殖场认为近年来物联网技术发挥的作用越来越好；95%的奶牛养殖场认为有必要应用物联网技术来管理牛场；95%的奶牛养殖场认为物联网技术对奶牛养殖业有重要作用，并有35%的奶牛牛场认为该作用很大；从管理者对物联网技术的关注程度来看，完全不关注物联网技术的只有1家牛场，仅占5%，超过半数的牛场管理者表示比较关注物联网技术；从管理者对未来5~10年物联网技术的应用前景的判断发现，90%的管理者对其持乐观态度。

三、北京奶业物联网技术的应用研究

荷兰、以色列等国家在20世纪80年代就已经开始在畜牧业中运用整套的物联网管理系统。伴随着我国互联网的发展，我国物联网与农牧业的结合，使奶牛养殖业迎来了物联网时代。物联网技术的应用，促进了奶牛养殖业向产品健康，资源节约及高效益、高品质的方向发展。奶牛的养殖从出生、成长、饲喂、体质检测到产奶等所有过程，都运用物联网技术严密布控。类似肉瘤杆菌、三聚氰胺的恶性事件，应用物联网技术后也不会再发生。

本章对北京奶牛养殖环节中的物联网在牛舍环境、饲养过程、挤奶过程、疾病防御、繁育过程、牛场经营管理等方面进行了应用分析，如图2-2所示。

图 2-2　物联网在奶牛养殖环节的应用

（一）物联网技术在奶牛养殖业的应用分析

1.物联网在牛舍环境管理中的应用

牛舍的温湿度环境会影响牲畜的健康状况，有毒气体等衍生危险也会直接影响奶牛产奶量。运用物联网采集硬件控制，管理者能够远程监控养殖场的环境数据，包括空气质量、温湿度、有害气体、光照情况等，并利用物联网管理平台以及手机App对养殖环境中的报警信息进行及时处理。物联网技术还可以实现对环境设备的远程控制，方便对设备进行管理维护等功能。此外，物联网配套的软件平台将根据用户的需求对相应数据进行分析处理并生成图表报告，便于牛场管理者对相关数据规律进行长期分析，为牧场的大数据分析奠定了基础。

近些年来，随着我国对生态环境的管理政策加强，奶牛养殖业面临的环保压力加大。奶牛场的环境问题显现出来。牛场的生态环境污染主要是由奶牛场产生的粪便、废气和污水等废弃物造成的。根据科学测定，一头500~600公斤的成年奶牛日排泄量为30~50公斤，尿量15~25公斤，如果不能得到良好的消化处理，将对环境产生严重影响。

像人类一样，奶牛也渴望在适宜的生活环境中生存。基于物联网技术的牛舍环境智能监测系统，通过对奶牛生长环境信息的在线监测来控制牛舍环境状态，实现奶牛的健康生长，提高奶牛的生产力，供应优质奶和其他衍生产品，从而提高经济效益。

牛舍环境智能监控管理系统由环境信息采集系统、远程控制系统、智能养殖管理平台三部分组成。

环境信息采集系统：实现牛舍环境信息的自动检测、传输和接收，包括二氧化碳、温度、湿度、光照和有毒气体（氨气、一氧化碳、硫化氢）。根据牛场场地的需要，不同的传感器被部署在不同的位置。

远程控制系统：采用无线zigbee、Wi-Fi和蜂窝移动技术对养殖场的红外线灯和风扇等智能设备进行控制，实现环境（二氧化碳、温度、湿度、照度、氨气、一氧化碳、硫化氢）的集中、远程和联动控制。

智能养殖管理平台：实现养殖场各类信息的显示、存储、分析和管理；提供阈值设置功能；提供智能分析、检索、报警功能；提供设备接入接口，从而驱动农舍的控制系统。

环境信息采集系统可以实时感知奶牛养殖过程中牛舍的环境信息，并回传到位于云端的智能养殖管理平台。智能养殖管理平台根据技术人员设定的养殖环境最适宜温湿度进行智能决策，将决策结果下发至远程控制系统。由远程控制系统启停环境调控设备，奶牛在这样的环境中即可安心产奶。

除了牛舍环境智能监控管理系统外，另外一个在牛舍环境管理中起重要作用的物联网应用是智能视频监控系统。智能视频监控系统由实时视频摄像头、PLC程控器（远程查看、疾病会诊）以及软件技术相结合，按照养殖场工作人员关注的牛只、牛群、牛舍等查询条件，由系统自动调取摄像头，查看现场实际情况。

养殖场的工作人员可以通过电脑或者手机远程完成养殖场的环境控制及牛场的实时监控情况查看，从而减少了人力成本投入，也避免了人工控制响应不及时的问题出现。达到科学养殖管理，实现奶牛养殖场节能、环保、增产、增收的目的。

2.物联网在奶牛饲养过程中的应用

饮食是决定牛奶产量和牛奶品质的关键因素，饲料是奶牛养殖中的主要投入品，实现奶牛的精准饲喂是提高奶牛生产效率，降低奶牛多喂浪费饲料和少食营养不足的重要手段。

养殖场通过采用TMR技术实现奶牛不同饲料的科学配比。利用物联网技术可以观察视频监控中TMR车的实际配料情况，确保日粮按照营养师的预定配方进行配比，同时将实际日粮配方反馈给营养师，确保对饲料的实时监管。

智能混料系统由铲车端显示器、日粮搅拌车、日销搅拌车控制系统组成。通过日粮搅拌车控制系统感知目前已经配料中的各种成分配比，提醒养殖场工作人员对不足部分进行补充添加，从而实现奶牛日粮的精准配比。

智能投料系统主要由投料设备、牛只识别系统组成。利用奶牛的智能投料系统可以有效记录奶牛的进食情况，并结合其形态体征情况，对奶牛的饲料投喂进行优化控制，实现对奶牛的自动喂养。

依托物联网技术的精准饲喂系统，奶牛能够获得较理想的生长速度，以及更高的饲料报酬，提高劳动效率，节约饲养成本。

基于物联网的自动称重系统，通过RFID技术与电子称重技术的结合，可实现奶牛的自动称重功能，减轻牧场工作人员每月称重的工作量。自动称重系统安装在牛舍中，测量每头经过设备的牛只体重，通过数字编号可以轻松将体重数据存储到数据服务器上，传输到云端的"奶牛场管理信息系统"进行记录。

3.物联网在奶牛挤奶过程中的应用

自动挤奶设备可以大量节约挤奶环节的人力成本，当奶牛进入挤奶位置后，首先对乳头和乳房下部进行清洗与消毒，消毒完成后套上吸奶杯，通过负压方式自动挤奶。当牛奶流速低于每分钟200毫升时，杯内压力下降触发脱杯气缸进行自动脱杯。在挤奶过程中，电子流量计测定牛奶的重量，将数据上传到云端服务器储存。

采用基于无线超高频技术（RFID）的智能挤奶监控系统，实现了对奶牛的自动识别与奶量的自动计量，极大地降低了挤奶厅计量成本。配套的DHI（生产性能测定）同步采样系统，也可大幅提高DHI采样的准确性与便捷性。自动挤奶系统与奶牛电子耳标、奶牛场管理软件、无线网络传输技术等进行系统集成，实现数据与综合管理平台的实时数据上报。

利用智能挤奶系统对中小型的牧场来讲，每名员工平均可以管理60~80头奶牛。对较大的牧场来讲，每名员工最高可以管理150~200头奶牛。同时，奶牛在相同的工作负荷下自动连续挤奶，可以增加挤奶次数，提高挤奶效率和总产奶量。工作人员借助奶牛管理软件的数据分析，指导具体工作，从而提升工作效率。

智能挤奶设备的采用不但提高了挤奶效率，防止了挤奶过程中的人为污染，还能通过对所挤奶的奶质自动检查奶牛是否患有乳腺炎等疾病。通过对乳房健康状况的监测、对乳房电导率、血乳、挤奶间隔时间、体细胞计数和产奶量预测等参数的综合分析，帮助奶牛管理人员尽早识别有乳腺炎或感染风险的奶牛，甚至可以识别不同乳房区域的疾病。

使用自动挤奶系统利用智能筛选，可以识别和分隔需要特殊处理的奶牛。实现管理上的优化，有助于提高工作效率、奶牛福利和产奶量。

4.物联网在奶牛疾病防治中的应用

畜牧业中重大疾病的预防一直是关于行业持续发展、国民健康水平和经济发展稳定的重要因素。因此，建立畜牧业疫情防控预警系统就显得尤为重要。

物联网中RFID的唯一性可实现对污染源和疾病传播过程进行追本溯源，通过系统查找锁定污染源、切断传播途径，可以将疾病在最短时间内控制在特定范围内，进行精确防疫和治疗。

奶牛的疾病防控系统除了能够预警、监测、查找疾病之外，经过系统处理和分析的大量数据，能够为疾病预防科研，政府制定相关政策以及行业保险业务的开展提供科学依据。

在疾病预防中，物联网在奶牛行业不断发展，实现了软硬件对奶牛多项生理指标进行测量和监控。奶牛体温是除了运动量、产奶量、行为之外的体现奶牛生产状态的重要生理指标。采用红外摄像技术可进行奶牛群体的体温监测，适用于大规模养殖环境中。运用红外摄像头的智能识别，实现群体中的发热个体快速甄别，提高对奶牛疫病的早期检测和预防。

5.物联网在奶牛繁育过程中的应用

多年的研究和牧场试验已经表明，发情和奶牛活动增加之间存在正相关关系。奶牛良好育种意味着母牛有最好的胎儿间隔，这就能让牛奶产量保持在高水平。更好的发情期揭发也使奶牛的怀孕率更高，空怀期更短，节省人工和医药开支，节省发情观察时间以及孕检和激素使用的费用。因此，物联网相关企业研发了奶牛计步器，可实时对奶牛的发情期进行监测。

智能发情监测系统记录牛只的活动量（计步器，如图2-3）以及牛只的卧床次数和时间，从而来判定牛只所处的发情状态。通过检测牛只的行走、趴卧和站立，运用计步器可靠的传感技术和硬件设施采集相关数据，结合无线网络传输技术，实现数据每小时采集一次给牧场提供全天候的奶牛发情期监控。

智能发情监测系统与人工观察发情从成本上相比，每头牛每胎次可节省700～1500元。

图2-3 计步器

智能发情监测系统，通过计步器等系列硬件能发现其他手段无法发现的发情，灵敏度高，准确度也高。主要体现在：（1）全天候地收集和更新活动量和行为数据；（2）用于乏情、流产、发情期不正常的早期预防；（3）记录牛只所有胎次的发情记录；（4）提供繁育指标、按冻精和配种员计算的受胎率。

奶牛发情后的12～24小时内是最佳受孕时期。对奶牛进行发情监测，根据个体运动量、爬跨视频甄别、泌乳状态等，进行发情预警分析，这样提高保育率，减少空怀天数。

优质的品种是提高奶牛产量的重要因素，目前国内多使用进口冻精进行奶牛繁育，若连续使用同一家公司的同批次冻精，则会出现奶牛的近亲繁育，从而引起近交衰退，影响产量与种群稳定。

原有的纸质档案方式，难以实现规模化奶牛养殖场谱系管理，为此，奶牛种质资源记录与管理系统将对每头奶牛的配种与繁育情况进行有效的记录。从而绘制奶牛谱系图，对奶牛的种质资源进行管理。

结合大数据分析等方法提高奶牛种质资源的管理效率，为提高奶牛种质资源与优化牛群结构提供支撑。

6.物联网在牛场经营管理中的应用

奶牛形态监控系统是奶牛的"身体管家"，由奶牛运动量监测传感器、运动量监测读写器、视频监测控制器以及云端管理系统组成。

奶牛佩戴的运动量监测传感器，记录奶牛的运动量等体征参数，数据由读写器读取并经过网络回传到云端平台系统。

视频监测控制器，可以24小时实施采集现场视频图像信息，并回传到云端平台系统。

云端平台系统汇集奶牛活动视频数据、运动量数据，并利用奶牛的编号作为奶牛的唯一标识对数据进行关联，建立奶牛形态特征数据集。采用卷积神经网络学习等大数据分析方法，对奶牛的形态特征进行提取，建立多特征融合的奶牛行为分析模型，实现奶牛发情、蹄病预防、临产等行为的监测预警。进而为奶牛生产管理提供辅助决策等支持，可以减少原有纯人工管理的人力成本投入。

在牛场管理中，通过为每头奶牛分配带有唯一编码耳标的方式来实现对奶牛个体的唯一标识，应用在奶牛牧场的耳标记录牧场编号、牧舍编号、奶牛个体编号等数据。实现个体的用料管理、免疫管理、疾病管理、死亡管理、称重管理、用药管理、产奶记录等日常信息管理，为乳制品溯源提供科学依据。

奶牛的分群管理是牧场最基本的管理手段之一。奶牛是以产奶为轴线开展分群管理的，分为泌乳牛群、干乳牛群、犊牛群和育成牛群，分群管理便于集中饲养。

用于奶牛分群管理的智能牛只监控与辅助分群系统，主要分为三个部分。

自动分群（事前）：根据牛只目前所处的产奶状态，通过后台设定分群条件，采用感知设备与定位设备实现牛只自动分群。

出入舍监控（事中）：在牛舍、挤奶厅、产房等入口处安装固定的采集设备，监控不同牛只出入情况，类似设定电子围栏，一旦监测到牛只超出活动范围就实时报警。

混群提醒（事后）：根据软件中记录的牛只状态和分群规则，依据牛只当前所在位置，警示牛只混群情况。

运用物联网技术还可对生鲜乳的质量安全进行监测。运用物联网技术记录饲料中的农药、有害物质如黄曲霉毒素、重金属、添加剂等含量进行数据记录，从而控制原料奶的质量。利用物联网技术中的RFID技术对每头奶牛的健康状况和疾病发生情况进行监控记录，保证产出的生鲜乳的质量安全。

此外，生鲜乳在贮藏、运输过程中，很可能发生一系列的物理化学变化、微生物变化等。物联网技术可监测贮乳的温度或未能及时冷却造成的变质。

利用物联网的详细记录对牛奶质量安全有关系的信息，可对牛奶生产过程中的各环节出现的问题做出及时的监控与修正，达到对牛奶质量安全的实时监控的目的。同时将相关质量安全信息录入系统，可对原料乳质量进行溯源查看，杜绝食品安全问题的发生。

（二）物联网技术在奶牛养殖业的应用效果分析

1.物联网技术应用情况分析

通过北京示范牛场的调研，对奶牛养殖场应用到的物联网技术进行了分类，将其分为牛舍的环境管理、奶牛的饲养过程、牛奶的挤奶过程、奶牛的疾病防治、奶牛的繁育过程、牛场的经营管理六个部分。经统计发现，这六大类物联网技术应用的广度具有明显的差别（见图2-4）。20家奶牛养殖场中，90%的奶牛养殖场在牛舍的环境管理中应用了物联网技术，80%的牛场在奶牛繁育过程中应用了物联网技术，在牛场的经营管理和牛奶的挤奶过程中均有70%的牛场应用物联网技术，而奶牛的饲养过程和疾病防治中却分别只有55%和40%的牛场应用了物联网技术。由此可见，目前在北京市奶牛养殖场中，牛舍环境管理和奶牛繁育方面的物联网技术应用普及程度明显高于奶牛饲养与疾病防治方面的物联网应用。

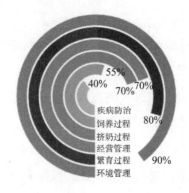

图2-4 各大类物联网技术应用在奶牛场的应用情况

将每个大类中可能应用到的物联网技术细化，细分成16项具体的物联网技术，调查物联网技术在北京市奶牛养殖场中的应用情况，统计结果如图2-5所示。

由此可以看出，物联网技术中的摄像终端监控和通风排水照明的远程控制已经应用于大多数牛舍环境的管理中，但只有少数牛舍采用了温湿度、噪声、有害气体远程监控等技术；奶牛饲养过程中采用的物联网技术主要涉及饲料存储及质量监测方面，关于奶牛自身的饮食和体重检测技术则应用更少；牛奶挤奶过程中应用较多的物联网技术是奶量监测和奶温冷却控制，远程自动化挤奶技术尚未得到大规模普及；奶牛的疾病防治方面，整体应用的物联网技术最少，而应用了疾病防治物联网技术的则主要集中在乳房炎监控方面，对常见传染病如口疫病监控和消毒液远程喷洒方面的应用较少；许多奶牛场在奶牛育种中采用了物联网技术，其中发情期监控技术被广泛应用；最后是牛场的经营管理方面，各养殖场主要运用物联网技术进行物料监控，少数的牛场应用物联网技术进行了人员的远程管理。

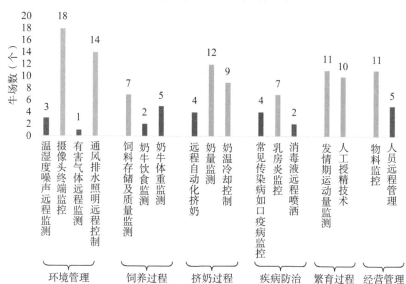

图2-5　各类物联网技术在奶牛场的应用情况

综上所述，目前北京市奶牛养殖场对最基础的物联网技术如摄像头终端监控应用最为广泛，对能显著提高生鲜乳产量的奶牛繁育方面的物联网技术也较为重视，牛挤奶过程中的奶量、奶温等会影响生鲜乳质量安全的技术应用也较多；然而，从奶牛自身角度出发的物联网技术应用较少，如涉及奶牛舒适度的温湿度噪声和有害气体远程监测技术、涉及奶牛体质监测的饮食和体重监测技术、涉及奶牛疾病防控的消毒液远程喷洒和常见病监控技术，这些均是从源头出发提高产奶量的技术，受重视程度却较低。近几年很多乳品销售广告都在强调：幸福健康的牛才能产出高品质牛奶，所以，奶牛养殖场应提高对奶牛体质监测、疾病防控、环境优化等方面物联网技术的重视。

2.物联网技术成本统计分析

统计各奶牛场对相关物联网技术的成本投入情况，根据采集的数据，计算各项技术的成本均值，结果如图2-6所示。

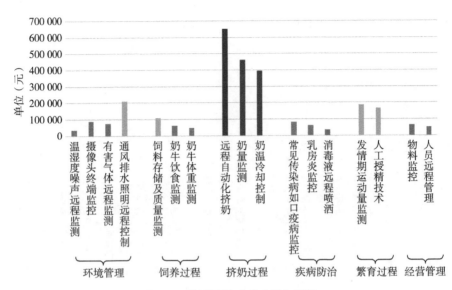

图 2-6　物联网技术成本投入情况

由图 2-6 可以发现，牛奶挤奶过程中的各项技术成本远高于其他过程中的物联网技术成本，成本最高的是远程自动化挤奶技术，平均成本超过了60 万元，推测该项技术没能在各奶牛养殖场广泛应用的重要原因是其成本过于高昂，且只有大规模养殖场可以在投资该项技术后保持盈利状态。奶量监测、奶温冷却控制两项技术虽然成本也较高，但依然在多数牛场中得到应用，分析原因并且结合回访情况得知各养殖场由于比较重视生鲜乳质量问题，所以应用得较多，这两项技术的应用可以减少生鲜乳变质导致的损失。

通风排水照明远程控制、饲料存储及质量监测、发情期运动量监测和人工授精技术的平均成本均超过了 10 万元，处于中等高度，这几项技术在各奶牛场也得到了较为广泛的应用，说明这个成本水平可以为北京市大部分奶牛养殖场所接受，且各养殖场均比较重视奶牛繁育及奶牛的繁育成活率、养殖饲料质量等方面的问题。

摄像头终端监控的平均成本低于 10 万元，且在各项物联网技术中应用范围最为广泛，说明该项技术已比较成熟，无论是产品价格还是产品质量均得到了大多数养殖场的认可。

另外，温湿度噪声和有害气体远程监测、奶牛饮食和体重监测、奶牛疾病防治等相关物联网技术的应用成本虽然并不高，但并未得到各奶牛场大规模应用，一方面可能是因为这些物联网产品规模化不足且技术尚不成熟，另一方面，由于示范牧场应用效果不佳，市场上宣传力度不够，这些技术并未得到各奶牛养殖场的高度重视。

3.物联网技术应用效果统计

虽然大部分奶牛养殖场对物联网技术的作用给予了肯定，依然存在少数养殖场认为物联网技术"近年来发挥的作用越来越糟"，对应用物联网技术管理牛场的必要性感觉"说不清"，认为其"对奶牛养殖业的作用比较小"，并认为其"应用前景不乐观"。因此，问卷继续对物联网技术应用中存在的问题以及需要改进和提升的方向进行了访问。

四、北京奶牛养殖业物联网技术应用存在的问题

根据调查的各养殖场管理者针对"物联网技术在奶牛养殖业存在的问题"及"物联网技术在养殖业的应用应该如何发展"两个问题进行了统计。如图2-7。

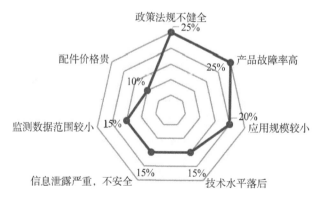

图 2-7　物联网技术在奶牛养殖业中存在的问题分析

据调研的奶牛养殖场管理者反映，国家政策法规不健全；物联网技术相关产品成本高，技术水平相对落后，软件功能单一；物联网产品质量尚不完

善，故障率比较高，且售后服务成本高；相关备品配件价格贵，这些是导致物联网技术没有在养殖场中大规模应用的重要原因。此外养殖场还关心信息技术泄露、网络安全，数据的应用价值等方面的问题。

（一）政策法规不健全，物联网基础设施薄弱

随着北京把物联网提到影响畜牧业信息化发展的战略高度，同时也对奶业物联网发展出台了一系列措施，但北京还没有建立专门针对奶业物联网发展的具体政策。物联网在奶业的发展由于缺乏相关政策法规的指导和支持，落地实施起来比较困难。

同时，北京没有建立专门针对奶牛养殖业的物联网组织，来推动养殖业物联网完整解决方案形成。目前大多数解决方案形成不了"感知—传输—控制"应用的"闭环"。仅仅是应用在传感器数据的采集。而采集、传输和展示数据并不是一个完整的物联网解决方案，一个完整的解决方案中，要将数据进行分析并对生产实践进行指导控制。如调整牛舍环境、调整饲养计划。另外，物联网的应用没有获得最大的效益，收入和投入不成正比，导致科技并没有真正转化为生产力。

此外用于物联网技术的信息化基础设施建设不完善，网络建设落后，信号不稳定，信息化系统普及率低，也制约了奶业物联网技术应用的发展。

（二）物联网标准化工作进展缓慢影响产业链发展

目前北京奶业信息化和物联网技术的应用和产品发展仍处于初级研究阶段，其技术标准体系的建设仍然滞后。原因是我国对物联网本身的认识并不统一，大多数标准只停留在战略粗线的层次上。因此，我国奶业物联网的标准化工作还很薄弱，相关标准缺失严重，标准化体系还不完善。

由于标准的缺失，收集奶牛生产过程的数据标准不一致，目前处于无约束状态。不同系统采集的基础数据在数据内涵、数据单元、数据类型等方面不一致，数据集成困难，数据重复采集造成资源的严重浪费。所以，也亟待

从奶牛的环境管理、饲养管理、繁殖管理、健康管理等方面，标准化数据采集的单元、数据采集的方法及派生的模型算法，为实现物联网数据的交换共享做好基础工作。只有对收集到的数据元素和数据进行标准化处理，才能实现不同系统或不同方式收集到的数据的自由交换，消除孤立的数据孤岛，这也是大数据积累和数据分析的必要基础。

（三）奶牛养殖业物联网技术资金支持不到位，政策宣传缺失

从资金支持方面，奶牛养殖场有牧场建设补贴、农机补贴等相关补贴，但没有针对信息化建设进行相关补贴，尤其是在物联网技术应用方面的补贴。

对北京养殖场的调查访问结果表明，超过90%的奶牛养殖场反映，在物联网技术方面并没有得到过各级政府的资金支持，目前应用的物联网技术由自己或企业投资。从调研结果得知目前只有安装摄像头进行奶牛远程监控管理得到政府的政策支持。另外，大部分养殖场管理者表示不清楚政府鼓励奶牛养殖业运用物联网技术的政策有哪些。

（四）奶牛场不重视，物联网技术应用规模小

由北京市奶牛养殖场物联网技术应用现状分析可知，目前奶牛饲养与疾病防治过程中的物联网技术并未被大规模应用，尤其是温湿度、噪声和有害气体远程监测等关系到奶牛环境舒适度的相关物联网应用，奶牛饮食、体重监测等涉及奶牛体质监测的相关技术应用，以及常见传染病如口疫病的监控、消毒液远程喷洒等维持奶牛日常健康的相关物联网技术应用。从调研的数据得知，目前只在少数几家奶牛养殖场中被应用。然而，从维护奶牛健康的角度来看，物联网技术不仅是提高奶牛产奶量和质量的根本保证，而且是提高奶牛生产效率和经营能力的表现。因此，每个奶牛场都应该重视这项技术的应用。

（五）奶牛养殖业对物联网技术的信任度低

从调研结果得知，北京奶牛养殖场对物联网技术的安全性存在担忧，导致这个问题的原因有两个。

物联网技术本身存在的安全问题日益突出，已经成为制约物联网大规模应用的重要因素之一。目前国内外一些企业已经认识到信息安全在物联网发展中的重要作用，并根据物联网的不同层次对安全技术和产品进行了研究，包括无线网络安全、身份认证安全、数据加密安全、黑客攻击、软件程序安全、API接口安全、研发过程中的安全，并形成了完善的系统安全策略。

另外一个是养殖场人员的信息科技水平落后，涉农人员的信息科技水平严重阻碍了农业科技的推广，许多应用没有发挥应有的作用。由于从事奶业生产的牧场工作人员多数以当地农民为主，基础教育水平比较低，有些养殖场即使应用了先进技术的物联网应用，但能够真正转变养殖场的生产方式、提高养殖场管理效率的状况，在落后的农村地区仍然很难实现。

（六）奶牛养殖环节物联网产品技术水平低

物联网技术水平低主要体现在两方面。一是市面上缺乏精读更加准确的传感器产品和质量可靠的终端控制设备，能够选择的物联网产品价格高。目前物联网市场上，低成本、高质量的通信技术没有一个完美的解决方案，采用目前的通信技术利用蜂窝移动，3G、4G、5G技术在奶牛养殖行业也是高成本的，大规模应用于养殖户和企业还存在困难。二是，由于不同养殖模式、不同管理水平不可能选择相同的控制阈值，即使对奶牛所处的不同阶段来说，控制阈值也是不同的，需要奶牛养殖专家、牧场管理专家甚至物联网技术人才的相互配合，才能使物联网系统更具智能性。基于奶业生产的知识模型及应用控制阈值研究还远远不够，企业难以建立将软件及硬件高度融合的高水平物联网解决方案。

（七）物联网产品成本过高售后服务差

目前北京奶业物联网处于技术研发与应用试验的交接阶段，物联网技术应用目前总体也处于试验示范阶段。物联网应用的规模小而分散，奶牛养殖环节中的传感设备、控制设备等物联网关键技术产品难以标准化生产，大部分都是定制产品，导致基础芯片等关键器件的研发更新换代慢和制造能力薄弱，物联网产品价格过高，市场体系不完善。如，一个湿度传感器几百元，一个风机控制器要一千多元，一套完整的牛舍环境控制系统至少要在两万元以上，对于农民来说仍然是一笔很大的投入。目前奶业物联网还是主要集中在一些科研院所，规模化的养殖企业以及政府推动的示范项目中，产业化产品应用依然滞后不前。

同时由于物联网企业专业人才流动性强，新技术人员对非标准的定制化物联网应用需要熟悉；加之产品配件价格昂贵，一些物联网产品损坏后，无力更换配件，导致售后服务跟不上。

（八）物联网收集到的数据应用价值较低

物联网技术只是实现奶业现代化的基础，物联网相关数据的分析才具有应用价值，奶牛物联网行业缺乏行业大数据平台的应用构建。

目前在我国奶牛行业中，只有建在科研院所、依靠科研单位的部分力量在维护的中国饲料数据库、中国国家动物遗传资源数据库、动物科学和动物医学数据库等。奶业物联网数据没有一个统一的平台进行处理和真正的应用。尽管目前存在一些奶业的物联网大数据平台，但它们都是各自为政。奶业大数据平台需要从事牛奶生产、加工、运输、销售相关企业持续生成的过程数据、经贸数据、科研数据和行业数据。同时，针对不同数据应采用不同的采集模式和共享机制，使数据标准化，数据才可以大量存储。只有覆盖的领域广、年份长，通过数据模型的建立才能够真正实现奶业大数据平台的建设和运行。

五、北京奶业发展物联网的对策建议

（一）政府应加强奶业物联网的发展支持

奶业物联网的研究技术与物联网推广体系仍然由政府控制，政府未能充分利用政策来指导物联网行业的发展，政策主体性体现不足。此外，负责乳品信息技术开发相关政策的部门缺位，乳制品行业还没有一个完整的物联网政策框架。

欧美乳业物联网的发展是在农业现代化、信息技术高度发达和市场经济高度发达的背景下进行的。物联网相关政策的实施有足够的人、财、物做支撑，政府才能很好地引导行业参与。与国外相比，北京奶业的物联网发展相对缓慢，城市与农村的信息化也依然存在着很大的距离。远比不上发达国家利用物联网技术解决实际问题的水平。

乳品行业物联网技术离不开政策的支持和保障，应该在充分思考北京奶业发展方向的情况下，因地制宜地推进北京奶业物联网政策建设。

1.完善奶业物联网顶层规划方案

无论是美国规模化生产的农业大国，还是以色列资源匮乏的内陆国家，政府在发展物联网的过程中，都特别重视物联网的战略顶层规划和相关物联网配套技术的研究。从而为加快物联网技术的应用，推动农业现代化进程奠定基础。因此，北京应从宏观上注意顶层规划设计在奶业物联网发展中的重要性，加强奶业物联网的顶层设计制定和奶业信息化数据库的建设，促进奶业物联网技术的应用。从而加快奶业物联网技术的革新，实现奶业物联网技术的升级，推进奶业现代化的进程。

2.制定物联网相应的行政管理体系

北京奶业组织没有发挥外部协调性，导致奶业物联网有关的政策与财政、金融、组织税收等方面没有较好地构架，因此奶业物联网的发展会受到影响。这在许多方面都有所体现，比如，政策与现实环境之间缺乏相应的链接机制，配套的物联网政策不完整、物联网项目扶持资金几乎没有，难以发挥奶业物联网的技术优势,这导致了北京奶业甚至农业产业信息化的缓慢发展。

为保障奶业物联网的发展与技术创新,应从政府层面建立适应奶业物联网的行政管理体系,组织各相关部门的力量,形成奶业物联网传输信息通畅的现代行政管理体系。新行政体系的建立,将为奶业物联网提供优惠政策,探索完整的奶业物联网解决方案以及成熟的物联网应用商业服务模式。

3.建设支撑物联网应用的基础设施

在国外,农业物联网的发展离不开农业信息化基础设施的完善。因此,建设完善通信传输和供电基础以及农业信息专家库和管理控制软件系统等农业信息化基础设施,是北京发展奶业物联网的重要基础。

4.加强奶业物联网产品的标准化工作

政府应注意物联网技术的标准化工作,注意奶业物联网战略的研究和实施,这有助于奶业物联网产品规模化生产。目前我国农业物联网的标准有:农业传感器标准、数据传输协议标准、农业多源数据融合分析标准、物联网服务应用标准等。

奶业物联网标准的制定要保证与现有的农业物联网标准协调的情况下,还要根据奶业生产场所和奶业生产环境的特点,制定奶业物联网的具体标准。

5.政府部门应加大宣传力度,提供资金支持

政府有关部门应重视物联网技术对奶牛养殖业的重要作用,各级政府应通过各种媒体以及技术推广手段加大物联网技术在奶牛养殖业应用的宣传,大力倡导奶牛养殖业与物联网技术的结合应用,使物联网技术更快更好地走进各奶牛养殖场,助力奶牛养殖业的发展。

此外,应从财政上给予相关物联网建设补贴,鼓励奶牛养殖场加强物联网项目的建设,并由各级政府相关部门监督将其落到实处。

（二）奶业行业对奶业物联网的支持建议

从奶业的自身来看，应改善自身的经营方式，扩大奶牛的规模化，认识到物联网技术在奶业的应用效果可提高工作效率，提升牛奶的产量。同时提高养殖场人员的信息化教育水平。

1.加强奶业的产业化、规模化，提升物联网应用水平

农业产业化、规模化是农业物联网的发展基础。在国外，农业的产业化改变了农业经营组织，实现了农业组织经营的现代化。一些新的农业组织出现，如专业大户、家庭农场、农业合作社和龙头企业等。相比以前的分散经营农户，这些新型农业经营主体更加注重农业生产经营的质量和效益。他们对应用物联网技术、改变经营方式提高经济效益有着强烈的愿望，因此推动了物联网应用的发展。

因此应该在保证生态环境质量的情况下，发展奶业产业化和规模化。在奶业产业化进程中，龙头企业、养殖大户、奶牛经济合作组织等一定会凭着自身在人财物方面的优势，提升奶业物联网应用的水平。

2.加大对养殖场人员的信息科技教育

在国外推动农业物联网发展进程时，特别注重农业相关人员的信息技术水平。不仅有利于从事生产劳动人员对物联网技术的了解，还提高了他们应用先进信息技术的积极性。从而有利于物联网技术的发展，促进物联网技术的推广应用。

因此，为了奶业物联网技术应用管理的提升，应在保证劳动生产的前提下，积极对从事奶牛养殖的农民进行系统化的IT知识技能培训。让他们积极参加专业讲解信息化的网络教育、远程教育、培训班等，从而提高养殖场工作人员的信息科技水平，提供物联网技术的人员基础保障。

（三）物联网行业对奶牛物联网的支持建议

物联网行业应加强对奶牛养殖业的支持，提高专门应用于奶业的物联网产品数量和质量，加强人才队伍建设，提升科技创新能力，基于物联网数据

开发更多的奶业信息化系统，从而提升自身的科技服务能力。

1.加强产品的研发、提高售后服务

加强物联网行业产品的技术含金量，提高物联网产品的研发能力，提升物联网产品质量的耐用性，有助于提高物联网产品经济效益。通过与学校和科研院所的合作，提升物联网产品在奶业中的专业度，在奶牛养殖业建立软硬件高度融合的物联网解决方案，提升物联网行业在北京奶业的立足空间。

物联网企业应根据国家物联网产品标准的要求，加强自身物联网产品的升级改造，将非标准化模块组件替换成标准的模组，降低材料采购成本，对相关产品的成本进行压缩，从而使产品价格合理，使物联网技术的投资收益更加合理。

加强物联网相关人才的管理工作，减少因人员流动造成产品售后难以保障，提升售后服务意识，从而降低售后导致的企业的经济损失。

2.加强奶业物联网科技创新服务的建设

国外的农业现代化国家，均拥有高度发达的农业科技创新服务体系，这离不开相关行业的积累。农业物联网科技创新服务体系的建设，可以促进农业的现代化。相关行业技术的研发、推广和应用均离不开专业的人才队伍。

因此物联网行业企业在加强相关奶业物联网产品研究的同时，应该加强与奶业科技创新体系的合作，只有加强"产学研用"完善奶业物联网服务体系，才能大力推进奶业物联网技术服务与研发。

这样，物联网企业基于物联网数据才会提供更好的数据应用增值服务，基于物联网技术采集到的数据将研发出：基于大数据技术的物联网数据应用分析系统；基于人工智能技术的奶业智能分析管理系统；基于区块链的奶业质量安全追溯系统。这些系统的应用必将成为奶业信息化的新趋势。

第三章

北京乳企品牌价值评估与发展战略研究

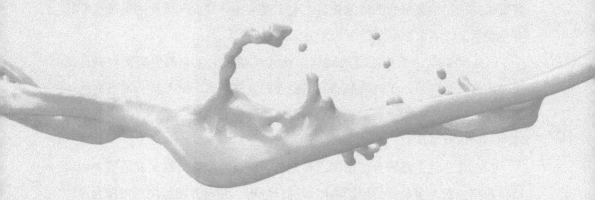

随着中国经济的飞速进步，市场竞争已经不单单停留在产品阶段，更是品牌的较量。品牌价值的高低决定了一个企业的社会认可度。中国品牌的发展高度也正是国家综合国力的体现。同时，中国是农业大国，国家对于农业一直十分重视，农业品牌的发展对于农业的整体发展十分重要，本章聚焦北京乳业企业品牌这一农业品牌的中流砥柱，研究其品牌发展现状、计算其品牌价值并提出切实可行的政策建议，对于提高整体农业和乳业的发展水平具有重要意义。本章主要从以下六个方面开展研究。

（1）北京乳企品牌的发展现状。从乳制品加工企业的生鲜乳收购、加工、出售几个环节，了解乳制品加工企业的发展现状，并且通过对乳制品加工企业品牌推广的优秀经验进行总结，初步分析北京乳企品牌发展中所能获得的经验以及不足。

（2）北京乳企品牌价值影响因素分析。结合专家打分结果和消费者调研所得数据，对乳企品牌价值影响因素进行分析，并将各项影响因素作为评估体系中的权重指标。

（3）北京乳企品牌价值评估。首先，构建品牌价值评估体系。其次，确定各项指标（占有率、利润率、质量标准、技术含量等）的权重。再次，通过上市公司报表及实际调研所得的数据，对企业进行财务分析，得出沉淀收益，通过消费者调研得出品牌作用力。最后，进行乳企品牌价值评估，并且在计算过程中，将数据充足的企业的品牌价值按照不同年份分别计算，得出企业品牌价值变化趋势。

（4）北京乳企品牌价值排名及变化趋势分析。依据品牌价值评估结果，对北京乳企品牌进行排名，并大致分为大（主要为上市公司）、中、小三类企业品牌，由于数据有限，预计半数非上市企业只能计算出当前的品牌价值，难以得出所有企业的品牌价值变化趋势，但研究结果仍将至少保证每一大类的企业中，有两家可以计算出品牌价值变化趋势的企业，通过分析其近几年运营情况及重大变革导致的品牌价值变化，方便针对不同类别的企业品牌提出不同的品牌价值提升政策建议。

（5）北京乳企品牌价值提升发展战略研究。品牌价值提升路径的研究关键点在于分析企业成功经验、运营方式和重大决议，以及在此期间的品牌价值变化。同时，提升的另一关键点在于营销渠道各个环节的提升，研究它们的营销渠道，通过渠道打造价值提升路径，进而给乳品企业提出相应的建议。

一、北京乳企品牌发展现状

本部分主要从在北京注册的乳品企业品牌和在北京市场销售的乳企品牌两大范畴展开介绍，其中，介绍了北京乳企品牌的发展历史、在北京注册的乳企的基本情况，了解并分析在北京注册的乳企的发展现状。之后又通过行销范围和公司情况的调研以及消费者好感度调研，整理了在北京市场销售的乳企品牌的基本情况。

（一）北京乳企品牌发展历史

北京奶业有着优秀的历史。

早在1949年5月3日，老红军樊士成率队，五辆马车，三头奶牛，从西柏坡沿京西骡马古道进京。新中国的北京奶业，就是从这一刻开始的。

在1956年3月1日，国营北京牛奶站成立（1968年更名为北京市牛奶公司），奶站用大蒸锅灭菌，采用手工灌装。

在1958年，国家投资200万元，建立了北京第一个奶粉厂——西郊乳品厂，并且从日本引进了4条乳品生产线，日处理鲜奶量提升了10倍以上，结束了北京市民饮用生奶的历史。

在三年自然灾害期间，北京市政府决定，确保三万户婴儿吃上牛奶。国家投资3 000万元买奶牛、建牛场，到1965年全市奶牛发展到1.9万多头，产奶量达4 800多万公斤，新建的南郊乳品厂和南口乳品厂，生产能力得到大幅提升。

从此，在中央的扶持下，北京奶业开始发展，以国营农场和牛奶公司（首农集团前身）为主体，将北京奶业发展壮大。现阶段，北京奶牛中心已经成为我国规模最大、实力最强的奶牛基地，并且在"三聚氰胺事件"中，以三元食品为代表的北京奶企通过了国家的安全检测，使北京奶业成为中国食品安全的一张名片。

（二）北京市注册乳企基本情况

从乳企数量看，截至2016年，北京市注册的乳品加工企业共有24家，主营业务大致相同，以乳制品制造为主（表3-1）。其中有20家的主营业务均是乳制品制造，占公司总数的83.3%，其他业务还包括固体饮料制造、其他畜牧业、冷冻饮品制造、糕点制作以及蛋白饮料等。

表 3-1　北京乳品企业基本情况

序号	企业名称	主要业务	注册年份	注册资金	区县	企业性质
1	北京健生饮料有限公司	固体饮料制造	—	425万元	朝阳	非上市
2	北京建勋食品有限公司	乳制品	2000	1 500万元	丰台	非上市
3	北京圣祥乳制品厂	乳制品	2000	79万元	丰台	非上市
4	北京龙泉乳品公司	其他畜牧业	1976	130万元	门头沟	非上市
5	奥德华乳品（北京）有限公司	乳制品	1994	150万美元	房山	非上市
6	北京科尔沁乳业有限公司	乳制品	1998	2 800万元	通州	非上市
7	内蒙古伊利实业集团股份有限公司北京乳品厂	乳制品	2000	12 000万元	密云	上市
8	北京三元食品股份有限公司乳品八厂	乳制品	2002	内资分公司	通州	非上市
9	蒙牛乳业（北京）有限责任公司	乳制品	2002	5 000万元	通州	上市
10	北京艾莱发喜食品有限公司	冷冻饮品及食用冰制造	1990	1 060万美元	顺义	非上市
11	北京军顺乳业有限公司	乳制品	2007	200万元	顺义	非上市
12	北京超凡食品有限公司	乳制品	1997	108万元	顺义	非上市

序号	企业名称	主要业务	注册年份	注册资金	区县	企业性质
13	北京光明健能乳业有限公司	乳制品	2002	11 959 万元	顺义	上市
14	北京天辰乳业有限公司	乳制品	2003	495 万元	顺义	非上市
15	北京富邦食品厂	糕点、面包制造	1999	108 万元	昌平	非上市
16	北京吉康食品有限公司	乳制品	2005	15 万美元	昌平	非上市
17	北京归原农业发展有限公司	乳制品	—	500 万元	延庆	非上市
18	北京 JF 乳品厂	饮料（蛋白饮料类）	—	—	昌平	非上市
19	北京三元食品股份有限公司乳品四厂	乳制品	1997	内资分公司	昌平	非上市
20	北京和润乳制品厂	乳制品	2000	1 000 万元	大兴	非上市
21	北京三元食品股份有限公司	乳制品	1997	88 500 万元	大兴	上市
22	北京乳旺食品有限公司	乳制品	2005	2 510 万美元	平谷	非上市
23	北京鸿达乳品有限公司	乳制品	1998	50 万元	怀柔	非上市
24	达能乳业（北京）有限公司	乳制品	2008	31 200 万元	怀柔	非上市

数据来源：北京市质量监督局

　　从乳企注册资本看，24家公司注册时间主要集中在2000年前后，注册资金从50万元到88 500万元不等，差距较大。相对注册资本比较大的乳品企业有7家，分别为伊利（12 000万元）、蒙牛（5 000万元）、艾莱发喜（1 060万美元，约合5 000万元）、光明（11 959万元）、三元（88 500万元）、乳旺（2 510万美元，约合20 200万元）、达能（31 200万元）。注册资金虽不能完全代表企业发展的优劣，但可在一定程度上表明企业的体量大小。相对中小企业来讲，大体量的公司更易建立企业品牌，如以上7家乳企中的伊利、蒙牛、光明、三元、达能等。

　　从乳企分布看，乳品企业在乳制品加工过程中，需要占据大量的资源，北京市乳品企业的地理布局响应了国家的政策，避开了市区资源紧缺、成本高的劣势，大部分分布在郊区。乳品企业给郊区的税收、就业做出了贡献，同时拉动了郊区的经济发展。其中，分布在北京郊区的21家乳企公司的奶源地集中分布在东北地区；昌平、顺义、通州的乳品加工企业最多，其中昌平和通州各有4家，顺义有5家。分布在城区的乳企只有健生、建勋、圣祥等3家。

从企业性质看，公司达到上市的标准本身就是一种宣传手段，在提高知名度的同时，其品牌在质量安全方面更让消费者放心，更便于建立企业品牌。25家公司中，有4家上市公司（蒙牛、伊利、三元、光明），其他20家除了两个三元的分厂以外，均为非上市公司。

将北京乳品企业中注册资金小于2 000万人民币的划分为小型乳品企业，其中包括北京健生饮料有限公司、北京建勋食品有限公司、北京圣祥乳制品厂、北京龙泉乳品公司、奥德华乳品（北京）有限公司、北京军顺乳业有限公司、北京超凡食品有限公司、北京天辰乳业有限公司、北京富邦食品厂、北京吉康食品有限公司、北京归原农业发展有限公司、北京JF乳品厂、北京和润乳制品厂、北京鸿达乳品有限公司。

（三）在北京销售的乳企品牌统计及基本情况介绍

本文的研究范畴为在北京注册的乳品企业品牌和在北京市场售卖的乳品企业品牌，所针对这一需求，作者从低温奶、常温奶、奶粉这三个大类出发，对北京市9种常见的超市及便利店展开调研，其中包括沃尔玛2家、华润万家1家、物美2家、永辉2家、京客隆2家、盒马鲜生3家、711两家、全时2家、苏宁小店2家，共计18家。其中，由于调研的奶种类不同，所以侧重点有所不同，在便利店的调研以低温奶为主，在超市的调研则是低温奶、常温奶和奶粉都包含。

该指标数据的收集，除了确认被计算对象外，还将用于对行销范围和市场地位进行打分，所以将每种品牌所占展柜面积也进行了统计，统计单位为：低温奶在超市以十二瓶养乐多为一单位面积进行数据统计，低温奶在便利店以单一商品为一单位面积进行数据统计，常温奶在超市以三箱常温奶为一单位面积进行数据统计，奶粉在超市以六罐奶粉为一单位面积进行数据统计。为了不影响行销范围的计算结果，将对同一品牌的超市（便利店）以计算平均值的方式呈现，以不影响计算行销地点的频次。

表 3-2　低温奶各企业品牌北京市场保有情况

	沃尔玛	华润万家	物美	永辉	京客隆	盒马鲜生	711	全时	苏宁小店
伊利	60	31	61	23	51	3.3	12	24.5	28
蒙牛	54.5	39	42	25	38	5	8	36	16.5
三元	32	34	65.5	13	51	14	13.5	15	16
光明	22	12	20	4.5	13	7	10	0	0
君乐宝	14.5	35	33	26	18.5	7	6	7.5	1
完达山	8	14	22	7	6	0	12	15	6
新希望	0	5	11	0	3	13	4.5	6	4.5
优诺	4	6	4.5	0	6	0	2	0	0
和润	7	0	0	0	0	2	1	0	0
卡士	10	0	0	0	0	6	1	0	0
北海牧场	8	0	0	0	0	0	0	0	0
延世牧场	2.5	0	0	2	0	5	1	0	0
明治	4	0	0	0	0	8	2	0	0
圣牧	9	0	0	0	0	3.3	0	0	0
乐纯	0	0	0	0	0	8	7	0	0
健生	0	0	0	0	0	0	7	0	0
金时代	0	0	0	0	3	0	3	12	3

数据来源：实地调研所得

数据统计单位说明：超市（包含沃尔玛、华润万家、物美、永辉、京客隆、盒马鲜生）以十二瓶养乐多为一单位面积进行数据统计，便利店（包含711、全时、苏宁小店）以单一商品为一单位面积进行数据统计。

表 3-3　常温奶各企业品牌北京市场保有情况

	沃尔玛	华润万家	物美	永辉	京客隆	盒马鲜生
伊利	49	80	74	48	67	8
蒙牛	46	62	73	36	71	8
三元	41	32	85	32	60	5
君乐宝	5	6	0	28	0	0

	沃尔玛	华润万家	物美	永辉	京客隆	盒马鲜生
完达山	0	16	0	0	0	0
现代牧业	0	0	0	0	0	1
帕玛拉特	0	3	0	0	0	0
纽仕兰	0	3	3	0	0	2
妙可	0	4	18	0	0	0
侬家	0	7	0	0	0	0
牧滋源	0	0	13	0	0	0
德亚	0	0	0	0	7	0

数据来源：实地调研所得

数据统计单位说明：上述六家均为超市，以三箱常温奶为一单位面积进行数据统计。

表 3-4　奶粉各企业品牌北京市场保有情况

	沃尔玛	华润万家	物美	永辉	京客隆	盒马鲜生
飞鹤	11	16	8	11	0	0
雀巢	18	14	8	10	14	6
爱他美	17	1	6	0	0	6
美赞臣	17	7	11	9	0	0
美素佳儿	9	4	9	0	0	0
伊利	18	16	11	17	6	0
雅培	15	11	0	4	0	6
惠氏	18	11	18	9	10	6
合生元	7	0	0	0	0	0
荷兰乳牛	3	0	0	10	0	0
丹爱氏	2	0	0	0	0	0
德运	2	0	0	0	0	2
贝因美	0	3	17	1	0	0
圣元	0	4	0	0	0	0
完达山	0	2	5	0	0	0
优诺	0	3	3	3	0	0
喜宝倍喜	0	2	0	0	0	0
君乐宝	0	2	0	5	0	0
优博瑞姆	0	0	4	0	0	0

	沃尔玛	华润万家	物美	永辉	京客隆	盒马鲜生
红星	0	0	0	3	5	0
至初	0	0	0	0	0	6

数据来源：实地调研所得

数据统计单位说明：上述六家均为超市，以六罐奶粉为一单位面积进行数据统计。

将在北京市有产品销售且行销范围不足30%的企业品牌归为北京市场小型乳品企业品牌，其中包括和润、卡士、北海牧场、明治、圣牧、乐纯、侬家、帕玛拉特、合生元、丹爱氏、圣元、喜宝倍喜、优博瑞姆、至初、牧滋源、德亚。

通过调研筛选，最终，行销范围超过30%的企业有君乐宝、完达山、新希望、优诺、金时代、延世牧场、纽仕兰、妙可、飞鹤、雀巢、爱他美、美赞臣、美素佳儿、雅培、惠氏、贝因美、荷兰乳牛和德运。对这18家企业进行数据收集，收集数据结果主要用于品牌乘数计算过程中对市场地位、品牌支持进行打分，结果如表3-5所示。

表3-5 中大型乳制品企业品牌企业基本情况

序号	名称	注册年份	注册资金	企业性质	融资情况
1	君乐宝	1995	无	未上市	蒙牛出售51%股权，价值40亿元，距离估值相差38亿元
2	完达山	2005	74 264万元	未上市	中外合资
3	新希望	2006	85 371万元	上市	2018年完成上市
4	优诺	1965年创立，2013年进入中国	无	上市	天图投资全面收购
5	金时代	金时代是奥德华乳品（北京）有限公司旗下的产品，由于注册资金小、注册时间短，并且行销范围也是刚过30%，所以直接列为小型乳企品牌
6	延世牧场	该品牌是韩国品牌，并未在中国设立分公司，只是有代理商在做产品进口
7	纽仕兰	2012	145 800万元	未上市	被湖南大康国际农业食品股份有限公司收购，认缴145 800万元
8	妙可	2000	1 111万元	未上市	无

续　表

序号	名称	注册年份	注册资金	企业性质	融资情况
9	德运	德运由于注册资金小、注册时间短，并且行销范围也是刚过 30%，所以直接列为小型乳企品牌			
10	飞鹤	1996	12 734 万元	上市	成为我国第一家在美国纽交所主板上市的婴幼儿奶粉企业
11	雀巢	1995	25 000 万元	上市	在瑞士上市，外国法人独资
12	爱他美	1968 年创立，2013 年进入中国	无	上市	2019 年在德国完成上市
13	美赞臣	1993	25 200 万元	上市	2009 年美国上市
14	美素佳儿	1871 年创立，2008 年进入中国	2 730 万元	未上市	外国法人独资
15	雅培	2011	7 700 万元	上市	外国法人独资
16	惠氏	1995	无	上市	雀巢 119 亿美元并购
17	贝因美	1999	102 252 万元	上市	
18	荷兰乳牛	1894 年创立，2001 年进入中国	11 000 万元	上市	华平投资以 9 600 万元收购 11.6% 股份

数据来源：水滴信用、天眼查

在数据收集过程中，有三家企业（金时代、德运、延世牧场）的产品行销范围刚过30%，并且，公司规模极小或现阶段没有在中国设立公司，所以将这三家直接列为小型乳企品牌。其他15家企业中，注册时间都比较接近，在2000年前后的居多，但有4家（优诺、爱他美、美素佳儿、荷兰乳牛）都是在国外具有很长的经营历史、很大企业规模之后，才进入中国注册公司，虽注册时间短，但企业的体量及稳定性都表现良好。这15家企业中，除君乐宝、爱他美和惠氏的注册资金无法查阅外，其他12家注册资金过亿元的有7家，占总数的58.3%，上市公司有10家，占调研总数的55.6%，远高于在北京注册的乳品企业，而且有3家（优诺、惠氏、荷兰乳牛）目前还有着优质的融资，企业品牌整体发展情况优于在北京注册的乳企品牌。

（四）北京乳品企业品牌消费者好感度调研

北京乳品企业品牌的消费者好感度调研主要采取问卷调查法，调研结果
如表3-6所示。

表 3-6　北京乳品企业品牌的消费者好感度

序号	品牌	第一喜欢品牌 次数	第二喜欢品牌 次数	第三喜欢品牌 次数	合计（次数）
1	蒙牛	127	386	117	630
2	伊利	338	149	125	612
3	三元	194	59	184	437
4	光明	28	62	176	266
5	旺仔	15	13	20	48
6	飞鹤	5	8	15	28
7	完达山	7	3	12	22
8	达能	3	4	4	11
9	八喜	3	4	1	8
10	爱他美	1	1	5	7
11	君乐宝	2	0	3	5
12	伊莱克斯德	2	3	0	5
13	雀巢	1	0	4	5
14	澳士佳	3	1	1	5
15	科尔沁	1	2	1	4
16	惠氏	0	2	2	4
17	新希望	1	0	3	4
18	贝因美	2	0	1	3
19	雅培	0	1	1	2
20	培芝	1	0	1	2
21	美赞臣	0	0	2	2
22	雪凝	0	0	1	1
23	优诺	1	0	0	1
24	多美滋	0	0	1	1
	无效	121	158	176	455
	总计	856	856	856	2 568

数据来源：消费者调研

通过观察北京乳品企业品牌的消费者好感度调研结果，被消费者选择并提及的品牌有24个，其中，23家待计算的大中型企业中，有19家被消费者选择并提及，占统计总数的82.6%，调研数据的有效性还是十分高的。

二、北京乳企品牌价值影响因素分析

本部分就北京乳企品牌价值影响因素展开研究，乳企品牌价值的影响因素也是后续研究中，Interbrand模型计算品牌乘数时的重要指标所占权重的重要参考。

（一）Interbrand公司介绍及其所规定的指标介绍

Interbrand品牌咨询公司成立于1974年，是全球最大的综合性品牌咨询公司，致力于为全球大型品牌客户提供全方位一站式的品牌咨询服务。Interbrand的客户群体覆盖约2/3的全球财富100强的公司。Interbrand拥有覆盖全球的资源网络，迄今已在28个国家设有42个办事处。

Interbrand公司所提出的打分指标有——市场性质、稳定性、市场地位、品牌趋势、品牌支持、行销范围和品牌保护。Interbrand评估法中，所规定的权重及打分细节如表3-7。

表 3-7　Interbrand 规定的指标及权重

品牌乘数的各项指标	权重（%）	打分范围（分）
市场性质	10	0 ~ 10
稳定性	15	0 ~ 15
市场地位	25	0 ~ 25
品牌趋势	10	0 ~ 10
品牌支持	10	0 ~ 10
行销范围	25	0 ~ 25
品牌保护	5	0 ~ 5
合计	100	100

数据来源：Interbrand公司

Interbrand评估法是适用于各行各业的，优势在于可以对比不同行业、不同行销范围的两个企业品牌价值的差距。但是，本书的研究对象为北京乳品企业品牌，所以应当对现有的指标进行更改和权重重新分配，在计算过程中，各指标的权重尤其重要，可以直接影响到结果的高低，所以在重新确定指标和权重过程中，为了结果的客观性以及可靠性，继续沿用Interbrand评估法中所规定的权重是十分必要的。

（二）各指标的作用说明及调整方向

市场性质是指该品牌所处行业在所有行业中的水平，通常来讲，具有较高市场壁垒的行业在该项上打分更高，但本书所分析的公司品牌都属于乳业，所以这个指标对于各个公司的打分结果没有影响，被删除掉。

稳定性主要是指该乳企品牌所成立的时间长短和运营过程中波动大小，时间越长、波动越小，稳定性得分越高。

市场地位是品牌在该行业中的地位高低，Interbrand公司在创立Interbrand评估法时面对的是各行各业中企业排名高低，当本书研究对象限定为同一行业时，市场地位的高低更应当影响到最终评分结果的高低。

品牌趋势是指品牌的发展方向与消费者的需求是一致的，两者配合度越高，分值越高。

品牌支持是品牌获得投资多少的体现，通常情况下，获得投资越多、投资质量越高，品牌支持的得分越高。

行销范围是指品牌行销地点的广度。

品牌保护是已经获得注册或正在享有着法律保护的商标比其他品牌得分更高。本书所涉及的都是在北京注册的企业的企业品牌以及北京市场在售的乳品企业品牌，都受到品牌保护，所以这个指标对于各个公司的打分结果没有影响，被删除掉。

综上，需要确定权重的指标主要有市场性质、品牌保护，需要将市场性质、品牌保护所占有的25%的权重按照剩余5项指标的权重分配给剩余5项指标。

表 3-8　适合北京乳企品牌的指标及权重

品牌乘数的各项指标	原本权重（%）	重新分配后权重（%）	打分范围（分）
市场性质	10	0	0
稳定性	15	18	0 ~ 18
市场地位	25	29	0 ~ 29
品牌趋势	10	12	0 ~ 12
品牌支持	10	12	0 ~ 12
行销范围	25	29	0 ~ 29
品牌保护	5	0	0
合计	100	100	100

数据来源：依据Interbrand公司所规定的权重进行调整得来

（三）北京乳企品牌价值影响因素分析

在分析北京乳企品牌价值影响因素时，Interbrand公司规定的7项参数尤为重要。Interbrand品牌公司是全球最大的综合性品牌咨询公司，其内在核心Interbrand评估法适用于各行各业，经过长达46年的总结与修改，确立了影响品牌的7个重要因素，分别是市场性质、稳定性、市场地位、品牌趋势、品牌支持、行销范围和品牌保护。这7项影响因素适用于所有行业的各类品牌，针对本书的北京乳品企业品牌，所有品牌都是属于同一行业——乳业，所有公司也都是注册过的企业，受法律保护，所以删除了市场性质和品牌保护两个影响因素，剩下稳定性、市场地位、品牌趋势、品牌支持和行销范围5个影响因素。经过重新规划的指标占比权重，不难发现，市场地位和行销范围是占比最高的，其次是稳定性，品牌趋势和品牌支持占比最低。各项指标权重的占比大小代表了各种影响因素的影响力大小，所以可以得出，影响北京乳企品牌的影响因素中影响力较大的有市场地位和行销范围，影响力中等的有稳定性，影响力相对较小的有品牌趋势和品牌支持。

三、北京乳企品牌价值评估

在本部分开展品牌价值的评估，首先，结合国内外的研究现状对

Interbrand模型进行介绍和评价，同时与其他品牌价值评估模型进行比较与选择，解释选择Interbrand模型为基准模型的原因。其次，依据专家对各项指标权重的分配和北京乳企品牌这一特殊研究对象对Interbrand模型进行改进。最后，通过超市和便利店实地调研，确定计算对象，通过查阅资料梳理各项所需数值，计算出品牌乘数，通过消费者调研，得出品牌收益的结果，通过二者乘积得出品牌价值，再对各乳企品牌进行分类和排名。

（一）品牌价值评估体系的建立

1. Interbrand模型介绍

Interbrand模型是通过企业品牌的市场表现以及该企业的财务数据来进行计算和分析品牌价值的一种工具。Interbrand评估法主要包含三个方面——品牌强度、品牌作用力、财务分析（沉淀收益）。

Interbrand模型计算公式为：$V=P \times S$，其中，V是品牌价值，P是品牌收益（通过沉淀收益和品牌作用力得出），S是品牌乘数（通过品牌强度得出）。具体计算流程如图3-1。

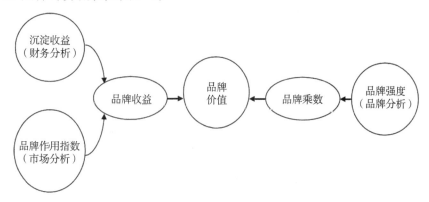

图3-1　Interbrand模型介绍

通过沉淀收益和品牌作用指数（品牌作用力）的乘积得出品牌收益，并乘以系数（品牌乘数），得出品牌价值，其中品牌乘数和品牌强度呈S形曲线关系。

品牌收益是品牌价值所带给企业附加收益的总和，品牌收益的多少是品牌价值变现的直接表现，品牌收益的数值是品牌作用指数和沉淀收益的乘积，其中，沉淀收益是企业的非资产性收益。沉淀收益的计算方法为：沉淀收益＝年预测利润－有形资产利润，年预测利润＝（当年利润×3+前第一年利润×2+前第二年利润×1）/（1+2+3）。而品牌作用力由专家打分得出品牌作用指数。最终，品牌收益（P）＝沉淀收益×品牌作用指数。

品牌乘数又称品牌强度系数，是品牌价值计算过程中的关键系数，由品牌强度评分得来，是宏观角度品牌实力高低的一种体现。而品牌强度主要通过7个方面进行评估——市场性质、稳定性、市场地位、品牌趋势、品牌支持、行销范围和品牌保护。品牌强度评估的另一种方式是分别将品牌功能性、非功能性指标分开评估。其中有7个功能性指标，是技术含量、占有率、网络范围、质量标准、R&D、利润率、周转率，所占权重分别为20%、15%、15%、15%、15%、10%、10%。13个非功能性指标，其中领导力、稳定力、市场力、支持力、延展力和服务力都占10%，识别力占8%，国际力占7%，趋势力、保护力、文化力、时代力、高雅力各占5%。但Interbrand公司在进行品牌价值评估的时候，多数情况下不区分指标的功能性和非功能性，以减少与品牌收益所涉及的指标重叠，保证结果的可靠性和客观性。

当计算得出品牌强度评分时，品牌乘数也就相应得到了，Interbrand品牌公司认为，品牌乘数（品牌强度系数）与品牌强度得分呈S形曲线关系。因此，我们可以借助Interbrand评估法的S形曲线，通过品牌强度得分来求得品牌强度倍数（品牌乘数）。具体公式如下：

$$\begin{cases} 250S = X^2, & X \in [0, \ 50] \\ (S-10)^2 = 2X-100, & X \in (50, \ 100] \end{cases}$$

其中：X为品牌强度得分，S为品牌强度倍数（品牌乘数）。S形曲线如图3-2所示。

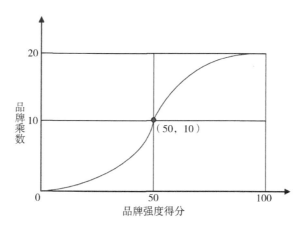

图 3-2　品牌强度曲线

得到品牌强度得分，进而得到品牌乘数之后，用品牌收益P（通过沉淀收益和品牌作用力得出）乘以品牌乘数S（通过品牌强度得出），就得到了品牌价值。

2. Interbrand模型评价与选择

Interbrand评估法是目前最权威、最科学，也是最具有代表性的评估模型。主要有两大优点。（1）S形曲线。S形曲线将可获得的品牌强度评分转化为品牌乘数，优化了计算过程中，因强度评分数值过大对于乘积结果差额过大导致的品牌价值差距失真。S形曲线是Interbrand公司在科学理论上与大量品牌评估实践中总结出来的曲线，并非公司主观臆断的，其最大的优势在于可以适用于任何类型或任何范畴的企业，评估者在运用过程中，只需要在品牌强度打分时调整权重，不用再做其他调整。（2）设计出了品牌作用指数这个指标。这个指标可以将品牌所带来的无形资产受益从企业的整体受益中剥离开，使得在对企业进行财务分析时，数据结果更加真实有效。

对比WBL评估法，该评估法于2003年由世界品牌实验室提出，主要在财务分析方面计算品牌价值，再结合市场分析，得出品牌附加值系数，是传统计算品牌价值中收益法的一种变形。这种评估法与Interbrand评估法的大体思路是一致的，但是世界品牌实验室并未完整披露各项系数的计算方法，使得以此为模板开展研究存在很大阻力。

对比Customer-Based Brand Equity（品牌资产CBBE）理论，它是由凯勒（Keller）提出，通过消费者衡量品牌价值，主要是看消费者对品牌的忠诚度，集中体现在广告营销和购买过程中。CBBE模型对于消费者的影响力考虑得十分全面，但计算方式太过简单，也没有更多元化的数据支持。

这三种模型各有优缺点，Interbrand模型比较全面，但主观性打分的指标偏多，可能会对价值计算造成误差；CBBE模型比较片面，只考虑到了消费者；WBL模型与Interbrand模型较为相似，但数据不易获取，认可度也不如Interbrand模型。因此，本书选取Interbrand模型为基准，进行修改，打造适合乳企品牌价值评估的模型。

3. Interbrand模型改进

在Interbrand模型评价中，该模型的缺点就是专家主观性打分的指标偏多、消费者考虑欠缺、公司财务信息获取困难，本书关于Interbrand模型的改进，也主要是针对这些方面进行改进。

在Interbrand模型计算过程中，主要数据有三个——品牌乘数、品牌作用力、沉淀收益。其中，品牌乘数和品牌作用力都有专家参与打分，品牌作用力完全由专家打分得出，而品牌乘数中的各项指标的权重也由专家打分得出，专家打分部分能直接影响到结果。其次，沉淀收益的计算一般针对上市公司，通过上市公司每年披露的财务信息，预测企业未来的收益，而本书主要研究对象中，只有四家上市公司，所以在财务信息方面存在获取困难的问题。并且，Interbrand公司希望通过沉淀收益和品牌作用力的乘积来体现消费者的选择性和忠诚度，如果财务信息获取困难，就会导致消费者影响因素这一直接关联品牌价值的重要因素不能成为品牌价值计算的因子。

综合以上的各种因素以及本书模型的主要服务对象——北京乳企品牌，对Interbrand模型进行如下改进。

重新划分品牌乘数计算过程中各指标的权重。由于本书的服务对象处于同一行业，自然要对Interbrand模型中品牌乘数计算中各指标进行重新评估权重，删除市场性质和品牌保护。并且主要研究对象为北京乳企品牌，所以对稳定性、市场地位、品牌趋势、品牌支持和行销范围五个重要指标的权重进行调整，为了结果的客观性和可靠性，调整过程继续依照Interbrand公司原本规定的权重进行重新分配，结果为稳定性占18%、市场地位占29%、品牌趋势占12%、品牌支持占12%和行销范围占29%。

品牌作用力及沉淀收益的改进。原始的品牌收益的计算是通过品牌作用力（品牌作用系数）和沉淀收益的评分得出的，品牌作用系数是由专家打分得出的，由于品牌乘数的重要指标的权重由专家打分得出，所以如果品牌作用系数也是由专家打分得出的话，最终评价结果专家的主观性过强，所以这两个部分至多有一处运用专家打分，而恰巧沉淀收益的计算适用于大型公司或上市企业，本书的研究对象有很多是北京的中小型乳品企业，数据存在着获取困难的难点，同时，本来客户在购买产品的同时就直接影响着企业收益，而客户的选择和忠诚度正是品牌价值的体现，也就是客户的选择直接决定着品牌收益。所以，本书采取消费者调研的方式，代替专家打分及沉淀收益的计算，可以得到更真实更客观的结果。

删除专家打分，改为依据调研数据赋分。以往的Interbrand模型中，品牌乘数计算过程中，是由专家依据每个企业情况对品牌的7个方面进行打分，并乘以相应的系数（各项指标的权重），而此次由于研究对象为北京市场上所在售的全部乳品企业品牌和在北京注册的乳品企业品牌共49个，专家很难一一打分。而且，专家打分的结果存在主观性，在删除市场性质和品牌保护之后，剩余的5项指标都是可数字化的，所以利用公司的财务数据和作者的调研数据，为这5项指标客观赋分。

（二）品牌价值计算

在品牌价值计算的过程中，首先要确定计算的对象，由于小型企业存在数据难获取、行销范围小、消费者认可度不高等情况，所以对小型乳企只做分类，不做打分和排名。

所以，经过超市及便利店调研，最终可以进入打分环节的中大型企业品牌有8家在北京注册的乳品企业——蒙牛、伊利、三元、光明、旺仔、八喜、达能和科尔沁。

经过超市及便利店调研及企业基本情况数据收集，北京在售乳品企业品牌最终可以进入打分环节的有15家——君乐宝、完达山、新希望、优诺、纽仕兰、妙可、飞鹤、雀巢、爱他美、美赞臣、美素佳儿、雅培、惠氏、贝因美和荷兰乳牛。

1. 品牌收益计算

品牌收益是品牌价值所带给企业附加收益的总和，品牌收益的多少是品牌价值变现的直接表现，品牌收益的数值是品牌作用指数和沉淀收益的乘积，其中，沉淀收益是企业的非资产性收益。沉淀收益的计算方法是：沉淀收益=年预测利润－有形资产利润，年预测利润=（当年利润×3+前第一年利润×2+前第二年利润×1）/（1+2+3）。而品牌作用力由专家打分得出品牌作用指数。最终，品牌收益（P）=沉淀收益×品牌作用指数。

Interbrand公司所规定的品牌收益的计算是通过品牌作用力（品牌作用系数）和沉淀收益的评分得出的，品牌作用系数是由专家打分得出的，由于品牌乘数的计算过程中，重要指标的权重由专家打分得出，所以如果品牌作用系数也是由专家打分得出的话，最终评价结果专家的主观性过强，所以这两个部分至多有一处运用专家打分，而恰巧沉淀收益的计算适用于上市企业，本书的研究对象有很多是非上市公司，年报等数据存在着获取困难的问题，同时，本来客户在购买产品的同时就直接影响着企业收益，而客户的选择和忠诚度正是品牌价值的体现，也就是客户的选择直接决定着品牌收益。所以，本书采取消费者调研的方式，代替传统的专家打分及沉淀收益的计算，可以得到更真实更客观的结果。由于之前的调研中罗列了消费者所提及的全部乳业品牌，但最终进入到打分环节的只有23家企业，而这23家乳企只有19家被消费者提及，所以直接删除掉剩余与品牌收益计算无关的数据，如表3-9所示。

表 3-9　19家北京乳品企业品牌的消费者好感度

序号	品牌	第一喜欢品牌 次数	第二喜欢品牌 次数	第三喜欢品牌 次数	合计（次数）
1	蒙牛	127	386	117	630
2	伊利	338	149	125	612
3	三元	194	59	184	437
4	光明	28	62	176	266
5	旺仔	15	13	20	48
6	飞鹤	5	8	15	28
7	完达山	7	3	12	22
8	达能	3	4	4	11
9	八喜	3	4	1	8
10	爱他美	1	1	5	7
11	君乐宝	2	0	3	5
12	雀巢	1	0	4	5
13	科尔沁	1	2	1	4
14	惠氏	0	2	2	4
15	新希望	1	0	3	4
16	贝因美	2	0	1	3
17	雅培	0	1	1	2
18	美赞臣	0	0	2	2
19	优诺	1	0	0	1

数据来源：消费者调研

　　由于消费者是从众多企业品牌中选出前三名，第一喜欢品牌和第三喜欢品牌的差别远小于喜欢和不喜欢该品牌，所以对于第一喜欢品牌、第二喜欢品牌和第三喜欢品牌不再做区分，统一归为一次喜欢的频次。根据喜欢次数多少的排名，将企业打分排名第一为100分，最后一名为未被消费者提及的4家企业，分数为81分，以此类推，品牌收益具体得分如表3-10所示。

表 3-10 北京乳企品牌收益得分

序号	名称	品牌收益得分
1	蒙牛	100
2	伊利	99
3	三元	98
4	光明	97
5	旺仔	96
6	飞鹤	95
7	完达山	94
8	达能	93
9	八喜	92
10	爱他美	91
11	君乐宝	90
12	雀巢	90
13	科尔沁	88
14	惠氏	88
15	新希望	88
16	贝因美	85
17	雅培	84
18	美赞臣	84
19	优诺	82
20	妙可	81
21	纽仕兰	81
22	美素佳儿	81
23	荷兰乳牛	81

数据来源：消费者调研

2.品牌乘数计算

品牌乘数又称品牌强度系数，是品牌价值计算过程中的关键系数，由品牌强度评分得来，是宏观角度品牌实力高低的一种体现。而品牌强度主要通过7个方面进行评估——市场性质、稳定性、市场地位、品牌趋势、品牌支持、行销范围和品牌保护。由于本书研究范畴聚焦在在北京注册的乳品企业品牌及北京在售乳品企业品牌，所以将市场性质和品牌保护删除掉了，只留下5项——稳定性、市场地位、品牌趋势、品牌支持和行销范围。并将市场性质和品牌保护2项指标的权重按照剩余5项指标原本的权重分配给它们，分别是稳定性（18%）、市场地位（29%）、品牌趋势（12%）、品牌支持（12%）、行销范围（29%）。

品牌强度打分规则参照Interbrand公司的规则。

稳定性主要是指该乳企品牌所成立的时间长短和运营过程中波动大小，时间越长、波动越小，稳定性得分越高，在作者打分过程中，主要参考因素为企业注册时间以及品牌诞生时间，企业注册时间越早，得分越高，并且，有许多企业品牌（例如优诺、爱他美、美素佳儿、荷兰乳牛等）在国外已经具有很长的经营历史和很大的企业规模。

市场地位是品牌在该行业中的地位高低，Interbrand公司在创立Interbrand评估法时面对的是各行各业中企业排名的高低，但当本书研究对象限定为同一行业时，市场地位的高低更应当影响到最终评分结果的高低，市场地位的打分高低，来源于注册资金、消费者调研、所占展柜面积、所获得的投资是否优质等多方面因素总结得到的。

品牌趋势是指品牌的发展方向与消费者的需求是一致的，两者配合度越高，分值越高。品牌趋势的打分是通过消费者调研得出的。

品牌支持是品牌获得投资多少的体现，通常情况下，获得投资越多、投资质量越高，品牌支持的得分越高，品牌支持的打分结果直接受企业是否上市影响，非上市企业再考量所受投资的优质程度。

行销范围是指品牌行销地点的广度，在本书中进入品牌乘数打分环节的企业，都是北京市场中存在的、有一定销售网络的品牌，所以将会采用作者在调研过程中每个企业出现的频次直接作为这项结果。

表 3-11　北京乳企品牌强度得分

序号	名称	稳定性	市场地位	品牌趋势	品牌支持	行销范围
1	伊利	8	10	10	10	10
2	蒙牛	8	10	10	10	10
3	三元	9	10	9	10	10
4	光明	9	10	8	10	8
5	旺仔	8	10	8	8	10
6	达能	10	10	6	8	0
7	八喜	8	10	8	8	10
8	科尔沁	8	4	6	4	0
9	君乐宝	8	10	6	4	10
10	完达山	6	10	6	6	9
11	新希望	5	8	6	8	8
12	优诺	10	8	6	8	6
13	纽仕兰	2	4	5	8	5
14	妙可	6	4	5	4	3.3
15	飞鹤	8	10	10	10	6.6
16	雀巢	10	10	6	8	10
17	爱他美	10	8	5	6	6.6
18	美赞臣	8	8	6	8	6.6
19	美素佳儿	10	8	5	4	5
20	雅培	10	8	6	8	6.6
21	惠氏	10	8	6	10	10
22	贝因美	8	10	6	10	5
23	荷兰乳牛	10	6	5	10	3.3

数据来源：根据调研和收集的数据赋分

依据调研和收集的数据对 23 个品牌赋分之后，再结合重新分配权重之后的各项指标的权重，计算出品牌强度的总得分，如表 3-12 所示。

表 3-12　北京乳企品牌强度加权后的得分及总分

单位：分

序号	名称	稳定性	市场地位	品牌趋势	品牌支持	行销范围	品牌强度总分
1	伊利	14.4	29	12	12	29	96.4
2	蒙牛	14.4	29	12	12	29	96.4
3	三元	16.2	29	10.8	12	29	97
4	光明	16.2	29	9.6	12	23.2	90
5	旺仔	14.4	29	9.6	9.6	29	91.6
6	达能	18	29	7.2	9.6	0	63.8
7	八喜	14.4	29	9.6	9.6	29	91.6
8	科尔沁	14.4	11.6	7.2	4.8	0	38
9	君乐宝	14.4	29	7.2	4.8	29	84.4
10	完达山	10.8	29	7.2	7.2	26.1	80.3
11	新希望	9	23.2	7.2	9.6	23.2	72.2
12	优诺	18	23.2	7.2	9.6	10.8	68.8
13	纽仕兰	3.6	11.6	9	9.6	14.5	48.3
14	妙可	10.8	11.6	9	4.8	9.57	45.77
15	飞鹤	14.4	29	12	12	19.14	86.54
16	雀巢	18	29	7.2	9.6	29	92.8
17	爱他美	18	23.2	5	7.2	19.14	72.54
18	美赞臣	14.4	23.2	7.2	9.6	19.14	73.54
19	美素佳儿	18	23.2	9	4.8	9.57	64.57
20	雅培	18	23.2	7.2	9.6	19.14	77.14
21	惠氏	18	23.2	7.2	12	29	89.4
22	贝因美	14.4	29	7.2	12	14.5	77.1
23	荷兰乳牛	18	17.4	9	12	3.3	59.7

数据来源：根据品牌强度赋分结果和各项指标权重计算得来

在算出加权总得分后，通过Interbrand公司所给出的公式

$$\begin{cases} 250S = X^2, & X \in [0,\ 50] \\ (S-10)^2 = 2X - 100, & X \in (50,\ 100] \end{cases}$$

其中：X 为品牌强度得分，S 为品牌乘数。

计算出品牌乘数，结果会以百分数形式出现，作为品牌价值计算的系数。计算结果如表3-13所示。

表3-13　北京乳企品牌强度总分及乘数

序号	名称	品牌强度总分	品牌乘数
1	伊利	96.4	19.63
2	蒙牛	96.4	19.63
3	三元	97	19.70
4	光明	90	18.94
5	旺仔	91.6	19.12
6	达能	63.8	15.25
7	八喜	91.6	19.12
8	科尔沁	38	5.78
9	君乐宝	84.4	18.29
10	完达山	80.3	17.78
11	新希望	72.2	16.66
12	优诺	68.8	16.13
13	纽仕兰	48.3	9.33
14	妙可	45.77	8.38
15	飞鹤	86.54	18.55
16	雀巢	92.8	19.25
17	爱他美	72.54	16.71
18	美赞臣	73.54	16.86
19	美素佳儿	64.57	15.40
20	雅培	77.14	17.37
21	惠氏	89.4	18.88
22	贝因美	77.1	17.36
23	荷兰乳牛	59.7	14.40

数据来源：通过品牌强度总得分和Interbrand公司规定的S形曲线函数计算得来

3.品牌价值计算

通过前两小节的数据收集整理和数值计算，得到了品牌收益P和品牌乘数S。从而可以计算品牌价值。品牌价值V=P×S，其中，P是品牌收益，S是品牌乘数。计算结果如表3-14所示。

表3-14　北京乳企品牌价值计算结果

序号	名称	品牌收益P	品牌乘数S	品牌价值V
1	蒙牛	100	19.63	1963
2	伊利	99	19.63	1943.37
3	三元	98	19.70	1930.6
4	光明	97	18.94	1837.18
5	旺仔	96	19.12	1835.52
6	飞鹤	95	18.55	1762.25
7	完达山	94	17.78	1671.32
8	达能	93	15.25	1418.25
9	八喜	92	19.12	1759.04
10	爱他美	91	16.71	1520.61
11	君乐宝	90	18.29	1646.1
12	雀巢	90	19.25	1732.5
13	科尔沁	88	5.78	508.64
14	惠氏	88	18.88	1661.44
15	新希望	88	16.66	1466.08
16	贝因美	85	17.36	1475.6
17	雅培	84	17.37	1459.08
18	美赞臣	84	16.86	1416.24
19	优诺	82	16.13	1322.66
20	妙可	81	8.38	678.78
21	纽仕兰	81	9.33	755.73
22	美素佳儿	81	15.40	1247.4
23	荷兰乳牛	81	14.40	1166.4

数据来源：品牌乘数和品牌收益的乘积

（三）北京乳企品牌价值排名与分类

通过品牌价值计算，给北京乳企排名，名次如表3-15所示。

表 3-15　北京乳企企业品牌价值排名

名次	名称	品牌收益	品牌乘数	品牌价值
1	蒙牛	100	19.63	1 963
2	伊利	99	19.63	1 943.37
3	三元	98	19.7	1 930.6
4	光明	97	18.94	1 837.18
5	旺仔	96	19.12	1 835.52
6	飞鹤	95	18.55	1 762.25
7	八喜	92	19.12	1 759.04
8	雀巢	90	19.25	1 732.5
9	完达山	94	17.78	1 671.32
10	惠氏	88	18.88	1 661.44
11	君乐宝	90	18.29	1 646.1
12	爱他美	91	16.71	1 520.61
13	贝因美	85	17.36	1 475.6
14	新希望	88	16.66	1 466.08
15	雅培	84	17.37	1 459.08
16	达能	93	15.25	1 418.25
17	美赞臣	84	16.86	1 416.24
18	优诺	82	16.13	1 322.66
19	美素佳儿	81	15.4	1 247.4
20	荷兰乳牛	81	14.4	1 166.4
21	纽仕兰	81	9.33	755.73
22	妙可	81	8.38	678.78
23	科尔沁	88	5.78	508.64

数据来源：品牌乘数和品牌收益计算结果

计算结果的平均分是1 485.99，计算结果的中位数是1 520.61。由于计算针对的是北京中大型乳企品牌，在最终分类中，要将中大型分为中型和大型，所以评分超过平均分和中位数的企业能够被评为大型乳企品牌，剩余为中型乳企品牌。即品牌价值大于等于1 520.61的企业为大型乳企品牌，其中包含蒙牛、伊利、三元、光明、旺仔、飞鹤、八喜、雀巢、完达山、惠氏、君乐宝、爱他美。剩余11家为中型乳企品牌：贝因美、新希望、雅培、达能、美赞臣、优诺、美素佳儿、荷兰乳牛、纽仕兰、妙可、科尔沁。

通过第三章的在北京注册的乳企情况总结和第五章的市场调研，将在北京市有产品销售且行销范围不足30%的企业品牌归为北京市场小型乳品企业品牌，其中包括和润、卡士、北海牧场、明治、圣牧、乐纯、侬家、帕玛拉特、合生元、丹爱氏、圣元、喜宝倍喜、优博瑞姆、至初、牧滋源、德亚。

同时，将北京乳品企业中注册资金小于2000万人民币也划分为小型乳品企业，其中包括北京健生饮料有限公司、北京建勋食品有限公司、北京圣祥乳制品厂、北京龙泉乳品公司、奥德华乳品（北京）有限公司、北京军顺乳业有限公司、北京超凡食品有限公司、北京天辰乳业有限公司、北京富邦食品厂、北京吉康食品有限公司、北京归原农业发展有限公司、北京JF乳品厂、北京和润乳制品厂、北京鸿达乳品有限公司。

经过第五章对剩余18家乳企的数据收集，有3家企业（金时代、德运、延世牧场）的产品行销范围刚过30%，并且，公司规模极小或现阶段没有在中国设立公司，所以将这3家也列为小型乳品品牌。

经过三轮的筛选，得出北京小型乳企品牌包括和润、卡士、北海牧场、明治、圣牧、乐纯、侬家、帕玛拉特、合生元、丹爱氏、圣元、喜宝倍喜、优博瑞姆、至初、牧滋源、德亚、健生、建勋、圣祥、龙泉、奥德华（金时代）、军顺、超凡、天辰、富邦、吉康、归原、JF乳、和润、鸿达、延世牧场、德运。

四、大型乳企品牌价值成功经验借鉴

本部分就品牌价值计算之后分类得出的北京大型乳企品牌的成功经验展开介绍。同时，结合第四章中的几项重要的影响品牌价值的因素，介绍大型成熟企业在各个因素点中获得较高评分的原因，并为后续的发展战略政策建议的提出打下基础。

（一）蒙牛、伊利通过广告传播提升知名度

乳品企业的品牌知名度提升，可以学习已经成名的蒙牛和伊利。这两个中国龙头乳品企业在广告上的投入，极大地帮助它们在企业发展的初期和中期提高了知名度。

伊利的成功离不开品牌的推广。早在2005年，伊利就正式成为了北京奥运会的唯一乳制品供应商，并且选择了国家羽毛球队、易建联、刘翔等团队和个人代言伊利，在各大电视台反复播放广告宣传。奥运会的宣传为伊利的品牌提升做出来杰出的贡献。在供应奥运会的前后，伊利的品牌价值提升了将近48%，从136亿元涨到201亿元。而据2008年8月30日的伊利中报数据显示，伊利上半年的主营业务激增23.06%，两倍于行业增长。种种数据都已说明，伊利无疑成为奥运大餐中笑到最后的企业之一。在2010年和2012年，又分别成为世博会和伦敦奥运会的乳制品供应商，进一步提高了影响力。

蒙牛在创建的初期，公司市值、销售额和品牌影响力都距离伊利有着很大的差距，研究蒙牛的企业发展方式对乳品企业品牌更有借鉴意义。蒙牛的创始人牛根生在品牌创立初期，深知蒙牛和伊利的差距，所以提出了"创内蒙古乳业第二品牌"的概念，并且利用高速路边上的路牌进行宣传，使得大众了解到蒙牛这个品牌，并且了解蒙牛的企业定位，这一讨巧举动的市场反馈很好，将蒙牛设定为仅次于伊利的乳品企业，以其独特的定义，被广大的消费者所熟知。

北京乳品企业品牌想得到更好的品牌提升，可以首先选择蒙牛的方式，

对自己的品牌进行定义或者提出能被消费者记住的口号，同时，采取伊利的方式，利用广告进行宣传。当然，品牌传播者可以选择专业的广告公司来达到良好的广告传播，品牌传播者把自己的品牌信息介绍给广告公司，同时强调自己的企业优势，以达到品牌价值的提升。

（二）企业通过产品品牌提升消费者认可度

在品牌价值计算中，品牌乘数只是一个参数，最关键的基底还是品牌收益，品牌收益的高低是直接和消费者挂钩的，并且，品牌乘数获得过程中，品牌强度打分的次要指标品牌趋势也与消费者有很大的相关度。较为成熟的中型大型企业在消费者认可度方面都比较注重，消费者与企业最重要的沟通桥梁就在产品上，良好的产品，才是企业品牌价值提升的关键所在。本小节主要选取了6个不同的企业，从6个不同的方向，介绍企业如何通过产品品牌的建立来"俘获"消费者的心。

1.蒙牛特仑苏

蒙牛特仑苏算是大型乳企品牌中最具代表性的产品品牌。蒙牛在2005年创造了特仑苏牛奶产品品牌。经过14年的发展，特仑苏一直坚持创新，不断提高中国高品质牛奶的标准，并且提出一系列口号，打造消费者好感度极高的产品品牌，逐步成长为全球销量领先的高端牛奶品牌。特仑苏的品牌标语"不是所有牛奶都叫特仑苏"家喻户晓，这种特殊的描述方式极大地提高了消费者的好奇心。特仑苏，在蒙语中是"金牌牛奶"之意。蒙牛把握住了这一点，提出了4个金牌的概念——金牌产地、金牌乳牛、金牌牧草、金牌管理，向消费者传递品牌质量过硬的信心；同时提出自己是中国市场上第一个高端牛奶品牌，也向消费者展现了自己的"野心"。

2.三元A2β-酪蛋白

三元A2β-酪蛋白是"科技感"十足的乳品，是三元食品推出的新型牛奶产品，其定位为源生蛋白、稀奢高端牛奶。首先，三元A2β-酪蛋白奶源来自A2型牛奶，A2牛奶是A2型奶牛产的奶，不同于普通牛奶。A1奶在人体正常消化后会释放出一种名叫 β-酪啡肽-7 的物质，该物质会对人体肠道产生一定的影响，会造成不同程度的消化系统的不适。而A2奶则不会释放这种物质。由于A2牛奶数量稀少，在国内除了三元，目前还没有其他乳企有能力生产A2牛奶，因此备受消费者关注。因此，三元A2牛奶的优势很明显，主要表现在产品的特殊性上，市场上并没有相应的替代品，消费者想要喝A2型牛奶，就要选择三元。其次，三元A2奶的高定价也是其优势的一部分。在进入消费升级的新时代，高端奶产品消费逐渐升温，价格不再是影响消费者的主要因素。随着特仑苏和金典等高端品牌多年的市场引领，曾经的高端产品正逐渐平民化。因此，中国乳业再次面临产业升级的问题，迫切需要超高端产品的引领，而三元A2奶的出现，正符合高品质高价格乳制品市场发展的需要，加之几乎没有竞争者，使其产品品牌发展更为顺利。

3. 旺仔牛奶

旺仔牛奶是北京乳旺食品有限公司的明星产品。该款产品的品牌营销非常成功，可谓是家喻户晓，产品定位面向儿童，却也老少皆宜。旺仔牛奶的电视广告给"80后""90后"留下了深刻的印象，品牌涉及面极广，本身作为一款面向儿童的乳制品，却能唤起许多成年人童年的回忆，借着情怀再进行一次营销是旺仔牛奶的高明之处。经过长达20年的宣传，品牌的市场基础打造得比较完善，有固定的消费者，同时保证品质，让自己的产品品牌经久不衰。

4. 八喜冰淇淋

八喜冰淇淋的产品性质在本书研究的49个对象中最特别的。八喜于1932年诞生于美国旧金山，以口感细腻而获得好评，曾经被美国《时代》杂志称为"可能是世界上最好的冰淇淋之一"。艾莱发喜公司在1990年将八喜冰淇淋技术和配方引进中国，经过20年的发展，使之成为中高档产品，市场占有率较高，年销售收入4亿元，利润总额2 000万元。八喜冰淇淋的发展离不开其较多的受众口味，口味种类多达12种，并且对产品把关严格，在宣传过程中就将质量安全称为生命线。同时，八喜冰淇淋开创了国内生产"真正不加水冰淇淋"的先河，结束了中国只能靠进口纯正新鲜奶油生产高档冰淇淋的局面，全面开始了秉承"健康、安全、高品质"为质量方针的新鲜牛奶冰淇淋生产的历史，得到了消费者极高的评价。

5.健生运动员专供酸奶

健生公司虽然是北京一家小型乳品企业，但健生运动员专供酸奶却是好评极高的小众产品品牌。其中，该品牌仅靠不使用添加剂这一点就广受消费者喜爱，市场定位主要面对学生、儿童、老人和运动员。健生公司采取的营销策略十分正确：第一，把握住了消费者的心理，"以不含添加剂""运动员专供"等字眼吸引希望喝到健康酸奶的消费者；第二，了解公司自身实力，在研发创新方面与大公司存在差距，所以剑走偏锋打造小众品牌，提高客户黏性。

6.光明如实酸奶

光明作为大型奶企，其旗下的如实酸奶深受消费者喜爱，光明如实酸奶这款产品，正在成为大多数人的选择。"如实"的名字给消费者一种踏实的感觉。光明如实酸奶的特殊性在于其是无糖酸奶，区别于无蔗糖酸奶，如实完全不含任何糖分，但在包装顶部附赠了一小袋白砂糖，让消费者自己选择加糖的量，变相满足每一个消费者的口味。这种亲民的做法很能博得消费者的好感。

相对来讲，大型公司的产品品牌较容易建立，依靠更多的宣传渠道、雄厚的资金、悠久的企业历史背景作为支持，从而让产品品牌的建立更有优势，所以大型企业要把握住这个优势，用资金（如特仑苏）、科技（如三元A2奶）和情怀（旺仔牛奶）开路，快速建立良好的产品品牌，吸引并稳住固定的消费人群。但对于许多中小企业来讲，受限于公司的体量，很难抢占已有的市场，因此中小企业更应当用一款特殊化的产品来提升整个企业的知名度，选择特殊化的产品品牌作为重点发展方向。选择本企业擅长的方面，并具有一定的特殊性或面向一类单独的人群，提高建设效率，降低建设成本。如：八喜冰淇淋在奶味冰淇淋方面独具一格，在自己擅长的领域维系了固定的消费人群；如实酸奶想要挤占已经成型的酸奶市场，是非常困难的，所以光明通过"糖量由消费者决定"这个方式来吸引消费理念相对偏向健康食品的消费者。健生是小型乳企成功建立产品品牌的代表，通过"运动员专供酸奶"这单一介绍，收获很多新的消费人群。

（三）整合门店资源吸引消费者

门店不光是独立的加盟店面或专卖店，同时包括其他的零售渠道——进驻小卖部和超市。消费者最直接接触到的乳品企业的产品就是在门店中，对于小卖部和超市而言，就是在摊位或者货架上。门店是乳品企业对外推广品牌、推销产品的直接场所，也是乳品企业品牌推广中最为重要的一环。

门店是企业直对消费者的场所。消费者对于门店的第一印象会对消费者的购买选择产生极大的影响。门店的选址、产品的陈列方式都会影响消费者对于品牌的形象。

1.尝试设立单独的门店

企业的直营店、专卖店本身就是一种有效的宣传手段，门店在繁华街道的设立不光可以承担销售的任务，对于品牌的推广也是很有效果的。对于中大型乳企来讲，建立单独的门店是企业实力的象征，也是另一种有效的品牌宣传。

北京本土品牌三元就在这方面有着很多值得其他企业借鉴的地方。三元梅园作为三元食品的子公司，从20世纪80年代开始创立门店，到现在为止已有30多家，门店以销售宫廷奶品为主，在可以维持自身盈利的同时，无形间为三元牛奶也打了广告。这30多家门店大多建立在商场里的电影院旁，在各种奶茶品牌互为竞品的时候，三元梅园以传统、健康的奶饮品的样貌出现在消费者的视野中，自然收获了想买一些饮品逛商场但又希望健康的消费者，并且，门店设立在人流量较大的电影院旁边，在此路过或驻足等待电影开场的人群都会注意到三元的存在，无形的广告又做了很多。

2. 商品的陈列

对于有实力的大型企业是有能力做独立门店的，但对于中小型企业来讲，设立门店，尤其是设立多家连锁门店以起到宣传作用的可能性很小，所以应当把握在超市、便利店的货品陈列方式上。

产品的陈列方式对于销售效率的提高主要应用在超市和小卖部的摊位、货架上，科学的陈列方式可以突出产品的优点，使消费者尝试乳品企业品牌的乳制品，并且美化货架的布局景观也可以刺激消费者消费；同时，交叉和关联的摆放方式，可以帮助导购引导消费者购买多样化的产品。

3. 人员

有许多超市和便利店不允许企业自己选择陈列方式，而是由理货员依据销量来摆放，那么门店的资源就只剩下了最后一项——销售人员。一线销售人员是品牌形象的载体，他们是企业和消费者之间沟通的桥梁，是品牌的另一种"门面"。一线销售员对于企业的销售额的影响是巨大的，销售人员的水平差异也影响着企业的品牌推广效果。在消费者眼中，营销人员就代表着企业，销售人员是他们了解企业信息和产品信息的主要途径。乳品企业品牌的乳制品与大品牌的乳制品的差距不在质量和口味上，而是在于消费者很少有机会去尝试乳品企业的乳制品，所以，营销人员在与消费者进行交流沟通时，应当将企业的形象传达给消费者，用个人形象及个人魅力去吸引消费者尝试乳品企业的乳制品。

（四）把握公关传播机会

公关传播全名"公共关系传播"，是企业直观传达给消费者企业信息的传播方式。在广告费越来越难以承受、媒体的种类与数量越来越多、消费者产生资讯焦虑的今天，公关成为企业品牌传播的重要武器，正如"公关第一，广告第二"所讲，公关手段在很多企业的传播手段中起着越来越重要的作用。

1. 负面危机公关

很多企业或品牌希望在短期内就提升自己的知名度和影响力，因此不管什么手段似乎都可以使用，典型的表现方式就是用一些公关事件营销，制造一些轰动效应的话题，引起社会关注，类似很多的不知名的艺人突然曝光恋情等方式，都是这种公关手段的体现。

最好的危机公关方式，还是借助恰巧出现的紧急负面事件，来正面地给予回应，往往可以获得更多的消费者好感。

提及乳业的负面危机，每一个消费者都会想起2008年的三聚氰胺事件。三鹿集团生产的奶粉含有毒物质三聚氰胺，被国家立案调查，随后，伊利、蒙牛、光明等大型乳企品牌也被查出奶粉含有三聚氰胺。在这场世界瞩目的负面危机的背后，有一家企业将损失降到了最小，甚至有所增益。伊利在被爆出奶粉中也含有三聚氰胺之后，整理了一套完整的重塑品牌认可度的计划。首先是在2008年11月初，举行"千万人体验伊利牛奶好品质"，并打破吉尼斯纪录，并且举办"品质开放日"，让消费者全面了解伊利，在一系列的活动之后，重塑消费者对伊利的信任和对伊利实力的认可。其次，借奥运会的余温，让奥运冠军家庭代言伊利，增强消费者信心。最后，通过公益活动"每喝一包奶，捐助一分钱"让消费者觉得这是一个有良心的企业，彻底消除三聚氰胺事件带来的负面影响。在2010年9月，国家还在下发让各地方上交问题奶粉、不处罚的通知的时候，伊利的股票价格已经从危机事件出现的最低点2.22元涨到了3.98元，涨幅接近80%，几乎消除了负面危机。

2. 正面公关

负面危机公关是突然发生的，有些不择手段的企业，对于一个可以不认真考虑长远的品牌形象，而且当前处于弱小状态的品牌来说，故意透露负面消息并全面曝光无疑是一个可以四两拨千斤的策略，不过不适用于乳业，乳业由于行业的特殊性，任何有关安全问题的炒作都是不可取的，所以，企业应当选择合理的正面公关。

企业自行组织宣传活动，宣传企业的产品，基本方式就是自我宣讲，通过媒介发稿件，举行以产品发布为主题的新闻发布会，来向社会证明自己的东西就是好。但这类公关手段的收益并不高，而且难以给消费者留下深刻印象。这类公关手段通常用于企业刚起步，或者产品刚上市，无人知晓，所以只有自己夸自己。

还有一种正面公关是借助其他竞争企业的负面危机来提升自己。三元作为三聚氰胺事件中为数不多的没被查出问题的大型乳企，在消费者心中的认可度更高了，但是三元却没有保守，而是大胆地收购了三鹿集团，虽然被很多消费者不理解，但是，三元的确借此机会扩大了规模，并且增加了产能，抓住了空余的市场规模，一举两得。

（五）通过产品发挥人际传播优势

人际传播主要依靠的是消费者和潜在客户之间的口碑宣传，也是新客户在接受企业品牌宣传时最容易产生好感度的一种传播方式。

达到良好的人际传播，首先要从产品的口碑做起，产品的质量和性价比才是消费者之间相互推荐的主要原因。乳品企业品牌面临的最大问题就是缺少新增消费者，消费者在选择乳制品品牌时，还是会优先考虑大品牌。在这种劣势之下，更应当把握住愿意尝试新品牌、小品牌的客户，通过产品的质量、性价比等优势，培养出客户的好感度及忠诚度，这些既成客户自然也就会成为品牌的推广者。

同时，要做好促销活动。促销活动和销售传播是不同的，促销活动更会刺激短期内的需求，以达到某些快速的、具体的效果，鼓励新客户尝试新的品牌。这对于乳品企业品牌来讲是一个重要的打开市场的手段，只要将促销活动的主题进行推广，广大消费者就会更倾向于性价比高的新品牌，会选择尝试新的产品。同时，在超市中进行的试喝活动，还可以让销售人员第一时间得到有关产品味道的反馈，对于产品改良都是十分有帮助的。

五、北京乳企品牌发展战略政策建议

本部分就北京乳企品牌价值的计算结果对不同分类的企业提出政策建议，政策建议的提出主要结合品牌价值提升路径和现有大型乳企的成功经验，对中大型、小型乳企提出切实可行的建议，并且对北京市政府提出切实可行的建议以促进北京乳企品牌的发展。

（一）针对大型乳品企业品牌提出的建议

大型企业想要更进一步发展，首先要学习中国两大乳业巨头——伊利和蒙牛，多进行广告宣传，舍得花钱进行宣传。其次，要打造优质产品品牌，借助资金和技术的优势，扩大与中小企业的差距。最后，要注意多融资，企业品牌的建立及推广均离不开公司的体量，在北京注册的4个上市公司在消费者好感度的调查中均名列前茅，可以说，是企业规模影响着企业品牌的发展。而北京在售的乳企品牌中，有10家都是上市公司，占调查总数的55.6%，切实表明了上市公司或者是获得优质融资的企业更容易获得更多市场份额，也更容易受到消费者喜爱，这是一个良性的循环，体量大了，在展柜中占的面积自然就多了，消费者的关注度就高了，销量就上去了，质量再有保障的话，那么收益会更高，所获得的进一步融资会更优质，体量还会再高一层。

因此，为了乳品公司有更好的发展前景，融资是必要的。小企业聚焦天使轮、A轮、B轮等，中大企业关注上市和国资委入股。在多种多样的融资方式中，最透明的、效果最显著的，还是上市，同时上市公司本身的称谓就是一种无形的宣传。虽然公司上市需要前期投入大量资金，但乳企应当展望上市之后的好处，通过上市融集的资金可以一定程度上帮助企业扩张，并且上市所带来的广告效应对企业发展也是有利的。

（二）针对中型乳品企业品牌提出的建议

中型品牌都具有一定的规模，但是资金实力、技术支持还有现阶段的消费者认可度都不如大型企业，但中型企业的规模又远大于小型企业，不适宜剑走偏锋，所以，努力把握好消费者，做好消费者培育，从现有的市场中多分走一杯羹是最合适的方式。

展望未来市场环境，消费者才是品牌建设的关键所在。培育消费群体的消费习惯和消费理念，才可以将品牌扎根于消费者心中。消费群体的培育主要有两个步骤，一是让消费者尝试自己品牌的产品，二是让消费者继续购买本品牌的产品。

消费群体的培育应当从营销角度做起。"营销"二字，是一个品牌发展的命脉，"销"的重要性不言而喻，没有销量，品牌难以维系，所以很多企业会陷入误区，忽略了"营"的重要性，"营"是经营、是造势，简单来讲就是拓宽传播渠道。

传统的传播渠道如广告传播，其单一宣传效果已不能使人满意，多方位的宣传才是北京奶企应当选择的主要道路，如销售传播、人际传播。销售传播是建立在销售之上的。销售是企业和消费者之间沟通的桥梁，一线销售员对于企业销售额的影响是巨大的。在消费者眼中，营销人员就代表着企业，销售人员是消费者了解企业信息和产品信息的主要途径。在现有的大众销售渠道上多做宣传，可以让品牌推广事半功倍；同时，要做好促销，促销活动会刺激短期内的需求，鼓励新客户尝试新的品牌，以达到某些快速、具体的效果。

人际传播主要依靠的是消费者和潜在客户之间的口碑宣传，也是新客户在接受企业品牌宣传时最容易产生好感度的一种传播方式。再多的企业宣传也比不过消费者之间的推荐，将产品的口碑打造到让消费者之间互相推荐，才是最行之有效的宣传手段。

销售传播之后，消费者能否再次购买该产品，并产生忠诚度，甚至自发地为品牌进行人际传播，就要依靠于后期产品的质量、口味、口碑、性价比等多方面因素。因此，品牌自身的品质保证以及源源不断的创新才是培育消费群体不断壮大的动力。

（三）针对小型乳品企业品牌提出的建议

在作者调研过程中，大型超市和便利店是分开统计的，不难发现，有许多小型品牌侧重点在便利店，甚至是产品只面向便利店和新型超市（盒马鲜生），如金时代、健生、乐纯等。在大型超市的销售展柜中，受限于受众面和销量，小型品牌很难获得大面积的展柜，而在便利店情况却大相径庭：首先，便利店的展柜面积有限，每个品牌的产品都不能大面积占据展柜，所以对于消费者的感官来讲，小众品牌的存在感相比大型超市要高了不少；其次，便利店和新型超市的消费者普遍喜欢接触新鲜事物，这类消费者对于小众品牌的热衷和新鲜乳制品的追捧都是高于大型超市的传统消费者的。结合这两点因素，小型乳企品牌选择便利店来打开市场，再配以特殊化的产品（可调节糖量、专供运动员），可以收获忠实的粉丝群体。

小型乳企也可以选择一些现有的乳业联盟，从而提高消费者的认知度，并且在这些行业协会中，多向"领头羊"学习。农垦乳业联盟是在农垦局的倡议下，由全国有代表性的12家乳品企业自发组成的开放产业联盟。北京三元、上海光明、黑龙江完达山等各地方代表型企业名列其中。原本国家有关乳业的蛋白质标准为每100克牛奶含蛋白质2.95克，而蒙牛和伊利两大乳制品巨头将标准下调到了2.8克。农垦乳业联盟将标准上调到3克，与欧美标准一样。而在菌落总数方面，欧美要求少于10万/100毫升，蒙牛、伊利制定的标准是200万个/100毫升，农垦乳业联盟的标准是与欧美一样的。

现如今，在各大论坛中，还有作者实际调研中与消费者的交谈中，不少消费者愿意去为农垦乳业联盟买单，认为加入这个联盟的乳企就是有良心的企业，在经历了三聚氰胺事件之后，"良心"一词在北京乳制品市场乃至全国乳制品市场都是十分重要的，一个乳品企业"有良心"就是企业品牌的最高评价。

所以，对于许多中小型企业来讲，不妨剑走偏锋，加入农垦乳业联盟，提高自身质量，赢得消费者青睐，再逐渐扩大自己乳企品牌的知名度。

（四）对北京市政府提出的辅助北京乳企品牌发展的建议

北京市缺乏优质的乳业公用品牌。新疆有"手工酸奶"、青海有"老酸奶"、广东有"双皮奶"，而北京作为乳业品牌发展悠久的城市，确实缺乏首屈一指的公用品牌。

但是，北京乳业公用品牌的建设和发展是值得期待的，打造北京乳业公用品牌对于在北京注册的乳品企业是十分重要的。北京整体科技水平较高，应该作为中国乳业创新基地的首选之一。在这个背景下，优先奶产品创新是北京乳业公用品牌的突破口。三元作为北京本土奶企，在此方面已经着手做起，A2型奶就是一个很好的典范。比如，北京的乳业部门可以携手奶企打造妈妈信任的"北京奶粉"，作为北京乳业的另一张名片，虽距离还很远，但可以作为北京乳业未来的发展方向之一进行尝试。尽管如此，北京乳业公用品牌的建设仍存在着很大阻力。首先，由于缺乏历史底蕴，在短时间内，很难创建家喻户晓的公用品牌。其次，建设公用品牌需要各个奶企、各个部门的通力合作。目前，北京乳业的竞争力尚有待提高，主要关键点在产品质量上，保证产品质量的长久安全，是每个北京奶企的首要任务。只有持续地保障乳业质量，"北京乳业"这个公用品牌才能成为金字招牌。

第四章

北京市乳业冷链物流成本优化分析研究

本章主要基于北京乳制品市场蓬勃发展的大背景下，为了解决近年高速增长的乳制品消费量而带来的乳制品冷链物流问题，降低奶农和乳企的冷链物流成本，通过分析北京乳制品冷链物流模式，从而找到最适合奶农和乳企的不同的冷链运输模式，从物流成本上下手，在最大限度地提高乳企和奶农的利润的同时，促进北京乳业的整体发展。具体的研究内容如下。

（1）北京乳业产业发展与乳业冷链物流现状。从北京乳制品行业规模、北京交通运输行业和北京居民乳制品消费能力三个方面介绍北京乳业产业的发展状况；从制度、基础设施、乳业市场规模三个方面介绍北京乳业冷链物流现状。

（2）北京乳业冷链物流成本构成分析。在北京乳业发展的背景下，科学合理地分析北京乳业冷链物流成本的构成要素。

（3）基于蚁群算法的配送成本模型优化。通过蚁群算法对冷链物流最短距离进行优化模型分析，进行大量迭代分析、采取信息素最强的一条线路为最优线路以达到最低成本的目的。

（4）北京乳业冷链物流成本控制优化策略。通过节约里程法建立乳制品冷链物流路径优化模型以及对北京乳制品冷链物流的成本构成及影响因素进入深入的分析，从模式、基础设施、政策三个方面对北京乳制品冷链物流进行成本优化研究。

一、相关概念和理论

（一）配送的相关理论分析

1.配送的定义

配送指的是随着市场经济发展带来的具有先进发达技术制成的物流形

式，具体可以定义为市场中的物流企业根据消费者的需求、订单或者协议等具有法律效应的合同进行物品配送的流程，这个过程一般来说是物流企业在把消费者所需运输的物品运输到目的地的前提下，尽可能选择距离短、路径合理的运输路线及方式的一种物品供输方式。也就是指在匹配的时间把匹配的物品用匹配的方式运输到匹配的目的地的过程。从物流的观点来看，配送这一物流运输过程几乎包含了物流运输的所有的功能要素，可以理解为物流整体环节的一个缩影。

2.配送的产生与发展

现今社会，先进技术配送雏形主要是在20世纪60年代初期出现的，在这个阶段配送这一形式主要是作为商家促销商品的宣传手段来发挥作用，产生额外的商品附加价值。配送这一新兴的物流方式是在原先仓储行业的基础上通过企业家的革新与发展而开展来的。这段时期虽然配送行业的确有了一定的发展，但不同国家的企业家以及学者对配送的认识都有一定的差异，但在这些差异中却存在着一个共识，那就是配送等于送货，只是一种单纯的物流运输方式。随着市场经济的发展与科学技术的进步，越来越多的企业发现了配送的真正价值，将原本作为宣传以及推销手段的配送慢慢转变成企业经营主体活动的一部分，这样在保有原来企业经营活动不受影响的同时，也能增强企业产品服务的竞争力，从而提高企业整体产品的销售量，为企业创造更多的利润。日本和美国的配送发展较早也较为成熟，美国人利用先进技术和改造流程提高配送的效率，日本的政府积极支持建立了物流中心，推行"共同配送制度"。

在中国，配送业务虽然发展速度很快，但本身起步比较晚，所以仍处于发展中阶段。物流配送发展大体可以分为三个阶段（见表4-1）。

表4-1　我国物流配送发展阶段

阶段	时间	发展情况
启蒙阶段	20世纪80年代前	处于计划经济之中，并无产生有意义的配送活动

阶段	时间	发展情况
过渡阶段	20世纪80年代至90年代	迈进市场经济时代，物流配送意识开始觉醒
发展阶段	20世纪90年代至今	积极引进国外先进物流概念，我国物流开始趋向现代化快速发展时代

启蒙阶段一般指20世纪80年代前，由于当时我国实行的还是计划经济，而计划经济的一大特点就是全国的物资由国家统一由我党按计划进行购买、运输以及分配。所以在经济社会中其实不存在真正的配送运输活动即配送业务。而物流配送雏形的出现是因为一些数量大的特殊物资，由于其数量多，用途较固定，所以其路径也较固定的缘故，在多次运输途中逐渐形成了一些自发的运输途径及站点，所以这些站点的组成可以算是中国配送业务起源的雏形。

过渡阶段是20世纪80年代至90年代。我国在这个时间段生产力随着市场经济的初步形成有了极大的提升，生产力的上升导致我国生产能力大幅增加，市场上的货品基本处于供大于求的情况，所以为了争夺更多的客户，企业之间开始出现了竞争。而其中的一部分企业为了能在竞争中拥有更大的优势，占据更加主动的位置，开始为自家的商品提供送货上门的服务。而这种行为就是我国物流配送行业从启蒙的被动阶段发展到主动的过渡阶段的过程，在这个阶段，由于生产水平、科学技术以及社会经济相对之前明显提升，但仍然只是把配送业当成附属产业去增加主营业务的利润，没有发现配送业背后暗藏的利润与机遇。

而发展阶段则由20世纪90年代至今，在这段时间里中国有了翻天覆地的变化，首先是随着中国对外开放经济贸易程度不断增加，中国也随之加入了WTO，成了联合国五大常任理事国之一，国外的先进物流思想也随之流入国内。多种物流理论也随之开始产生，物流学术界进入了百家争鸣的阶段。而此时人们开始逐渐意识到在物流行业中潜藏着巨大的利润空间，企业的竞争也随之进一步加强，在竞争如此激烈的环境下，专业的物流公司应运而生，此后便是物流行业发展的蓬勃时期。

3.配送成本的定义

因为配送这一块成本在整体物流成本中的占比较高，所以对于配送成本的构成分析影响着整个物流成本的优化效率。如果可以分析清楚影响配送成本变化的要素，同时启用相当的方法去除配送成本中不必要的部分，从而可以在开源节流中把节流方面做好，为物流企业在节约成本的同时增加利润。配送成本在书中原指货物在进行有一定目标性的空间位移活动中所消耗的包含但不仅限于人力、物力以及时间成本消耗的实际货币表现。简单来说就是物流配送这一活动流程中产生的人力、物力以及时间成本的合计产生成本。包括一系列发生在装卸、运输、仓储管理、分拣、货物配送过程中产生的所有费用。如果从成本和效益关系的角度分析，因为配送企业的利润等于总订单利润减去物流成本，那么物流成本越高则配送企业利润则越低，同样对于消费者而言，物流成本越高就意味着消费者所需要为货物承担的转移性支付则越高，购买成本越高。

（二）配送成本核算常用方法及比较

1.美国宏观物流成本核算方法

美国作为世界上排名前列的进出口大国，对于宏观上的物流成本核算却采取了另起炉灶的策略，他们在本身统计体系已有的基础上重新规划并革新，建立了一个包括了存货持有成本、物流配送成本以及人力资源管理成本在内的全新框架。其中存货持有成本是指物流公司为了货物的储存而花费的场地费用、人力管理费用以及货物自然损耗费用等，同时包括了库存货物占用公司流动资金的利息。而物流配送成本则代指货物在空间上进行有目的的位移时消耗的人力物力财力的总和。人力资源管理成本则是依据美国具体的历史情况由相关专家所确定的一个固定的比例，再用这个比例与存货持有成本以及物流配送成本相乘得出的，一般大概为物流成本总体的4%左右。

2.日本企业物流成本核算方法

日本作为发达国家，其本身国家的发展历史并不算长远，但是发展却相当迅速，在当今社会日本凭借其先进的物流配送技术以及适当的物流管理方式，在国际物流领域中取得了领先地位。相对于美国而言，日本的物流行业发展起步时间较晚，但仍然比中国先行一步，经过几十年的不断发展，其物流行业发展取得不俗的进步，相当多的评价指标以及核算方式取得的成绩都值得借鉴。

日本的物流成本核算方式一般根据物流范围、支付形态以及物流的相关功能分类。由范围计算物流成本，范围划分按物流特性分类，可分为供应、生产、销售、回收和处置物流成本。根据付款形式的费用计算，按照财务会计拖车计算，大致可以分为成本和人力成本运费，仓储费用及其他款项以外的公司，材料成本等内部物流活动。根据物流功能的成本计算，可分为材料流动成本、物流的信息成本、物流管理费类别。有些人主张的材料费的循环被细分为包装成本、运输成本、仓储、装卸和配送费用。

3.作业成本核算方法

作业成本法首先是由哈佛大学著名教授罗伯特·卡普兰提出的。这种方法的目的在于提供一种可以计算企业商业活动所需要的最低成本的有实际可行性的、动态策略的方法。该方法的创新点在于打破了产品的固有模式，将产品的生产过程纳入到了成本核算之中，依照生产部门的生产需要为结果动力去收集产生的成本数据，然后依据这些成本的消耗原因去统计总产品成本费用，就可以将成本更为细化到每一个产品中去，方便企业对于产品的取舍或者扩大生产。

4.成本会计核算法

在我国当今的会计制度之下，一般来说物流成本会依照消耗目的原因被会计统计到不同会计科目之下，并没有一个专属于物流成本的单门会计科目，这就导致了物流成本被分散到了其他项目成本之中，不利于物流成本的单独测算。目前在我国的物流会计成本核算方面有两种方法，第一种是单轨制。顾名思义单轨制就是一条龙，将物流成本与其他成本进行混合计算，虽然在报表计算较方便但计算复杂性高，并且对于会计人员的技术与算力有一定的要求。另一种方法是双轨制，与单轨制把物流成本和其他成本进行混合计算不同，双轨制通过单独建立会计报表，将物流成本的凭证和账户与其他成本进行分离，形成单独的成本核算系统。

5.核算方法比较分析

综上所述，不同的物流成本测算方法都有其优势和不足，应该根据实际情况考虑采用哪种方法进行物流成本的测算。

美国宏观物流成本核算方法相对于其他成本核算方法在应对企业物流配送中心选址以及测算配送货物最佳运量时有着明显的优势，因为其成熟的物流成本核算结构以及经过长时间验证得出的成本计算模型，虽然计算结果方面并不见得有多详细，但完全可以满足企业的需求，比较适合用来解决企业的物流配送问题。

而日本企业物流成本核算方法则是对于美国宏观物流成本核算方法的一次大型补充，在其基础之上对成本架构、项目分类以及物流成本核算模型进行了更深入的细化和完善，但都同样倾向于解决企业物流成本核算的大方向。

作业成本核算方法则拥有着计算结果较为精确的优点，但这也同时带来了巨大的计算量和计算步骤，只适用于企业物流成本核算中的微观部分，计算量相对较小的问题。

成本会计核算法是基于我国目前的会计制度而提出的物流成本计算方法，但由于其并不是针对物流成本进行计算的方法，在这方面具有先天性的缺点，所以并不能保证计算结果的准确度。

节约里程法的基本思路：在保证货物准时、准量送至客户所规定的地点的前提下，所运输的车辆沿着一条最优化的线路行驶，尽可能减少运输次数和总里程，目的是提高配送效率，降低运输成本。

（三）节约里程法相关定义

节约里程法的实际应用就是在所研究的配送网络中，寻找三角形回路，在满足客户需求和限制条件的情况下，不采取一对一配送方式，利用客户与配送中心的距离对节约度进行计算，即两点客户分别到配送中心的总里程之和减去客户之间的距离。并且将所计算的回路进行合并，综合设计出最优化路线。

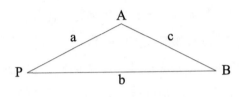

图4-1　节约里程法示意图

具体实际如图4-1所示：P点即配送中心，A、B两点为客户所需货物的目的地。配送方案一为：从P点共调度两辆运输车，分别配送至A、B两地后，原路返回P点，总里程为2（a+b）。运用节约里程法只需调度一辆运输车沿途进行分别派送，方案二为：从P点出发至A点后，再沿路到达B点进行货物配送，最后从B点回到配送中心P点。其总里程为a+b+c。对比方案一、方案二，可得总里程差为：2（a+b）-（a+b+c）=a+b-c。根据数学中三角形性质可知，两边之和大于第三边，因此，a+b-c必然大于零。即方案一总里程多于方案二总里程。

（四）确定性的库存模型

确定性的库存模型主要方法指的是定货定量法，而定货定量法主要是指企业的库存量经过销售和自然损耗后达到一个特定的量后，企业对库存有计划地按预计数量补充库存以达到减少库存成本的方法。

简单来说就是从企业的库存数量的多少来决定订货量的多少，虽然计算结果较准确，但是需要每天核查库存数量较为费力，但如今信息化库存越来越普遍，这一方面的压力逐渐较少。

该方法主要靠控制订货点R和订货批量Q两个参数来控制订货，达到既最好地满足库存需求，又能使总费用最低的目的。

此方法一般主要根据最优订货点X以及每次最优订货量Y来控制企业库存，达到既能满足消费者对于企业库存的需求又能在最大程度上降低企业的库存维持成本。

计算最优订货点X的具体公式为$X = \sqrt{2DS/C_r}$，其中D为企业仓库每年需要的订货吨数，S为企业每次订货的固定费用，C_r为一单位为C的货物的单位时间库存费用为r，记作C_r。

二、北京乳业冷链物流现状与配送公司A现状及配送成本分析

（一）北京乳业冷链物流发展现状

1.北京交通运输行业迅速发展

如图4-2所示，2017年全年北京市完成货运量23 879万吨，比上年下降0.9%；货物周转量700.3亿吨公里，增长4.3%。2018年，北京市货运量25 244.1万吨，比上年增长5.7%；货物周转量780.7亿吨公里，增长11.5%。

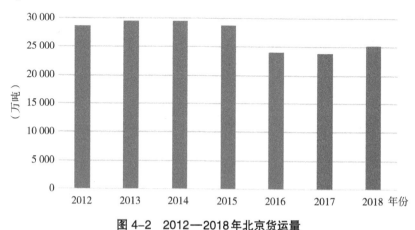

图4-2　2012—2018年北京货运量

这说明了北京市2018年交通物流行业虽然整体货运量相较以往有所下

降，但这也是为了之后的蓬勃发展所做的准备，随着北京经济的不断向前发展，其所产生的货运订单必然会直线增加，这也就促进了北京交通物流业的迅速发展。

2.北京居民乳制品消费能力增强

我国的社会主要矛盾已经转变为人民日益增长的美好生活需要和不平衡不充分的发展之间的矛盾，这体现出人民生活质量的整体大幅度提高和改善，随之改变的还有我国消费者的消费观念，从满足温饱到提升生活质量，13亿中国人每人每天一杯奶的概念被迅速普及。根据2017年《中国奶业年鉴》对2016年北京居民家庭人均主要乳品消费量的统计，2016年北京居民人均消费乳品23.2公斤，其中城镇居民24.8公斤，农村居民13.3公斤，均远高于12公斤的全国水平，说明北京的乳制品消费水平位居全国前列，同时从中国的人均乳制品消费量来看，我国乳制品消费量远未达到饱和状态。目前，中国人均乳制品消费偏低，乳制品的市场空间依旧巨大，而由此带来的大量乳品的冷链运输问题也需要解决。

表4-2 2016—2018年北京居民家庭人均主要食品消费量统计

单位：公斤

分类	2016 年	2017 年	2018 年
粮食		75.7	91.9
豆类		6.3	7.6
蔬菜及菜制品		91.9	106.3
植物油		8.3	7.1
猪肉		12.7	16.3
牛羊肉	6	5.8	5.9
禽类	5.7	5.5	5.8
蛋类及其制品	12	12.1	14.6
奶及奶制品	23.2	22.5	26
水产品		8.6	8.9
食糖	1.2	1.1	1.1
酒类		10.8	10.5
茶叶		0.6	0.5
干鲜瓜果类	63.2	63.9	74.7

从表4-2的数据可以分析出，需要进行冷链配送的食品消费量一直在众多食品日用消费中占据头筹。从北京居民家庭人均主要食品消费量上看，2018年北京市居民人均消费乳品26公斤，2018年全国城市鲜乳品平均价格为每斤5.28元，即每公斤10.56元，而乳制品的物流成本占其销售收入的25%左右，其中乳制品的消费增长量相比其他食品的增长量在现在仍然是增长最快的，这说明随着我国经济的不停向前迈进发展，国民的日常生活水平得到了极大的提高，这种提高带来了对消费习惯的改变，人们越来越重视购买营养健康的食品，而这一趋势同时也代表着我国社会对于冷链物流需求的扩大。

3.北京乳业冷链物流产业基础不稳健

我国冷链物流目前处于行业小、乱、差的状况，冷链物流基础设施建设严重不足，冷藏库、冷藏车等冷链物流必备设施设备相对较少，而且需要冷链物流支持的产品种类和数量繁杂，对冷链物流的需求极大。但现有的冷链物流资源无法满足当前市场和企业的需要。

根据中关村绿色冷链物流产业联盟《全国冷链物流企业分布图》的数据，2017年北京市的冷库容量为14 014吨，居全国第9位（见图4-3）；但受2018年推出的"疏解北京非首都功能"政策影响，尽管北京市冷库容量依然在缓慢增长，但增长幅度与其他省（市）产生了明显的差距。

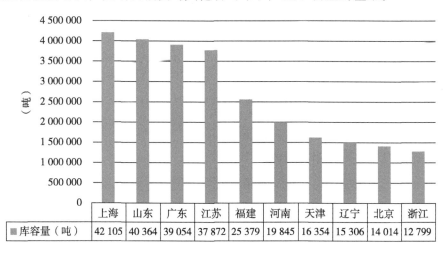

	上海	山东	广东	江苏	福建	河南	天津	辽宁	北京	浙江
■库容量（吨）	42 105	40 364	39 054	37 872	25 379	19 845	16 354	15 306	14 014	12 799

图4-3　2017年中国冷库容量前十位省（区、市）

目前，我国的冷藏物流运输率为15%，而美国为85%，日本为95%。尽管我国冷链物流产业在政府和企业的大力支持下稳步前进，但因为起步较晚，而且冷链物流基础设施较为缺乏，冷链物流技术研究较为低迷，导致我国冷藏物流运输率相对较低，这是市场选择和物流双方共同导致的结果。

据中关村绿色冷链物流产业联盟数据，2017年北京市冷藏车数量共计6 835辆。而根据相关资料，2018年下降到5 752辆，同比下降15.84%。北京市的冷藏车分为社会冷藏车和企业自有冷藏车，其中社会冷藏车为3 082辆，企业自有冷藏车为2 670辆。虽然2018年北京市冷藏车减少了1 083辆，但仍在全国冷藏车保有量排名中居第2位，排名没有发生变化。另外，自有冷藏车和社会冷藏车的比例约为0.9∶1，两者的差距不大，是一种互为补充的态势。此外，社会车辆略高于自有车辆也预示着社会物流整合正在加速推进。

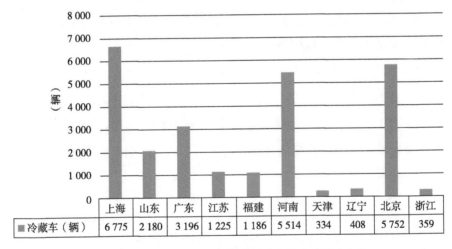

图4-4　2018年中国冷藏车数量前十位省（区、市）

首先冷链物流在我国发展较晚，市场产品对接受冷链物流存在一个过程，并不能马上转换原先的运输方式和思维，投入并使用冷链物流作为新的物流方式。其次冷链物流技术本身相对原先的常温运输方式还不够成熟，且成本高、技术相对落后都是制约冷链物流发展的重要因素，促进其快速发展离不开政府和企业的大力支持。

4. 北京冷链物流公司现状

关于北京几家主要冷链物流公司的发展现状列表描述如表4-3，包括其冷藏车数量、冷库容量及公司获得的荣誉。

表 4-3　北京冷链物流公司现状

公司名称	冷藏车数量	冷库容量	公司荣誉
北京三新冷藏储运有限公司	54辆	物流配送中转储存仓库面积逾5 000平方米	ISO9001国际质量体系认证，国家和省部级物流行业给予的多项荣誉
北京快行线食品物流有限公司	40辆	拥有0～5℃保鲜库6 300立方米，-22℃冷藏库52 500立方米；冷库区净高9米，采用4层国际标准货架，总储位6 460个托盘	
北京市五环顺通物流中心	40辆	库房面积4万余平方米	公司已通过ISO9001：2000质量管理体系认证，2009年被中国食品工业协会评为"中国食品物流50强"

（二）乳业冷链物流配送的特殊性

1. 乳制品的特殊性

一般来说乳制品普遍被分为两种。第一种是鲜奶，同时也被称为巴氏奶，也就是通过巴氏消毒法，将原料奶加热到一定温度以达到运用高温杀死病原体，却保留下鲜奶中的有益微生菌落的方法。这种鲜奶不仅可以保持原奶丰富的营养以及新鲜度，同时也可以保证安全和卫生，但是这种鲜奶正因为其营养充足且卫生的优点，使得其只能在低温环境进行储存，并且保质期也相对较短，通常仅仅只能存放不到两周的时间，而有些产品的保质期可能仅仅只有几天，这就需要快速而且稳定的冷链物流来进行运输。

本书中的乳业冷链物流所针对的就是对于巴氏杀菌奶的物流配送。而另一种则是常温奶，常温奶一般也可以成为UHT奶，也就是采用超级高温瞬间杀菌技术（UHT技术）所生产的牛奶，是乳制品加工企业将牛奶在135度到150度中瞬间加热2～3秒后，又将其迅速冷却至室温并灌入无菌奶袋中的乳产品。这是能在完全杀死细菌和微生物的同时在最大程度上保存牛奶本身的鲜味与营养所制作出来的奶产品。常温奶一般采用无菌复合纸进行产品包装，这也是常温奶能在室温下保存较长时间的原因之一。

在中国，大部分的乳制品冷链物流都是由乳制品加工企业进行总体控制，并由第三方物流企业进行承办的，能保证牛奶在从奶场到加工再销售到消费者手中的过程都是处于适宜的温度之下，但是在这个过程中是否能做到全程的冷链物流不断链以及在最终的销售环节是否做到了低温保存这两个环节仍是我国乳业冷链物流的弱点所在。

北京地区的乳制品消费者在购买低温乳制品时会更加注意低温乳制品的保存期限以及生产日期，而大部分北京地区销售低温乳制品的超市也对低温乳制品的冷链物流有较高的要求，这两部分的要求也使得北京地区的乳制品冷链物流行业得到了促进以及更严格的水准。

2. 乳业配送的特殊性

乳制品冷链物流配送这个行业是一个相对来说技术性要求较高的行业，首先它需要在货品移动制冷中各种硬件设施的支持，同时也包括了冷藏库存和冷藏运输的统一规划，而且这只是基础，为了降低冷链物流的高成本以及配送时间，还需要高精确性的地理定位信息技术集合以及相关最短配送距离测算模型等，这都使乳制品的冷链物流提高了要求以及标准。

3. 配送设备的选择

配送设备的选择一般从原则上尊崇优先先进性技术、经济支出与效益成正比、作业过程安全且无公害无污染。而主要标准则包括了电力消耗、设备制冷效率以及其制冷剂消耗量、二氧化碳排放量、有无噪声污染以及总体设备的运行费用等。

表 4-4　冷藏设备的种类和特点

冷库的种类	设备特点
土建冷库	建造投资较少，但是建设时间长且消耗建筑面积较大。
气调式冷库	储藏保鲜期平均比标准冷库长 0.5 ～ 1 倍左右。
装配式冷库	建筑难度小建造时间短，仅需拼装现有模块，适合短时间紧急用冷库，但持续消耗成本较高，且建筑安定性较差。

一般冷库的种类主要就是表4-4中表述的几种，但由于在建立冷库时，冷库的建造费用与库存量无关，只会产生跟使用时间有关的折旧和损耗费用，所以本文忽略此部分建设费用。

表 4-5　冷藏车的特点

制冷方式	特点
机械制冷	物流配送成本相对较低，且可以随时调控冷藏温度，但初期投入以及后期维护费用较高，因为机械比较复杂也容易出现故障。
干冰制冷	技术程度低，无须研发成本及维护成本且不容易出现故障，但是车内冷藏温度不可控制且制冷速率较慢，长期成本因干冰价格较高而较高，实际应用案例较少。
液氮制冷	技术程度低，无须研发成本及维护成本且不容易出现故障，而且制冷速率也较快，但是车内冷却液的占用体积较大，且液氮成本也比较高，运送过程中补充液氮液的代价也偏大。
蓄冷板制冷	采用电力作为冷却消耗资源，可以使用价格较低的夜间电力来降低物流成本，但是蓄冷板的制冷能力有限且占用车内体积较大，制冷速率也较为低下。
保温汽车	保温汽车并没有制冷功能，只是在车内进行特殊处理来延长货品升温时间，这种冷藏车并不能长距离进行冷链物流运输，只能在市内的超市食品厂之间进行短距离运输。

对于本书讨论的乳业冷链物流，乳制品的生产加工企业对于市场的距离一般冷藏车就可以胜任，不需要动用冷藏船或飞机等运输工具。在中国90%以上的乳制品冷链物流运输都采用的冷藏车进行配送任务，且A公司配送乳制品也采用冷藏车配送，所以本书在交通工具的选择方面仅讨论冷藏车一种。

冷藏车按制冷方式来分门别类，一般可以分为机械制冷冷藏汽车、干冰制冷冷藏汽车、液氮制冷冷藏汽车、蓄冷板制冷冷藏汽车、保温汽车等五种冷藏车，具体特点可以参照表4-5的介绍。综合五种冷藏车的优缺点来看，既具备可持续发展而且长期成本较低的制冷方式主要是机械制冷，机械制冷系统不仅可以随时调节车厢内的温度以适应不同冷藏货品的需要，而且制冷速度快，车内占体积较小，虽然存在初始投资高且运行噪声较大的缺点，但在目前的冷链物流中不失为一种最为可靠且效率高的制冷方法。

（三）企业简介

S集团是北京市政府授权经营的国有企业，经过50多年的发展，它已成为大型企业集团的农业和畜牧业的基础。集团现拥有总资产10亿人民币、近2万名员工、12个国营农场、20家专业公司、41家中外合作企业、3家离岸管辖公司，具有一定的液态奶、酸奶、冰淇淋、牛奶、奶酪5大系列产品，产品以其优良的品质覆盖国内市场，并出口到美国、加拿大、蒙古国、东南亚及港澳等国家和地区。

在北京市场上S集团的产品配送由多家第三方公司进行，有的是商场大型商超自己采购，如家乐福，有的是大型的配送公司，A公司就是其中一家。我们仅以其中的某个第三方物流公司（A公司）为例来分析何种因素在物流配送的成本中占有较大比重，如何控制配送成本。

A公司是由S集团与日本双日株式会社及双日（中国）有限公司三方共同出资成立的一家现代化食品物流企业，公司于2007年8月22日正式注册，2007年10月1日正式运营，注册资本金为6 000万元人民币。公司将发展战略确定为物流与商流齐头并进，主要业务包括：面向北京和全国大中城市以及国际市场进行以食品为主的运输、仓储、货运代理、批发和流通加工、技术服务等，以及进出口业务。

经过十多年的全力发展，公司现有员工510名，物流配送部主要分为常温配送部以及低温配送部两大部门，年配送营业额能达到5亿人民币左右。A公司的低温配送部门在公司正式运营两个月后开始运营，主要为S集团的低温乳制品进行配送，同时附带一些额外的医疗物资运送。低温配送部的配送范围囊括了北京市市区的18家超市，这18家超市在后文成为节点或卖场。A公司低温配送部拥有10辆冷藏车，其中容载量2吨的冷藏车2辆、客载量4吨的冷藏车3辆、客载量6吨的冷藏车5辆。

（四）A企业物流配送成本分析

本章的主题为"北京乳业冷链物流配送成本优化研究"，着重冷链物流的成本优化方面，美国的物流成本计算方式虽然相比其他国家的物流成本计算方式来说更为粗略，缺少对细节的把控，但在这种计算方式中它将物流的整体成本划分为三大块，分别是货物库存成本、货物配送运输成本以及物流人员管理成本，这种思维方向更有利于本书对A公司物流配送成本进行优化分析。

由于本书主要分析的是乳制品的冷链配送问题，所以主要对A公司的低温配送部进行分析。表4-6为A公司2017年9月支出费用及比例的会计账簿数据，我们可以发现在整个支出费用的占比情况中，人员工资占比最大，为28.411 8万元，占总费用的48.27%，可以由此分析出A公司属于第三产业服务产业。其次便是车辆的燃料维修费用，但从这个车辆燃料维修费用中并不能直观地分析出物流配送环节究竟具体产生了多少费用。

在经过对A公司的物流数据的简要分析后，可以发现在A公司的物流总成本中，除去无法在本书中进行优化的人员工资支出和其他费用支出外，其中占百分比第一的便是车辆燃料维修费用，这方面的优化空间比较大，所以本书将着重对车辆的燃料维修费用进行分析和优化。

表4-6　2017年A公司9月支出费用及比例

项目	金额（万元）	占总费用的百分比（%）
人员工资	28.411 8	48.27
车辆燃料维修费用	11.236 4	19.09
水电费用	3.963 2	6.73
电话费用	0.246 1	4.18

项目	金额（万元）	占总费用的百分比（%）
其他费用	12.788 6	21.72
总支出费用	58.860 1	100

1. 公司物流配送成本构成分析

经调研得知，A公司的冷链物流配送主要为北京市内的城市冷链物流配送为主，走公路运输方式，其冷链物流配送成本主要由以下几部分构成。

（1）配送运输费用

第一部分是配送中所产生的运输费用，是指A公司在执行配送运输这一作业时所产生的各种费用，这其中主要分为两类。第一类是冷链车产生的费用，具体涵盖了车辆的燃料、制冷以及日常的维护费用等；第二类则是车辆司机的工资以及各项福利费用。从上表可知在A公司的费用总支出中，车辆燃料维修的费用占比较高，所以本书的主要研究对象还是以车辆配送运输中所产生的燃料费用为主。

（2）库存费用

第二部分是冷链物流中货物所产生的库存费用，这部分的费用主要包括负责货物的装卸与管理的人员工资费用，以及仓库装卸工具的维修以及折旧。

（3）管理费用

第三部分主要指的是管理费用，这个管理费用的适用范围比较广，从A公司每个职员的工资与福利，到办公的用材消耗等，都属于管理费用的范围。

2. 配送费用的计算

在冷链物流配送的过程中产生的成本称为配送车辆运输成本，而这个成本主要可以分为两类，分别为固定成本和变动成本两类。

其中固定成本为常数，可以理解为冷链车每次出车时的折旧费用，这部分固定成本与运输的公里数以及客户订单的数量并没有直接关系，所以本书对此部分成本不予计算与考虑。

另一类成本为变动成本，包括油耗成本。这部分成本与车辆所运输的公里数成正比，即车辆运输所行驶的公里数越长，则冷链车配送的变动成本就越高。

综上所述，对于A公司冷链车辆配送费用的计算，本书沿用传统的计算方式，将运输的路程表示为C_{ij}，将运输路程再乘以单位的运输费用即可得知物流配送的总成本。

$$\sum_{k=1}^{m}\sum_{i=0}^{n}\sum_{j=0}^{n}C_{ij}X_{ij}^{k}$$

其中，C_{ij}为第k辆车在配送节点i、j路段上的运输距离，且$C_{ij}=C_{ji}$。

X_{ij}^{k}为0，1变量，即是否关系，若k部车辆经过配送节点i、j，路径则表示为1，否则为0。

众所周知，在市面上我们所能看到的奶制品品种多样，既有普通放置经过工厂超高温消毒杀菌的常温奶，也有经过巴氏消毒的巴氏奶，更多的还有酸奶和奶粉等不同的乳制品，但乳制品作为一种保质期较短的食品，其产品生命周期相对于其他的产品来说显得相当短，如果想把乳制品行业做大做强，这就需要在冷链物流保质保温上下大功夫，在满足超市、专卖店、零食网点以及小区奶站对于乳制品种类和数量的不同需求的前提下，尽可能地提高效率，降低成本。

本书的研究对象为A公司，所研究的配送为城市公路冷链运输。在此假设城市并非完成对称的路径网络，而是方格路径网络。由A公司配送中心负责配送的节点有18个超市，所负责配送的产品主要为低温的鲜牛奶以及酸奶等乳制品，保鲜期限为72个小时到14天不等。由于产品的生命周期较短，所以各个超市负责订购产品的导购员在订货时就会依据各个超市仓库及冷库的库容量大小进行分析及预判订货数量的多少。如果当时超市的产品库存量比较高，那么超市的导购员就不会选择继续订货，而是间隔一天到两天再继续订货，所以A公司所负责配送的18家超市并不是每天都有订单产生。

图4-5是经过实地调研以及与A公司联系获得的2017年10月由A公司

负责配送的18家超市及销售网点。

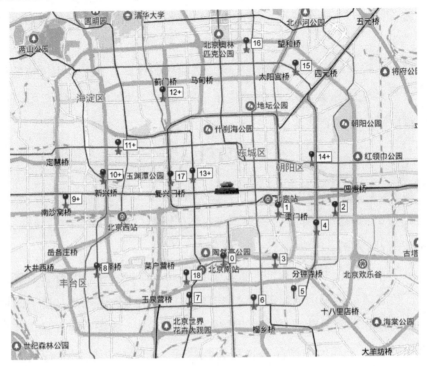

图4-5　2017年10月A公司超市节点

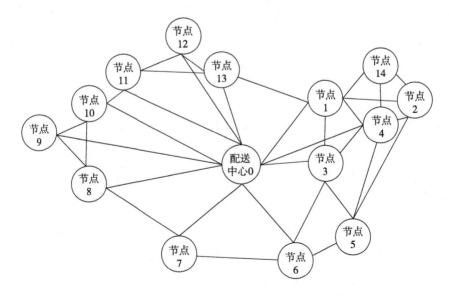

图4-6　2017年10月A公司超市节点示意图

本书数据主要以A公司2017年10月的数据为例，在这个月里平均每天有15家超市的订单需要由A公司进行配送。现在以A公司2017年10月28日接受的超市订单需求为例，对A公司的冷链物流配送成本进行计算以及分析。

表4-7　2017年10月28日A公司配送路程表

需求点编号	1	2	3	4	5	6	7
运输量（t）	2.5	2.3	1.2	2	1.9	1.6	2.1
需求点编号	8	9	10	11	12	13	14
运输量（t）	2.1	1.8	2.8	1.6	3.1	2.6	1.8

表4-7为A公司当天所需要进行配送的超市节点以及每个节点所需要的低温乳制品数量，10月28日A公司一共需要负责14家超市的低温乳制品及酸奶供应，配送中心与节点相对距离见表4-8。

表4-8　配送节点之间的路程

配送节点	0-1	0-2	0-3	0-4	0-5	0-6	0-7
距离（公里）	4.6	7.5	3.2	6.1	5.2	3.2	3.2
配送节点	0-8	0-9	0-10	0-11	0-12	0-13	0-14
距离（公里）	7.9	10.3	9	9.6	10.8	5.6	8.2

因为在实际情况中A公司的冷藏运送车一般是从配送中心出发，到达配送点后再返回配送中心，那么实际的路程还需要算上返程的路程，也就是说比如从配送中心0到配送点1的路程如图4-7所表现的为7.9公里，那么实际的路程则为15.8公里，所以总路程为309公里。

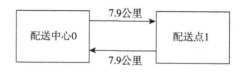

图4-7　配送节点路线示意图

表4-9是2017年10月28日A公司采取的配送方案表。

表4-9　A公司2017年10月28日的配送任务表

配送节点	0-2-3-0	0-4-5-0	0-1-0	0-10-0	0-11-0
配送路程（公里）	18.15	19.95	6.25	18.65	24.45
配送节点	0-6-7-0	0-8-9-0	0-12-0	0-13-0	0-14-0
配送路程（公里）	4.55	25.55	22.85	9.65	20.75

A公司此次的运输作业任务一共使用了10辆冷藏配送车，其当天运送距离合计为170.8公里，这相对于从配送中心到挨个运送节点往返的距离一共节省了138.2公里。在北京市内，因为北京的用车量大，所以交通压力比较大，通常会出现行车堵塞以及交通事故的发生，但是因为各个超市都希望能在该超市营业开始之前就接收到配送货物，所以导致配送的时间会比较紧张，因为如果超市接收货物的时间晚于超市的营业时间就会对超市当天的营业额产生影响，从而导致超市对配送公司进行罚款，这从根本上增加了物流公司的配送成本，同时也不利于物流公司的发展。经过跟低温配送部的经理进行谈话，了解到公司在以往的配送物流作业中经常出现因路线不合理或者突遇堵车、人员渎职等原因导致配送晚点，从而增加了配送货物的次数，同时也增加了成本。所以在配送作业进行之前进行合理的路线规划是非常重要的事情，也能帮助企业减少成本，增加利润。

3.库存费用的计算

各行各业为了正常的经营和工作都必须储备一定数量的物资，也就是库存储备一批物品或商品以供未来使用。例如零售商为满足顾客需求要有足够的库存商品等。但是如果库存过多，不仅会占据大量的流动资金还会增加库存管理的费用，而且物资库存时间延长也会使保存物资失效或者变质，这就产生了存储成本。而库存量太少又会引起缺货同样会造成损失，在库存论问题中称之为缺货成本。

（1）订购成本

在冷链物流配送过程中，除恶劣天气和不可控制因素外，公司几乎每天都要向集团订货，平均一次的订货费用为350元。所以在本书中，订购成本的优化空间不大。

（2）存储成本

包括货物的库存成本资金占用产生的利息以及贬值货物的损坏变质等费用。乳制品冷链中一般不存在货物的贬值，但是经常会有过期变质的产品，这部分产品一般都会在积攒一定程度后统一销毁掉，相应地也会产生一些费用。

（3）缺货成本

由于供不应求造成缺货带来的损失费用，公司中的缺货成本主要是通过各节点超市的订货量来衡量的。如果公司的库存量达不到超市的实际订货量就会无法满足要求，造成缺货成本。

（4）其他成本

比如说由于货物损坏带来的损失等。在本书中由于分拣环节是在仓库中完成的，所以把分拣费用划入库存成本。在公司乳制品冷链物流的配送中，分拣费用主要由分拣设备费用和分拣人员人工费用组成。但是这部分环节中分拣设备的费用属于折旧费，可优化的程度不大。而分拣人员的人工费主要包括工人的工资和福利等。所以在本书中这两部分费用都没有进行分析和优化。

本案例中缺货成本具有不确定性，而且还影响到企业的形象，所以缺货成本的损失不可能完全计算精确。从2017年10月28日的订单来看，公司的企业账面缺货成本价值达1 347元。

4.各种费用的比较

在冷链物流中主要存在库存费用、配送费用、物流管理费用。2017年9月各费用统计结果及占物流费用的比重如表4-10所示。其中库存费用占到38.26%、配送费用占到48.85%、物流管理费用占到12.89%。配送和库存费用占到了总体物流费用的绝大部分，所以我们应该着重研究冷链物流配送中的配送和库存费用成本优化。

表4-10　2017年9月A公司各费用占物流费用的金额及比例

项目	金额（万元）	占总费用的百分比（%）
库存费用	13.992 7	38.26
配送费用	17.865 7	48.85
管理费用	4.712	12.89
总费用	36.572	100.00

三、北京乳业冷链物流成本优化主要面临的问题

（一）北京乳业冷链物流运输路线规划不合理

目前，我国乳业冷链物流多由第三方物流公司进行承包，这是因为企业如若将资源分配给物流系统，公司自身经营的资源必然会受到影响，产生"鱼和熊掌不可兼得"的情况；企业要将注意力关注于物流系统的经营，就会占用企业产品经营的资金、人力和信息等经营资源，从而导致企业经营效果下降、利润降低。

但是因为北京市冷链物流行业存在缺少供应链上下游间整体规划和整合、北京乳业冷链物流冷藏运输链条不完善、缺少冷链物流高素质人才等问题，导致物流公司质量参差不齐，业务水平也高低不等，就导致了其中一些物流公司在执行物流任务时对于配送路线的规划没有达到最佳效用，从而产生非必要的额外费用的情况，使得物流公司成本上升，利润下降。这在竞争激烈的冷链物流市场中是风险度极大的。

（二）北京乳业冷链物流库存费用居高不下

在乳业冷链物流的总成本中，虽然配送成本是重中之重，但乳制品的冷藏库存成本也是不可忽视的一大部分。现今的乳业冷链物流加工企业的库存管理成本都居高不下，原因是本身乳制品的冷藏库存技术成本就比普通的库存管理高，同时由于低温乳制品的保存时间较短，使得一旦订货数量过多就会导致产品超过保质期而导致企业资金受损，增加乳企冷链物流成本，而订货较少则会增加订货次数以及相应的冷链物流配送成本，给企业造成巨大的

经济负担。

因此，如何能实行有效的库存，找到一个乳制品订货的平衡点，既能满足消费者的需求量，又不会订量过多使得乳制品过期，成为乳业冷链物流库存管理需要重点关注的内容。

（三）缺少供应链上下游间整体规划和整合

纽约、东京等发达国家的城市在整个冷链过程充分利用冷藏车或冷藏集装箱，并通过先进的信息技术、EDI、GPS系统，采用铁路、公路、水运等多式联运，包括加工、储存、运输和销售，冷藏运输率及运输质量新鲜的项目都处于良好状态。与其他国家相比，北京尚未形成完整的食品冷链系统，大多数冷链只能满足冷藏冷冻箱的某几个环节，在整个冷链中只是非常小的一部分。

北京大多数对冷链有需求的公司都基于其在原始物流上运作的经验，一般选择在厂商的食品冷链系统上进行冷链物流的开展，这样虽然能够满足短期的业务需求，但是从长期来看，并未形成一个完整的冷链供应链网络。此种方法缺乏整体规划和下游节点，这不仅没有使社会充分利用冷链物流资源整合的优点，而且还容易造成冷链下游运用大量低技术但高成本的运输方式，例如多数人仍然使用冰加棉被的方式冷藏和运输农产品，提高了整体冷链物流的成本。此外，由于大多数中小型超市缺乏冷链渠道，以及大型农产品牛鲜市场周围缺乏冷链配送中心，所以我们的新鲜农产品市场的交易，就在一定程度上缺乏冷链运输的参与，这也是导致北京市冷链大断链的一个重要原因。

在另一方面，由于冷链系统不从起始点到的消耗流量存储效率和有效性的点形成不能在下游进行控制和集成在连锁超市操作，上游始终处于动作不平滑，不稳定的，它会在新的管理流程，更多地考虑到新鲜冷冻处理和业务流程本身，以及新鲜和冷冻货物采购与供应链上游的影响，冷藏物流环境而忽视了认真思考。

四、北京乳业冷链物流成本优化研究

（一）冷链物流配送成本优化

1.配送成本优化模型的建立

物流企业可以从合理的规划配送运输路线中获益匪浅，想要达到这一目的的方法数不胜数，但总体来说都要求合理分配运力，追求最短的路程、时间，以及最高的准点率，从而使得整体的配送作业成本最低，收益最高。在一般现实生活中比较常见的例子便是，配送车辆从A仓库装货出发，经过B、C节点运货，最后返回A仓库，完成这一配送作业过程。其最终目标是寻找一条可以经过所有节点并且使得运输总时间或者总路径最短或者接近最短。

首先我们假设一种情况，假定存在多个物流配送节点以及相对应的一个运输中心，多个物流配送节点由这个运输中心负责配送所需要的货物，现在将运输中心记为点V_0，其他物流配送节点记为V_i，$i=0，1，2\cdots，n$，而且在假设中运输中心以及其他所有物流配送节点的位置为已知，可以并接受规划路径，限定配送车每次运输量必须大于所运输路线节点的货物需求量，同时每个物流配送节点的货物默认可以在满足货物载量的前提下进行混合运输，而且在运输配送网络中的配送车载重量一定，负载不可以超出载重量的货物。每辆配送车都是从一个配送物流中心出发进行配送服务，配送完返回同一个物流中心。

参数定义及问题模型如下所示。

V_i：配送节点，简称节点，其中节点V_0为运输中心，$i=0，1，2\cdots，n$。

W_k：配送车辆k的容量，$k=1，2\cdots，n$。

R_j：节点或中转站的需求，$j=1，2\cdots，n$。

C_{ij}：客户或中转站到客户或中转站的距离。

则数学模型建立如下公式所示：

$$\min Z = \sum_{k=1}^{m} \sum_{i=0}^{m} \sum_{j=0}^{n} C_{ij} X_{ij}^{k}$$

求路线距离总和的最小值

$$\sum_{i=1}^{n} R_i Y_{ik} \leqslant \sum_{k}^{m} W_k$$

所以可得

货车的总容量大于货车经过每条路线的载货量

$$\sum_{i=0}^{n} X_{ij}^k = Y_{jk}$$

$$j = 1,\ 2\cdots,\ n;\ k = 1,\ 2\cdots,\ n$$

节点 i 或节点 j 由车辆 k 配送，则车辆 k 必从某节点 i 到节点 j

$$\sum_{j=0}^{n} X_{ij}^k = Y_{ik}$$

$$j = 1,\ 2\cdots,\ n;\ k = 1,\ 2\cdots,\ n$$

节点 i 由车辆 k 配送，则车辆 k 送完货物后必到达节点 j

$$Y_{ik} = \begin{cases} 1 \\ 0 \end{cases} \cdot i = 1,\ 2\cdots,\ n;\ k = 1,\ 2\cdots,\ m$$

节点 i 由车辆 k 配送时 Y_{ik} 值为 1，否则为 0

$$X_{ij}^k = \begin{cases} 1 \\ 0 \end{cases} \cdot i \neq j;\ i,\ j = 1,\ 2\cdots,\ n$$

第 k 辆车从节点 i 到节点 j 时 X_{ik} 值为 1，否则为 0

上述数学模型是在实际问题条件约束下建立的。问题的目标就是距离总和最小，在上述公式条件的约束下，本书应用改进节约算法进行求解。

2. 节约里程法（节约算法）

节约算法是克拉克（Clarke）以及怀特（Wright）于 1964 年提出来的，用以解决车辆数不固定的车辆路径问题。节约算法方便简单便于企业采用。

其最基本的原理便是简单的数学逻辑："三角形一边之长必定小于其他两边之和。"

所以我们就可以根据节约里程法的这一特点来对配送路径进行优化，首先确定配送路线的主要出发点，然后再根据配送方的运输业务能力以及和节点（消费者）的距离，加以考虑各个节点（消费者）之间的距离来指定使得配送车总体配送路径最短或接近最短的方案。

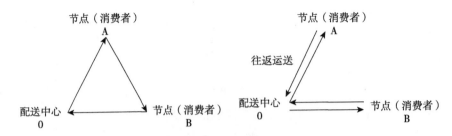

图 4-8　节约里程法示意图

运用到数学模型中，节约里程法的基本原理是：设一个配送中心标记为"0"，负责给各个节点进行配送运输，将各个节点与配送中心相连，形成只含一个节点的线路，而时间的限制则用路程的长短来间接控制。从而使得配送运输总路程可以计算为

$$Z = \sum_{i=1}^{n} C_{0i} + \sum_{i=1}^{n} C_{i0}$$

如果配送点 i 之间连接，与配送中心 0 合成一条线路，则路线的节约值就是

$$S（i, j）= C_{0i} + C_{i0} + C_{oj} + C_{jo} -（C_{0i} + C_{ij} + C_{OJ}）$$
$$= C_{io} + C_{oj} - C_{ij}$$

所以可得

$$S（i, j）= C_{io} + C_{oj} - C_{ij}$$

根据上式，可以得知 $S(i, j)$ 为最终节省的路径大小，那么 $S(i, j)$ 值越大，则节省的路径越多，最终优化的费用也就越多，所以在实际的路径优化中需要根据 $S(i, j)$ 的值进行降序排列以得出最优或者近最优解。

实际计算步骤如下：

输入：配送节点集合 $N_r = \{1, 2 \cdots, n\}$，各个节点需求的货品运输量 R_i，各个节点之间的最短距离 C_{ij}；

配送车辆集合 $N_t = \{1, 2 \cdots, n\}$，各个配送车的最大载重量 W_j，最大运输距离 L_j。

输出：各个配送车辆的运输点集合 $I_1, I_2 \cdots, I_n$。

第一步，N_i将按照W_i的大小，从大到小进行排序，从而使得所有W满足规则：$W_1 \geqslant W_2 \geqslant \cdots \geqslant W_m$，若$m < n$，则额外再设存在$n-m$辆配送车，以满足上述设定需求。

第二步，对所有节点的$S(i, j)$采取下列公式进行公式计算。

$$S(i, j) = C_{io} + C_{oj} - C_{ij}, \quad (i, j) = 1, 2 \cdots, n$$

因为计算结果有正有负，负数计算结果为无效，自动归为0表示，接着将所有非0正数运算结果按大小顺序进行排序。

第三步，求初始可行解，合并配送路径。直到节约里程$S(i, j)$的队列为空为止。

3. 利用节约里程法优化物流运输费用

利用节约里程法对A公司的配送运输费用进行计算，并得出优化结果。

第一步，计算最短或接近最短距离。

根据上述A公司目前情况，可以得知$n = 14$，

$W_1 = 4(t)$，$W_2 = \cdots = W_8 = 6(t)$，$L_1 = \cdots = L_8 = 60$（公里）虚设一辆车，使得$W_9 = 4(t)$，$L_7 = L_8 = 60$（公里）。如表4-11所示，可以根据各个节点之间的路径距离求配送节点两点间的最短距离C_{ij}，由于距离相对，所以可得$C_{ij} = C_{ji}$。

表4-11　各节点间路径表

最短距离	P0	P1	P2	P3	P4	P5	P6	P7	P8	P9	P10	P11	P12	P13	P14
P0	0	4.6	7.5	3.2	6.1	5.2	3.2	3.2	7.9	10.3	9	9.6	10.8	5.6	8.2
P1		0	3.5	3.2	2.6	4.9	6	7.7	12	13.2	11.1	10.7	10	8.1	5.7
P2			0	4.9	2.5	5	7.6	10.6	15.7	16.7	14.5	14	12.7	9.1	3.4
P3				0	3.3	2.3	2.8	5.6	10.9	13.3	11.6	11.8	12.1	7.3	6.6
P4					0	3.7	6	8.9	13.8	15.4	13.4	13.1	12.3	8.2	4
P5						0	3.1	7	12.9	15.5	14	14.2	14.4	9.6	7.7
P6							0	4.1	9.9	13.2	12.1	12.6	13.8	8.8	9.4

最短距离	P0	P1	P2	P3	P4	P5	P6	P7	P8	P9	P10	P11	P12	P13	P14
P7								0	6.1	9.7	9.2	10.3	12.5	7.5	11.3
P8									0	4.6	5.7	7.7	11.4	8.1	14.9
P9										0	2.8	4.6	8.9	7.9	15.4
P10											0	2.1	6.2	5.5	13
P11												0	4.1	4.9	11.9
P12													0	5.1	9.9
P13														0	7.4
P14															0

第二步，根据公式 $S(i, j) = C_{io} + C_{oj} - C_{ij}$，求节约里程计算各点对间连接的距离节约值，得到表4-12所示结果。

因为计算结果有正有负，但因为负数结果为无效优化结果所以记为0。

表 4-12　未排序各点节约距离表

P0	P1	P2	P3	P4	P5	P6	P7	P8	P9	P10	P11	P12	P13	P14
P1	0	8.6	4.6	8.1	4.9	1.8	0.1	0.5	1.7	2.5	3.5	5.4	2.1	7.1
P2	0	0	5.8	11.1	7.7	3.1	0.1	−0.3	1.1	2	3.1	5.6	4	12.3
P3	0	0	0	6	6.1	3.6	0.8	0.2	0.2	0.6	1	1.9	1.5	4.8
P4	0	0	0	0	7.6	3.3	0.4	0.2	1	1.7	2.6	4.6	3.5	10.3
P5	0	0	0	0	0	5.3	1.4	0.2	0	0.2	0.6	1.6	1.2	5.7
P6	0	0	0	0	0	0	2.3	1.2	5	7.2	6	6.6	7.6	4.4
P7	0	0	0	0	0	0	0	5	3.8	3	2.5	1.5	1.3	0.1
P8	0	0	0	0	0	0	0	0	13.6	11.2	9.8	7.3	5.4	1.2
P9	0	0	0	0	0	0	0	0	0	16.5	15.3	12.2	8	3.1
P10	0	0	0	0	0	0	0	0	0	0	16.5	13.6	9.1	4.2
P11	0	0	0	0	0	0	0	0	0	0	0	16.3	10.3	5.9
P12	0	0	0	0	0	0	0	0	0	0	0	0	11.3	9.1
P13	0	0	0	0	0	0	0	0	0	0	0	0	0	6.4
P14	0	0	0	0	0	0	0	0	0	0	0	0	0	0

将表4-12进行排序可得表4-13所示结果。

表4-13　排序后各点节约距离表

排序	1	2	3	4	5	6	7	8	9	10
连接点	P9-P10	P10-P11	P11-P12	P9-P11	P8-P9	P10-P12	P2-P14	P9-P12	P12-P13	P8-P10
节约路程	16.5	16.5	16.3	15.3	13.6	13.6	12.3	12.2	11.3	11.2
排序	11	12	13	14	15	16	17	18	19	20
连接点	P2-P4	P4-P14	P11-P13	P8-P11	P10-P13	P7-P14	P1-P2	P1-P4	P9-P13	P2-P5
节约路程	11.1	10.3	10.3	9.8	9.1	9.1	8.6	8.1	8	7.7
排序	21	22	23	24	25	26	27	28	29	30
连接点	P4-P5	P6-P13	P8-P12	P6-P10	P1-P14	P6-P12	P13-P14	P3-P5	P3-P4	P6-P11
节约路程	7.6	7.6	7.3	7.2	7.1	6.6	6.4	6.1	6	6
排序	31	32	33	34	35	36	37	38	39	40
连接点	P11-P14	P2-P3	P5-P14	P2-P12	P1-P12	P8-P13	P5-P6	P6-P9	P7-P8	P1-P5
节约路程	5.9	5.8	5.7	5.6	5.4	5.4	5.3	5	5	4.9
排序	41	42	43	44	45	46	47	48	49	50
连接点	P3-P14	P1-P3	P4-P12	P6-P14	P10-P14	P2-P13	P7-P9	P3-P6	P4-P13	P1-P11
节约路程	4.8	4.6	4.6	4.4	4.2	4	3.8	3.6	3.5	3.5
排序	51	52	53	54	55	56	57	58	59	60
连接点	P4-P6	P2-P6	P2-P11	P9-P14	P7-P10	P4-P11	P1-P10	P7-P11	P6-P7	P1-P13
节约路程	3.3	3.1	3.1	3.1	3	2.6	2.5	2.5	2.3	2.1
排序	61	62	63	64	65	66	67	68	69	70
连接点	P2-P10	P3-P12	P1-P6	P1-P9	P4-P10	P5-P12	P3-P13	P7-P12	P5-P7	P7-P13
节约路程	2	1.9	1.8	1.7	1.7	1.6	1.5	1.5	1.4	1.3
排序	71	72	73	74	75	76	77	78	79	80
连接点	P6-P8	P8-P14	P5-P13	P2-P9	P3-P11	P4-P9	P3-P7	P5-P11	P3-P10	P1-P8
节约路程	1.2	1.2	1.2	1.1	1	1	0.8	0.6	0.6	0.5
排序	81	82	83	84	85	86	87			
连接点	P4-P7	P3-P8	P3-P9	P4-P8	P5-P8	P5-P10	P1-P7	P2-P7	P7-P14	
节约路程	0.4	0.2	0.2	0.2	0.2	0.2	0.1	0.1	0.1	

第三步，求初始解，根据表4-13得出的结果进行计算。

令 $I_i = \{i\}$，$i=1, 2\cdots, n$；最短路程 $L_i = 2C_{oi}$；最大载重 $r_i = R_i$，最终优化

路径D_x，$x=1$，$2\cdots$，n，并且每个节点最多连接2个节点，设每个节点连接的节点为$B_1=B_2=B\cdots=B_n=0$，且小于2。

第四步，按节约里程的多少从多到少进行合并排序计算。

（1）对于P9-P10=16.5，即节约路程$S_{9,10}=16.5$

$9 \in I_9$，$10 \in I_{10}$，所以因为上述公式$S(i,j)=C_{io}+C_{oj}-C_{ij}$，可得总路程。

$S_{(9,10)}=I_9+I_{10}-S_{9,10}=10.3\times2+9\times2-16.5=22.1\leqslant60$，又由表4-13可知节点3和节点10的需求量为：$r_9+r_{10}=1.8+2.8=4.6<6$，小于6t，符合运送车载重量标准，此时，使9，10两点合并路线，可得$D_1=I_9\cup I_{10}=\{9,10\}$，$D_1=22.1$（公里），所以$D_1=22.1$，$R_1=4.6$。

（2）对于P10-P11=16.5.即$S_{10,11}=16.5$

$10 \in I_{10}$，$11 \in I_{11}$，因为I_{10}已经属于路线D_1，所以因为上述公式$S(i,j)=C_{io}+C_{oj}-C_{ij}$，可得$S_{(10,11)}=D_{10}+I_{11}-S_{10,11}=22.1+3.2-16.5=8.8<60$，又由表4-13可知路线$D_1$和节点11的需求量为：$R_1+r_{11}=4.6+2.8=7.4>6$，所以不成立，无法合并路线。

（3）对于P11-P12=16.3，即$S_{11,12}=16.3$

$11 \in I_{11}$，$12 \in I_{12}$，上述公式$S(i,j)=C_{io}+C_{oj}-C_{ij}$。

可得$S_{(11,12)}=I_{11}+I_{12}-S_{11,12}=19.2+21.6-16.3=24.5<60$，又由表4-13可知节点11和节点12的需求量为：$r_{11}+r_{12}=1.6+3.1=4.7<6$，符合运送车载重量标准，此时，使11，12两点合并路线，可得$D_2=I_{11}\cup I_{12}=\{11,12\}$，$D_2=24.5$（km），所以$D_2=24.6$，$R_2=4.7$。

（4）对于P9-P11=15.3，即$S_{9,11}=15.3$

$9 \in D_1$，$11 \in D_2$，因为I_9已经属于路线D_1，I_{11}已经属于路线D_2，所以因为上述公式$S(i,j)=C_{io}+C_{oj}-C_{ij}$，可得$S_{(9,11)}=D_1+D_2-S_{9,11}=20.6+19.2-15.3=24.5<60$，又由表4-13可知路线$D_1$和路线$D_2$的需求量为：$R_1+R_2=4.6+4.7=9.3>6$，所以不成立，无法合并路线。

（5）对于P8-P9=13.6，即$S_{8,9}=13.6$

$8 \in I_8$，$9 \in D_1$，因为I_9已经属于路线D_1，所以因为上述公式$S(i,j)=C_{io}+C_{oj}-C_{ij}$，可得$S_{(8,9)}=D_1+I_8-S_{8,9}=22.1+15.8-13.6=24.3<60$，又由表4-13可知路线$D_1$和节点8的需求量为：$R_1+r_8=4.6+2.1=6.7<6$，所以不成立，无法合并路线。

（6）对于P10-P12=12.3，即$S_{10,11}=12.3$

$10 \in D_1$，$12 \in D_2$，因为I_{10}已经属于路线D_1，I_{12}已经属于路线D_2，所以因为上述公式$S(i,j)=C_{io}+C_{oj}-C_{ij}$，可得$S_{(10,12)}=D_1+D_2-S_{9.11}=20.6+19.2-15.3=24.5<60$又由表4-13可知路线$D_1$和路线$D_2$的需求量为：$R_1+R_2=4.6+4.7=9.3>6$，所以不成立，无法合并路线。

（7）对于P2-P14=12.3，即$S_{2,14}=12.3$

$2 \in I_2$，$14 \in I_{14}$，可得$S_{(2,14)}=I_2+I_{14}-S_{2,14}=15+16.4-12.3=19.1<60$，又由表4-13可知节点2和节点14的需求量为：$r_2+r_{14}=2.3+1.8=4.1<6$，符合运送车载重量标准，此时，使2，14两点合并路线，可得$D_3=I_2 \cup I_{14}=\{2.14\}$，$D_3=19.1$（公里），所以$D_3=19.1$，$R_3=4.1$。

（8）对于P9-P12=12.2，即$S_{9,12}=12.2$

$9 \in I_9$，$12 \in I_{12}$，因为I_{12}已经属于路线D_2，I_9已经属于路线D_1。

所以因为上述公式$S(i,j)=C_{io}+C_{oj}-C_{ij}$

可得$S_{(9,12)}=D_2+D_1-S_{9,12}=22.1+24.6-12.2=34.5<60$，又由表4-13可知路线$D_2$和路线$D_1$的需求量为：$R_2+R_1=4.7+4.6=9.3>6$，所以不成立，无法合并路线。

（9）对于P12-P13=11.3，即$S_{12,13}=11.3$

$12 \in I_{12}$，$13 \in I_{13}$，因为I_{12}已经属于路线D_2，有上述公式$S(i,j)=C_{io}+C_{oj}-C_{ij}$。

可得$S_{(12,13)}=D_2+I_{13}-S_{12,13}=24.6+5.6-11.3=18.9<60$，又由表4-13可知路线$D_2$和节点$I_{13}$的需求量为：$R_2+r_{13}=4.7+3.1=7.8>6$，所以不成立，无法合并路线。

同理可得$D_1=I_9 \cup I_{10}=\{9,10\}$，$D_1=22.1$（公里），所以$D_1=22.1$，$R_1=4.6$。

$D_2 = I_{11} \cup I_{12} = \{11, 12\}$，$D_2 = 24.6$（公里），所以 $D_2 = 24.6$，$R_2 = 4.7$。

$D_3 = I_5 \cup I_2 \cup I_{14} = \{5, 2, 14\}$，$D_3 = 24.3$（公里），所以 $D_3 = 24.3$，$R_3 = 6$。

$D_4 = I_3 \cup I_1 \cup I_4 = \{3, 1, 4\}$，$D_4 = 16.5$（公里），所以 $D_4 = 16.5$，$R_4 = 5.7$。

$D_5 = I_6 \cup I_{13} = \{6, 13\}$，$D_5 = 11$（公里），所以 $D_5 = 11$，$R_5 = 4.2$。

$D_6 = I_7 \cup I_8 = \{7, 8\}$，$D_6 = 17.2$（公里），所以 $D_2 = 17.2$，$R_6 = 4.2$。

综上所述，最后优化路程共用冷藏车6辆，均为6吨冷藏运输车，总配送运输距离为148.6公里。原先总配送运输距离为170.8公里，优化里程为13%。

（二）冷链物流库存成本的优化

1. 库存成本优化模型的建立

库存是整个冷链物流中重要的一环，只有满足了库存的基本需求，才能使整个冷链物流系统能够稳定运行。库存的存在本身也是为了企业能够及时满足商家不同的订货需求，包括了货物数量和配送时间上的差别。所以本书用基于定量订货法来进行优化。

低温乳制品这种商品具有自己的独特属性，因为商品本身的生命周期较短，而且具有季节性消费波动。虽然企业可以通过历年的销售记录来判断当前预计的消费者消费数量，但终究存在波动性，例如在夏天低温酸奶的销售数量就相对较高，而在冬季就相对较低。所以本书通过平稳库存量，在一定程度上控制企业库存的最低存货量以及计算订货点来达到优化成本的目的。

（1）模型假设

①假设企业可以在任何时间地点对企业库存的产品数量快速进行清点及盘货。

②假设企业对客户的供应货物可以在一定时间期限里滞后，时间的值是一个常数。同时企业当时因为缺货的货物在之后一定可以补足。

③假设客户对于货物的需求在一定的时间期限里服从正态分布。

④假设企业每次订货的费用都为固定值S不变，而且每单位的货物库存

费用也固定不变，即一单位为C的货物的单位时间库存费用为r，记作C_r。

（2）概念界定

①现存库存量：是指企业仓库中所余下能够立刻满足客户需求的库存量，即现存库存量。

②滞后交货货物：是指由于企业库存不足而无法按时交货，经协商在事后补齐的货物。

现存库存量与滞后交货的货物量之差为仓库的净库存量，如果此差大于或等于0，则说明此时仓库的现存库存量大于或等于0，如果此差小于0，则说明此时仓库处于缺货状态，而负值则代表了缺货量。

通过进行上文的计算我们可以通过净库存量以及企业每次平均订货量对库存水平进行计算，具体公式为库存水平＝净库存量＋企业每次平均订货量，此时的库存水平指的是企业为满足客户需求而应保持的库存量，其中包括库存现有货物以及企业已订购但未到库的货物量总和。

设平稳库存量为s，平稳库存量指的是企业补充的订货量到达仓库前一刻的期望净库存量。用s_q表示订货前一刻的库存水平，则$S = E(s_q - X) = s - \mu$。

为了避免需求波动性带来的缺货问题，令$s = s - \mu = kp$，其中k代表平稳库存量的平稳因子。所以计算出企业库存订货点为$s = kp + \mu$。

因为需要针对不同的具体问题，所以平稳因子的取值方法并不一样，本书为了能够减少库存缺货概率从而优化冷链物流库存成本，平稳因子的选取基于每个订货周期中缺货的概率，此处设为a，所以每次企业库存满足不缺货的概率为$1 - a$。

可得：$P(X \leq s) = 1 - a$

由于$P(X \leq s) = k$，从而取得平稳因子k，使得$k = 1 - a$，所以订货点的库存量为$s = kp + \mu$。

通过上面的分析，基于安全库存量的库存模型的应用步骤如下：

第一步，设每次最优订货量为Q，通过确定性的库存模型EOQ

$Q=\sqrt{2DS/C_r}$ 计算得出；

第二步，根据给定的服务水平 $P(X\leqslant s)=1-a$，通过计算得出平稳因子值；

第三步，根据订货点的库存量 $s=kp+\mu$，得出最低货物存量 s。

2. 库存成本优化

库存是整个冷链物流中重要的一环，只有满足了库存的基本需求，才能使整个冷链物流系统能够稳定运行。库存的存在本身也是为了企业能够及时满足商家不同的订货需求，包括了货物数量和配送时间上的差别。如果库存过高，不仅会占用企业大量的资金流和商业用地，而且因大量货物而导致的管理问题也会无端消耗企业的人力和财力，从而增加企业的整体冷链物流成本。

因为企业对于各种低温乳制品的订单数量是依据往年的历史数据进行平均计算来预测的，所以不平衡的订货数量会使企业的库存数量处于一个不平衡的状态，存在数量过高或过低的情况。所以本书基于确定性的库存模型 EOQ 来提出一个能帮助企业减少库存成本的最低存货量。

首先，根据数据可得知，在2016年到2017年，该公司所负责配送的超市每天订货平均为22吨商品，包括了酸奶、牛奶以及其他需要低温配送的乳制品。

所以我们得知了超市平均每天需要的订货吨数，那我们也可以计算出超市每年所需要的订货吨数。

超市每年需要的订货吨数D=超市每天需要的订货吨数×365

$$=22\times365=8\ 030（吨）$$

由第三章中存储成本计算时确定的存储成本系数是0.1，即10%。库存内商品的总价值是对A企业2017年10月的库存进行统计后得到的平均值，约为88 630.9元。

存储费 C_r=存储成本系数×库存商品价值总和

$$=0.1\times88\ 630.9=8\ 863.09（元）$$

订货费用（S）包括订货时的人员费用、办公耗材费用和车辆燃料费用等，这个值平均为350元。

根据确定性的库存模型EOQ，可以求出平均每次最优订货量Q。

$$Q = \sqrt{2DS/C_r} = \sqrt{\frac{2 \times 8030 \times 350}{8863.09}} = 25.18（吨）$$

由此可得：

超市每年平均订货次数＝超市每年需要的订货吨数/超市平均每次最优订货量＝$\dfrac{D}{Q}$

=8030/25.18=318.9=319（次）

根据服务水平的要求$P(X \leq s) = 1 - a = 1 - 0.05 = 0.95$

由题设条件知道，X服从以均值25.18吨，p=5的正态分布，从而有

$$P(X \leq s) = 1 - a = s - \frac{\mu}{p} = 1 - 0.05 = 0.95$$

根据正态分布，$P(X \leq s) = 1 - a = s - \dfrac{\mu}{p} = 1 - 0.05 = 0.95$

因为$\Phi\left(s - \dfrac{\mu}{p}\right) = 0.95$，所以查询正态分布表得知$s - \dfrac{\mu}{p} = 1.645$，所以$s=1.645+25.18/5=6.681$（吨）

五、北京乳业冷链物流成本优化对策

（一）运用节约里程法优化北京乳企冷链物流配送路径

经过节约算法的计算优化后节省了22.7公里，优化路程比例接近13%，而且在此基础之上优化后配送14个节点只需要6辆冷藏车，比原先节省了4辆冷藏车的车辆配送及损耗费用，而且也能减少这4辆冷藏车的人员工资支出等各项费用。

按照当时A公司冷藏车平均每公里油耗2.1元，那么一天节省22.7公里的运输距离便可以折算成节省冷链物流运输成本47.67元，每月平均节省681公里折算为1 430.1元，每年平均节省8 172公里折算为17 161.2元。同时另外的4辆冷藏车因为路线优化腾出了工作任务空档，A公司可以向其他

物流公司进行冷藏车租赁业务，将空余的4辆冷藏车租赁出去，既减少了冷藏车的日常维护费用，又为公司增加了额外的租赁收入。

（二）运用确定性的库存模型优化北京乳企冷链物流库存成本

经过刚才的计算我们可以确定库存最低货物存量为s=6.681吨，也就是说如果要尽量避免缺货情况的发生，库存的最低储货量只要低于6.681吨时企业就应该进行订货，可以理解6.681吨为一个订货节点。那么因为每次平均订货量为25.18吨，所以平稳库存量应为每次平均订货量与最低货物存量之差，为25.18−6.681=18.499吨。因为存在安全库存系数0.95以及平稳库存量18.499吨，所以在满足平稳库存量的情况下，公司每次订货都有95%的概率不会出现缺货的情况。

A公司每年平均订货次数为319次，那么根据95%的概率计算，319×0.95=303（次），即在一年319次订货时，其中有约303次库存不会出现缺货的情况。

（三）协同政府监管与支持共同进步

北京现有的冷链物流流量资源与北京奶企对冷链物流资源的需要略有脱节[16]。冷链物流基础设施的缺乏极大地拖累了北京整体冷链物流的发展。没有基础就没有发展，如果北京连最基础的冷库、冷藏车数量都不能满足，加速发展冷链物流技术和冷链物流快速发展也就无从谈起。乳制品冷链物流是一个一次性投入成本高、资金链容易断裂、收益显效缓慢的行业，同时也是一个市场急需、发展空间大、监管不完善的行业，这些特点决定了冷链物流必须依托政府的监管与支持。政府需出台相关优惠政策，支撑减轻北京乳制品冷链物流从业者的运营压力，助推北京乳制品冷链物流走上更加规范的可持续发展之路。同时，企业也可协同政府对北京乳制品冷链物流体系进行监管，在保证乳制品全程冷链运送、安全的前提下，企业与政府协商，保证企业获得最大利润，政府也可从中获得更多的税收用于公共服务。

第五章

北京市奶业链利益分配机制优化研究

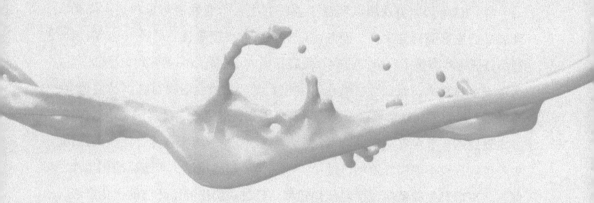

近年来，北京市奶业发展进入转型优化升级阶段，但奶业链利润分配问题成为制约行业发展的桎梏。本章基于合作博弈框架，分析北京市奶业链各环节成本收益构成和利润分配，并运用Shapley值法按照各成员贡献程度对利润分配机制进行优化。最后，给出改善北京市乳制品奶业链利益分配优化方案及行业发展建议。

自1984年国家首次将乳制品工业作为主要行业发展对象和重点以来，乳制品的发展受到党中央、国务院以及国民的高度重视。历经30多年，乳制品行业逐步实现了三个产业融合发展，国内不少乳制品品牌走向国际，并为实现乡村振兴、农民致富做出了突出贡献。为适应居民对乳制品的消费需求，同时协调北京市养殖规模等限制性因素，北京市通过落实《调结构转方式发展高效节水农业意见》、畜牧业"菜篮子"系统工程等，逐步淘汰奶牛养殖散户及小规模养殖场，进一步加强奶源基地建设，实施标准化生产，促进北京市奶牛养殖向适度规模化转型。经过对奶牛养殖环节的优化升级，2019年北京市成乳牛平均单产量提高至7.58吨，比2011年增长了18.33%。但与此同时，新的政策形势也导致包括饲料费、粪污处理成本以及管理费用等在内的养殖成本显著增加。加上在生鲜乳收购环节，加工企业较种植户在长期订单式生产关系的建立中居于优势地位，从而制定了较低的收购价格。统计数据显示，2008—2019年，全国生鲜乳平均收购价格为3.42元/公斤，这一价格与市场上液态奶售价相比整体较低。双重压力下奶农的收益得不到保障，不利于奶业链的有效运作，更妨碍了乳制品行业的健康发展。2018年，国务院印发《关于推进奶业振兴保障乳品质量安全的意见》，强调要保障奶农权益，规范生鲜乳购销行为，同时完善奶业链联结机制。基于上述背景，本书通过分析北京奶业链各利益主体利益联结现状，基于合作方式与利益分配效率提出优化策略，保障种植户与养殖场利益，促进行业健康发展。

一、研究综述

亚当·斯密最早提出了产业链的思想，他将产业链定义为一种获取材料采购的原材料并通过企业进行生产和销售，最终传递给消费者的过程。20世纪60年代由弗里曼首次提出了利益相关者理论，他的主要观点是公司是由一些利益相关者投资组建而成，他们分担公司的经营风险，并共同享有公司利润。随后，20世纪80年代兴起了产业组织理论，对产业链的研究更加深入。关于产业链的研究，Palsule等（2013）利用非合作博弈理论模型，从成本与参与者人数的角度出发探究协调机制，并提高产业链效率。Ehsan等（2013）提出了在实践中改善供应链合同的不同方法，并针对供应商提供的合同条款提出了五种完善零售商决策的方法。Ray（2014）认为连锁企业之间的合作可以创造更大的价值，增强企业的竞争力。Wamukota等（2014）通过研究肯尼亚沿海渔民和商人的收入发现两者收入不平等，并对市场一体化程度提高提出建议。

利用Citespace软件量化分析了国内奶业链研究各个时间段的热点和变化趋势（图5-1）。有关奶业链的研究大致可分为以下几个阶段：2001—2006年，国内学者开始关注奶业链研究，此阶段的关注点在奶源与乳品企业等环节；2007—2009年，此阶段围绕乳制品质量安全对奶业链进行了剖析；2010—2014年，针对奶业链的研究呈现出多元化，具体表现为出现"价值链""绿色产业链"等新思路；2015—2019年，随着乳业全球化的进程推进，有关奶业链的研究也聚焦在"全球产业链"，出现了"风险管理""乳制品质量链"等新的关注点。聚焦奶业链利润分配方面，现有文献首先以不同环节的联结方式对奶业链的利润分配进行了优化；其次从乳制品市场价格的形成和影响机制角度分析奶业链的利润分配；而随着乳制品质量安全问题受到越来越多的关注，不少学者从质量安全问题出发，优化利润分配机制，以保证乳制品质量安全；Shapley值法是目前分析奶业链主要利益主体的利润分配测算的主要方法。以上文献具有重要的借鉴意义，但研究成果中鲜有涉及北京市奶业链利润分配的文献，并且大部分为理论研究，缺乏与具体产业相结合，从而实践应用价值不足。因此，本书从北京奶业发展现实出发，尝试为解决北京奶业链之中的利润分配问题提供科学方案与政策依据。

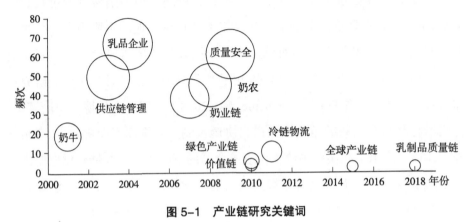

图 5-1　产业链研究关键词

二、北京奶业链发展现状

本书研究奶业链各环节，包括种植环节、养殖环节及加工环节三大环节，以"种植户+养殖场+乳企"的模式分析奶业链的利润分配，养殖场收购种植户的青贮玉米，并与乳品企业签订合同，向其提供原料奶。由于乳品加工企业目前开展直营、电商等销售模式，其营业利润核算已经涵盖加工与销售环节的整体利润，因此本书的利润分配重点研究种植、养植及加工三大环节。

北京市玉米播种面积与播种产量连年下降，各年数据如图5-2所示。2018年，北京市玉米产量为27.14万吨，仅占全国玉米总产量的0.11%。玉米种植品种主要为普通品种，作为专门饲料用途的青贮玉米发展缓慢。饲料短缺和饲料成本上升制约着奶业链种养环节的发展，对北京畜牧业影响很大，其中饲料不足是主要因素。

2008—2019年，北京市奶牛存栏量呈下降趋势（图5-3），2019年奶牛存栏量为5.68万头，较2008年减少66.4%；同时生鲜乳有较大幅度减产，2019年北京市牛奶产量26.41万吨，相比2008年减少60.21%；而据《北京都市型现代农业产业发展报告》，成乳牛单产水平呈现上升态势，生鲜乳质量水平居于全国领先地位。

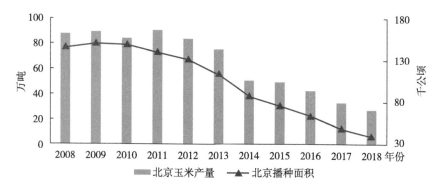

图 5-2　北京市玉米产量与播种面积

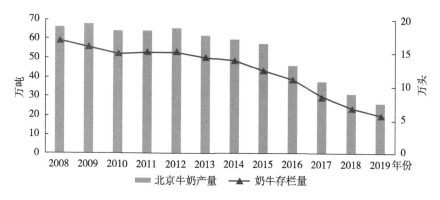

图 5-3　北京市牛奶产量与奶牛存栏量

从种植户种植环节来看，由于青贮玉米具有较高的饲用价值，种养环节以青贮玉米为研究对象。青贮玉米的种植户收益为青贮玉米售价与种植户的生产成本的差价；根据农业农村部资料，种植户种植青贮玉米时，单位价格浮动不大，按照每公斤青贮饲料0.3元计算，每公斤牛奶合0.75公斤青贮玉米，根据同花顺软件中玉米每亩人工费计算，2015—2017年平均成本为456.01元/亩，按照亩产5 000公斤计算，劳动成本约为0.09元/公斤，每公斤牛奶人工费折合0.07元，则种植户净收入0.16元/公斤。

由于北京市奶牛养殖为规模化养殖，现以北京市大规模养殖场为研究对象，选择《中国奶业年鉴》2015—2017年数据。首先，养殖场收益为原料奶售价与养殖场生产成本的差价。其中，养殖环节的生产成本有可变成本和固定成本。固定成本主要为大棚等设施建设费用以及奶牛费用，可变成本包括饲料、医疗防疫费、水电费、死亡损失费、用工费等。根据每头奶牛养殖成本与每头奶牛的主产品产量计算出每公斤原料奶的平均生产成本为2.89元，具体成本如表5-1所示。其次，养殖场的收益来源主要为生鲜乳的出售，根据每50公斤主产品平均出售价格计算每公斤原料奶平均收入，约为3.75元/公斤，净利润为0.86元/公斤。

表 5-1 北京大规模养殖场原料奶年平均生产成本

单位：元/公斤

项目 \ 年份	2015	2016	2017	平均
饲料	1.78	1.81	1.83	1.8
煤、电费	0.07	0.07	0.02	0.06
医疗防疫	0.04	0.06	0.01	0.04
死亡损失	0.03	0.04	0.00	0.02
人工	0.30	0.31	0.35	0.32
固定资产折旧	0.37	0.35	0.37	0.37
其他费用	0.20	0.27	0.36	0.28
总生产成本	2.79	2.92	2.95	2.89

数据来源：《中国奶业年鉴》

从乳制品加工企业来看，加工环节收益为液态奶销售收入与液态奶销售成本的差价。2017年北京乳品加工的乳品总产量为59.7万吨，其中液态奶产量为56.8万吨。北京市具有乳制品生产许可证的企业有27家，大型企业主要有三元、蒙牛、伊利、光明等企业，据行业报告显示，2018年以上4家企业占据51.8%的乳制品市场份额。选取三元、伊利、蒙牛、光明4家企业2015—2017年的年报数据，分析北京乳制品加工企业的经营现状。其中产量与销量为液态奶实际产销数据，单位销售成本与收入为不考虑期间费用的营业成本与营业收入除以实际销售量，成本费用净利率为净利润除以成本费用总额，成本费用包括营业成本、税金及附加、销售费用、财务费用、管理费用、所得税费用和资产减值损失。如表5-2所示。

表5-2　2015—2017年乳品企业经营现状分析表

年份	三元			光明		
	2015	2016	2017	2015	2016	2017
总销量（万吨）	43.1	44.6	46.3	124.5	129.9	143.9
销售成本（元/公斤）	5.1	5.2	5.6	6.4	5.7	5.3
销售收入（元/公斤）	7.5	7.4	7.8	11.5	11.0	9.6
毛利率（%）	31.4	30.3	29.1	43.9	48.5	45.0
净利率（%）	2.80	2.51	1.24	2.62	3.45	3.91
	伊利			蒙牛		
年份	2015	2016	2017	2015	2016	2017
总销量（万吨）	638.2	653.6	726.9	903.2	898.7	975.6
销售成本（元/公斤）	4.9	4.9	5.0	3.7	4.0	4.0
销售收入（元/公斤）	7.4	7.6	7.7	5.4	6.0	6.2
毛利率（%）	34.1	36.0	35.2	31.4	32.8	35.2
净利率（%）	8.23	10.04	9.54	5.14	-1.51	3.37

数据来源：企业年报

表5-2显示了2015—2017年4家企业的液态奶销量和盈利能力情况。较2015年，4家企业销量均有所提升，其中蒙牛销量增长最多，增加了72.4万吨。这表明随着国民经济增长，生活质量日益提升，乳制品行业的市场前景较为可观。不考虑期间费用，光明乳业的销售成本、销售收入与毛利率均为最高，3年的平均销售毛利率为45.8%，其余3家企业的平均销售毛利均超过30%，且销售收入与销售成本的差额均在2元/公斤左右，说明4家乳品企业通过销售获得利润的能力较强。而4家企业的平均成本收益净利率均低于10%，2016年蒙牛企业净利率甚至为负值，企业为获取报酬而付出了较大代价，单位成本费用获取的收益不高。企业虽然销售情况较好，但是在广告宣

传及管理等方面投入较大，拉低了成本费用利润率，由于三元属于地方性企业，毛利率与成本费用净利率相较其他企业偏低。整体而言，在加工环节，乳品企业的收入水平与养殖场0.86元/公斤的利润相比较高，但其由于广告投入较大而增加了成本，从而降低了收益，导致成本费用净利率较低。目前企业往往通过压低原料奶价格转移成本压力从而增加收益，这一行为既打击了奶农生产的积极性，又无法保障乳制品的质量安全。

整体来看，奶业链各环节成本收益及价值增值如表5-3所示。其中生产成本为各环节的总成本减去上环节的产品售价（总收益），乳企的总收益与总成本为4家企业2015—2017年收益与成本的平均值。

表 5-3　各主体成本收益分析

项目	种植户	养殖场	乳企
总收益（元/公斤）	0.23	3.75	7.91
总成本（元/公斤）	0.07	2.89	4.97
生产成本（元/公斤）	0.07	2.66	1.22
总利润（元/公斤）	0.16	0.86	2.94

数据来源：根据前文整理

从其生产成本看，养殖场为2.66元/公斤，是三个环节中的最高值，这反映出北京市目前奶业链奶牛养殖虽呈规模化发展，养殖成本仍然较高；加工企业的成本主要来源于原料奶的收购环节，且加工成本也相对较高，为1.22元/公斤，占加工环节总成本的25%。利润占比方面，北京种植户获得全部收益的4.04%，养殖场获得全部收益的21.72%，上游种养环节共获得全部利益的25.76%，下游加工销售环节获得全部利益的74.24%，与内蒙古相比，奶业链上游环节获利22.52%，下游环节获利77.48%。两者利润占比大致相同，均为加工企业获得高额利润率，且远高于种植户和养殖场的利润率。加工企业通过控制生鲜乳的收购价格实现成本转移，而种植户与养殖场承担的成本压力与经营风险无法在奶业链的流通中及时消化，原料奶只能被动销售给加工企业，承受双重成本压力，不利于奶业链的发展。

三、北京奶业链利益分配实证分析

（一）模型选取

关于产业链利润分配问题，不少学者已经进行了相关研究。近年来，运用契约来协调产业链的利益分配是学者们研究的热点，然而这种方法只能求出达到产业链利益分配协调的契约参数范围，企业难以实现。而一些学者运用博弈理论模型来分析利润分配问题，包括Shapley值法、公平熵法、收益共享模型、Stackelberg模型等。Shapley值由于其唯一性、计算方法的规范性、分配方式的合理性等原因被广泛应用。

Shapley值法是L. S.沙普利（L. S. Shapley）提出的用来处理多人合作联盟问题的一种数学方法，它被广泛应用于研究成本分摊与利润分配，根据联盟中成员的贡献程度分配收益，得出最优分配方案，使分配方式更具合理性与公平性。其定义变量如下：假设有n个局中人的集合i，I={1，2，3，…，n}，S表示n个局中人中可能形成的联盟，且S∪N，V（S）为该联盟的特征函数，表示企业联盟S通过联盟优势所得到的最大收益，U（V）示为一个分配方案。

Shapley值法存在三个公理：（1）对称公理，参与人因合作而分配到的利润与他被给予的记号i无关。即假设 λ 为N的一个排列，如果λi对应i，那么（λV）S=V（λS），这表示局中人处于平等关系；（2）有效公理，合作联盟中若成员的贡献为零那么他的报酬同样为零，且各成员的收益之和等于全体成员合作收益的总和；（3）加法公理，对于定义在N中的任意两个特征函数Y_1和Y_2，U（Y_1+Y_2）= U（Y_1）+U（Y_2），表示局中人同时进行两项合作时，总的分配为两项之和。满足以上公理的值即为Shapley值。

在合作N中，第i个成员获得分配的利润U_i公式如下：

$$U_i = \sum \omega(|S|)[V(S)-V(S-i)], \quad (i=1,2,3,\cdots,n) \tag{5.1}$$

$$\omega(|S|) = \frac{(n-|S|)!(|S|-1)!}{n!} \tag{5.2}$$

式（5.1）、式（5.2）中，S是集合i中存在局中人的所有子集，n表示S中成员个数，$\omega\left(|S|\right)$为加权因子，代表概率大小，$V(S)$表示参与者成员收益，$V(S-i)$表示参与者成员除去i后取得的收益，$n!$表示阶乘。

本书将Shapley模型应用于奶业链利润分配，奶业链各环节包括种植环节、养殖环节及加工环节三大环节，局中人有种植环节农户、养殖环节养殖场以及加工环节养殖企业。各成员主体合作模式如下：种植户与养殖企业签订青贮玉米购销合同进行合作，种植户根据签订的青贮玉米售价出售给养殖企业，养殖企业按照其质量及数量支付款项；养殖企业与乳品企业签订生鲜乳收购合同，规定生鲜乳的收购价格及质量，同时乳品企业向养殖户提供技术支持与资金支持，促进养殖场的资金流通，以形成合作关系，提高生鲜乳产量；而由于缺少中间企业，种植户与乳品企业无法形成直接的合作关系。

（二）数据来源

本书使用的数据来自《中国奶业年鉴》、国家统计局、农业农村部以及企业年度报告等。分析奶牛养殖场的成本收益时，养殖成本、平均出售价格（即生鲜乳销售价格）均来自《中国奶业年鉴》中北京市大规模养殖场2015年至2017年的数据。分析乳品企业的经营现状时，乳企营业成本与营业收入等数据来自企业年报。分析乳品企业的成本收益时，乳企的"平均售价"（即牛奶加工后的销售价格）来自企业年报。在Shapley模型运算中，种植户单独经营时，青贮玉米的收购价来自农业部资料。养殖场单独经营时，成本与收入来自《中国奶业年鉴》的统计数据。乳企单独经营时，成本与收入数据来自三元、光明、蒙牛、伊利四家企业年报。

（三）实证分析

数据显示目前北京市奶业链利润分配不合理，乳制品行业高效发展受阻。怎样使种植户、养殖场与企业协同发展，保证各自合理利润情况下实现奶业链总体利润最大化是研究的重点问题。根据前文分析测算，生产1公斤液态奶，种植户所需的成本为0.07元/公斤，养殖场所需的成本为2.87

元/公斤，乳企所需的成本为4.97元/公斤。加工1公斤液态奶，可以得到增值利润3.96元。在液态奶奶业链中，各主体得到的利润为：种植户0.16元/公斤，养殖场0.86元/公斤，乳企2.94元/公斤。

通过Shapley值法对奶业链进行研究，并对参数进行定义：P_1为种植户向养殖场提供的青贮玉米价格；P_2为养殖场向乳企提供的原料奶价格；P_3为乳企出售的液态奶价格；C_1为种植户的生产成本；C_2为养殖场的生产成本；C_3为乳企的生产成本；Q为液态奶的市场需求量；L为收益。

模式一：种植户与养殖企业合作，而乳品企业不参与二者的合作。由于养殖企业拥有规模优势，在合作中拥有话语权，因此养殖企业会尽可能通过压低青贮玉米的收购价格来降低生产成本，这时生鲜乳的需求量由乳品企业直接反馈；并且养殖场制定严格的标准以提高青贮玉米的质量，$\theta Q > Q$（$\theta=1.1$）。面对较低的价格，种植户为了降低存货风险，无法抗拒，只能被动签订合同并出售，因此合作模式下的总收益大于在流通市场下各自的收益和，公式如下：

$$L_{12} > L_1 + L_2$$

即，$L_{12} = \theta P_2 Q - 0.75\theta Q P_1 - \theta Q C_2 + 0.75 P_1 Q - 0.75 C_1 Q = \theta P_2 Q - \theta Q(0.75 C_1 + C_2)$

$> P_2 Q - Q(0.75 C_1 + C_2) = L_1 + L_2$

模式二：种植户与乳品企业合作，养殖场在奶业链中单独存在。理论上，因为缺失了养殖场这一中间环节，种植户与乳品企业无法直接合作，因此这种合作方式下的总收益与不合作时的收益相同。而养殖场在目前日益激烈的市场竞争中发挥着重要的作用。为了在流通市场中占据稳固地位，养殖场会为种植户提供更高的青贮玉米收购价P_1，种植户的收益增加。根据过往经验，收益会增加10%左右，这时"种植户+乳品企业"的合作收益会增加。计算公式如下：

$$L_{13} > L_1 + L_3$$

即，$L_{13} = P_3 Q - C_3 Q + 0.75 P_1' Q - 0.75 C_1 Q = Q(P_3 - C_3) + 0.75 Q(P_1' - C_1)$

$> Q(P_3 - C_3) + 0.75 Q(P_1 - C_1) = L_1 + L_3$

模式三：养殖场与乳品企业合作，而种植户不参与其中。这种合作方式使种植户不具有话语权，只能被动地接受价格。养殖场与乳品企业合作，乳品企业为规模化养殖场提供技术与资金支持，原料奶在质量与生产技术和生产效率上都会带来较大提高，从而带动青贮玉米需求的提高。$\partial Q > Q$（$\partial = 1.08$）。此时"养殖场+乳企"的合作模式，二者的总收益高于其在自由市场中收益之和。得出下列计算：

$$L_{23} > L_2 + L_3$$

即，$L_{23} = \partial[QP_3 - Q(P_2 + C_3) + Q(P_2 - C_2 - P_1)] = \partial[P_3Q - Q(C_2 + C_3 + P_1)] > P_3Q - Q(C_2 + C_3 + P_1) = L_2 + L_3$

模式四：种植户、养殖场与乳企共同合作。这种模式既保障了各环节产出品的质量，又提升了各环节效率，$\lambda Q > Q$（$\lambda = 1.18$）。在这种合作方式下奶业链整体收益有所提高，计算公式如下：

$$L_{123} > L_1 + L_2 + L_3$$

即，$L_{123} = \lambda[P_3Q - Q(P_2 + C_3) + Q(P_2 - C_2 - 0.75P_1) + 0.75P_1Q - 0.75C_1Q = \lambda[P_3Q - Q(C_3 + C_2 + 0.75C_1)] > P_3Q - Q(0.75C_1 + C_2 + C_3) = L_1 + L_2 + L_3$

可以看到，种植户、养殖场与乳品加工企业之间通过合作的模式，提高了奶业链的总收益和生产效率。根据上述公式将不同模式的收益代入Shapley模型中，计算三者的收益分配比例，如表5-4所示。

表5-4　不同合作模式下各环节收益

单位：元/公斤

模式	1	1+2	1+3	1+2+3	2	2+1	2+3	2+1+3	3	3+1	3+2	3+1+2
$V(S)$	0.16	1.12	3.26	4.67	0.86	1.12	4.10	4.67	2.94	3.19	5.8	6.03
$V(S-i)$	0	0.86	2.94	4.10	0	0.16	2.94	3.26	0	0.16	0.86	1.09
$V(S)-V(S-i)$	0.16	0.26	0.32	0.57	0.86	0.96	1.16	1.41	2.94	3.03	3.24	3.55
$|S|$	1	2	2	3	1	2	2	3	1	2	2	3
$\omega(|S|)$	0.33	0.17	0.17	0.33	0.33	0.17	0.17	0.33	0.33	0.17	0.17	0.33
$\omega(|S|)[V(S)-V(S-i)]$	0.05	0.04	0.05	0.19	0.28	0.16	0.20	0.47	0.97	0.53	0.55	1.17
收益合计	0.05+0.04+0.05+0.19=0.34				0.28+0.16+0.20+0.47=1.11				0.97+0.53+0.55+1.17=3.22			

注：其中1、2、3分别表示种植户、养殖场与乳企，"+"表示不同主体之间形成合作。

种植户的收益从合作前的0.16元/公斤提升到0.34元/公斤。与非合作时相比，种植户的利润增加了0.18元/公斤，增幅为112.5%。养殖场的收益从合作前的0.86元/公斤提升至1.11元/公斤。与非合作时相比，养殖场的利润增加了0.25元/公斤，增幅为29%。乳企的收益从合作前的3.03元/公斤提升至3.22元/公斤。与非合作时相比，乳企的利润增加了0.19元/公斤，增幅为6.3%。经过Shapley值计算优化后，种植户获得奶业链收益的7.27%，养殖场获得奶业链总收益的23.77%，乳企获得奶业链收益的68.96%。在这种分配方式下，充分考虑到种植户、养殖场与企业的贡献程度，使其获得更高利润，并有效降低各环节的成本，使得整体利润显著增多，促进奶业链的利益主体的协同合作。

四、对策建议

研究表明北京市奶业链利润分配不合理，通过Shapley模型进行成本收益分析，种植户的收益占总收益的7.27%，养殖场的收益占总收益的23.77%，乳品企业占总收益的68.96%，分配结果与合作前的利益占比相比，上游环节主体获得更大占比的收益，产业链各环节收益均有所提升。为进一步促进产业链各环节利润分配优化，提出以下对策建议。

（一）促进养殖场户建立奶农合作社，提升议价能力

进一步支持和鼓励奶农合作社的发展，成为连接种植户与乳品加工企业的重要环节，并监管原料奶生产的质量和安全性。养殖户在奶业链中处于弱势地位的主要原因是其缺乏组织合作意识。专业合作社的建立，不仅能够为养殖户树立合作共赢的理念，同时还能成为技术交流平台，为养殖户提供生产管理技术培训等服务，提升养殖水平。同时，必须不断培育养殖主体在市场竞争与合作中建立经济法律意识，充分利用法律手段保护自身的合法权益。

（二）加强加工企业奶源基地建设，提高品牌竞争力

乳制品加工企业在奶业链中有举足轻重的作用，因为其作为连接了要素市场和产品市场，同时连接了养殖主体和消费者的纽带，其经营管理的水准很大程度决定了乳制品行业的整体发展趋势。加工企业与种植户、养殖场的良性交流合作能够减少交易成本，促进乳制品行业的和谐发展。为了将外部成本内部化，从而控制奶源成本与质量管理风险，加工企业应当加强自有奶源基地建设，实现种植、养殖、加工一体化经营。将种植户、养殖场员工变为内部职工，或者给予相关人员一定的企业持股比例，以此来共同经营企业，既提高了养殖场的生产积极性、加强了原料奶质量管理，又保障了利润分配合理化程度，使种植户参与利润分配水平提升。

（三）政府利用宏观调控，加强各环节利益联结

北京市相关政府部门应制定和完善乳制品产业链各环节沟通合作的工作机制和政策支持体系。充分发挥政府的顶层设计管理能力和行业协会的协调能力，规范乳制品产业链内部竞争与合作，加强各环节利益联结，推动产业链组织一体化发展，完善奶业链利润分配制度。从目前奶牛养殖的现状出发，为种植户与养殖场提供资金和技术支持，完善种养殖保险制度，促进专业合作社建设。加强京津冀饲料供应链协同发展，保障北京市奶业的配套设施建设。

第六章

奶牛养殖业奶料比的国际比较

2018年农业农村部等多个部门联合发布《关于进一步促进奶业振兴的若干意见》，提出到2025年将国内奶类产量增加到4 500万吨。为达到这一目标，不仅靠增加奶牛数量，更要依赖提升奶牛养殖效率的路径去实现。奶料比作为衡量奶牛养殖效率的重要指标，能够反映出奶牛养殖的饲喂效率情况。提升奶牛养殖效率还要了解国外奶业发达国家的养殖情况，以获取有效的借鉴经验。本章通过测算四国奶料比并利用随机前沿模型实证研究各国奶牛养殖效率，旨在研究与国际先进水平比较我国奶牛养殖业的发展水平，并借鉴国外经验探究提升养殖效益和效率的路径，从而促进我国奶牛业的健康发展。

一、相关概念的界定及理论基础

（一）相关概念的界定

1.规模化奶牛养殖场

根据USDA奶牛饲养规模标准，美国奶牛养殖规模分农户散养和规模饲养两种，其中农户散养规模为小于50头；规模饲养又分为小规模场（大于10头、小于等于50头）、中规模场（大于50头、小于等于99头；大于100头、小于等于199头；大于200头、小于等于499头；大于500头、小于等于999头）、大规模场（大于等于1 000头）。中国奶牛养殖分为农户散养和规模饲养两种模式，据《全国农产品成本收益资料汇编》奶牛饲养规模的分类标准，农户散养规模为小于10头；规模饲养又分为小规模场（户）（大于10头、小于等于50头）、中规模场（户）（大于50头、小于等于500头）、大规模场（户）（大于500头）。

对于我国奶业主产区，奶牛养殖模式分为三种：规模化奶牛养殖、养殖小区和散养户。规模化奶牛养殖场是指以具备法人资格为主要特征，经过各行政主管部门的审核批准之后建立的具备一定规模的奶牛养殖场。规模奶牛养殖场一般会有存栏数量上的要求，奶牛要求存栏数量不少于100头，只有满足这一存栏数量要求，才能称得上是规模化奶牛养殖场。由于奶牛养殖小区和散养户数量较少，成本核算简单且不规范，不具有研究成本核算的必要性，存栏量在100~200头的奶牛养殖场成本核算工作较完善。

为更好地对不同国家的养殖规模做比较，本书采用《全国农产品成本收益资料汇编》中对饲养规模的划分。

2.奶牛养殖成本

成本是指为了生产或销售一定量的某类产品而付出的经济价值。传统的成本一般表现为材料费用、折旧费用、工资费用等，另外企业通常还将销售活动中发生的费用及成本计算在其中。奶牛养殖成本是指奶牛养殖场在日常生产经营过程中，为养殖存栏奶牛所耗费的成本费用的总和。

从奶牛养殖成本的构成来看，在奶牛养殖生产的整个过程当中产生的成本主要有饲料费用、固定资产投入、人工费用等多种成本费用投入。其中固定资产投入主要包括奶牛养殖购入成本、厂房、机器设备等买入折旧、更新改造、扩大新建等方面的支出，如牛棚牛舍、围栏、晾牛场、挤奶厅、制冷间、饲料棚和青贮窖。在奶业生产设备上投入资金的多少及规模的大小能够对奶牛养殖场的规模及信息化和现代化程度起到一定的决定性作用，这些奶业设备主要包括挤奶器、电子检测器等。在奶牛养殖中，饲料的投入占据了奶牛养殖成本的一半以上，饲料的合理搭配与选取一方面能够影响产奶质量和数量，另一方面对奶牛养殖成本控制起着重要作用。目前喂养奶牛所用的饲料主要以精饲料和粗饲料两种类型搭配喂养。精饲料主要由玉米精加工而成，粗饲料主要包括青贮玉米、羊草、苜蓿等。另外，奶牛场人工费用等支出也占有很大比重，尤其缺少自动化机器设备等养殖场，从奶牛饲料喂养到挤奶、养殖场清理等都需要人工操作，这其中兽医和配种员在总人工中占比超过50%，占较大比例。其他相关投入主要包括水电费、燃油费、防疫、兽药费、设备维修费、育种及改良费用等。

3.奶料比

奶料比即乳饲比，是指饲喂1公斤混合精料与生产奶的公斤数之比，是衡量乳牛饲料转化效率的重要指标，也是鉴定奶牛品质和育种的参考依据。即

$$奶料比 = \frac{牛奶产量}{精混饲料投入量} \times 100\% \tag{6.1}$$

奶料比受品种、个体、气候及混合精料的营养水平等因素影响，是衡量饲料喂养效果的直接指标，也是反映奶牛养殖效率的重要指标。在本书中，测算国内外奶料比时，考虑数据的可获得性，在对国内主要地区和不同养殖模式的奶料比测算时使用上述公式，然后将国内和国外奶料比对比的情况下再次进行测算，此时对奶料比的测算变量进行灵活调整，将牛奶产量类比为单位牛奶价格，即100公斤牛奶的售价为多少美元，将精混饲料量类比为生产单位牛奶的饲料投入成本，单位同上，公式为：

$$奶料比 = \frac{单位牛奶价格}{单位牛奶生产投入精混饲料成本} \times 100\% \tag{6.2}$$

4.饲料成本构成

（1）苜蓿

苜蓿是苜蓿属植物的统称，以"牧草之王"著称，苜蓿含有大量的粗蛋白质、丰富的碳水化合物和B族维生素，还含有维生素C、维生素E及铁等多种微量营养元素，主要用于制作干草、青贮饲料或作牧草。在奶牛养殖中，苜蓿的营养价值高、产量高、可再生能力强、适口性好，饲用价值极高，是饲喂畜禽的良好饲草饲料，对于提高奶牛的产奶量具有重要的意义。苜蓿饲喂奶牛可以作为单一日粮来使用，也可以作为蛋白质的补充饲料，是奶牛的高标准优质牧草，可替代部分精饲料，具有提高乳脂率，增加产奶量的作用。苜蓿在奶牛养殖的利用较为多样，可以放牧，刈割后直接饲喂，也可制成青贮料，制备青干草，或者加工草粉、颗粒料等，无论是何种方式都

可以取得良好的饲喂效果。澳大利亚和新西兰的地理气候环境使其具有天然的牧场，奶牛喂养饲料以草料为主。

（2）青贮饲料

青贮饲料的本质是通过乳酸菌厌氧发酵，将原料中所含的糖转化为有机酸。如果在青贮料中以一定浓度积聚乳酸，则可抑制原料中营养成分的微生物活性；被微生物分解或消耗以获得所接收原料中的营养成分。青贮是指将新鲜的绿色饲料切成块，放入密闭的筒仓、袋或沟中，使原料在厌氧环境中经乳酸菌发酵产生乳酸，抑制其他微生物的生长，达到食品长期保存的目的。在奶牛养殖中，青贮饲料可以改善日粮结构，提高牛奶的产量与质量。对于奶牛养殖场来说，一直受到牧草饲料无法长期供应这一问题的困扰，而青贮饲料的选用，有效解决了这一问题，可满足奶牛饲喂对饲料供应的需求，从而使奶牛养殖场保持稳定的产奶量，并且便于加强牛奶品质控制。荷兰和美国的青贮饲料占比较高，以玉米青贮为主。

（3）精饲料

精饲料又称精料，是相对于粗饲料而言，一般精饲料指的是豆粕、鱼粉、骨粉、多种维生素、微量元素、多种矿物质等，在所投入的动物饲料的添加比例为1%～25%的饲料原料。饲喂奶牛精饲料要适量。当饲料中含有过量的精料，同时粗饲料的含量不足时，会导致奶牛出现脂肪的代谢紊乱，严重者则造成中毒死亡的现象，因此在奶牛的养殖过程中要适量地饲喂精料。奶牛在利用精饲料时要根据日粮的结构、不同的饲养期以及所处的不同泌乳阶段来确定，这样才能满足奶牛的营养需求，减少饲料成本，获得最佳的经济效益。在配制奶牛日粮时，精饲料的使用要注意一些问题。首先日量中蛋白质的含量要适宜，保持在16%～19%，如果日粮中粗蛋白的含量过高会造成奶牛出现繁殖障碍，另外，日粮中的可降解蛋白质的量应占总粗蛋白质的60%～65%。中国的奶牛饲料喂养中精饲料占比较高。

（二）理论基础

1.比较优势理论

比较优势理论是由大卫·李嘉图在《政治经济学及赋税原理》中提出的，可表述为：在两国之间，劳动生产率的差距并不是在任何产品上都是相等的。每个国家都应集中生产并出口具有比较优势的产品，进口具有比较劣势的产品（即"两优相权取其重，两劣相衡取其轻"），双方均可节省劳动力，获得专业化分工提高劳动生产率的好处。比较优势理论认为，国际贸易的基础是生产技术的相对差别（而非绝对差别），以及由此产生的相对成本的差别。每个国家都应根据"两利相权取其重，两弊相权取其轻"的原则，集中生产并出口其具有"比较优势"的产品，进口其具有"比较劣势"的产品。比较优势贸易理论在更普遍的基础上解释了贸易产生的基础和贸易利得，大大发展了绝对优势贸易理论。

在之后的发展过程中，比较优势理论衍生出"比较优势陷阱"等其他理论。本书在研究奶料比的过程中，将对比我国和其他奶业发达国家的奶业体系，这些奶业发达的国家一般拥有土地、气候等天然利于奶牛养殖的资源，相比来说，我国天然不具备绝对优势的养殖条件，但我国消费市场大，奶业发展前景广阔，因此提升奶业竞争力要根据这一比较优势，可从养殖效率着手，加大科技投入等，将我国奶业做大做强。

2.竞争优势理论

竞争优势是从比较优势理论的基础上发展而来的理论，早期的竞争优势是指厂商进入国际市场，无论是采取出口进入的方式还是投资进入的方式，一个重要的条件是自己有某一方面的竞争优势。竞争优势可以通过多方面培养，其中的一个重要途径是通过发展开放型经济培植国际竞争优势。一般将竞争优势理论分为国家竞争优势理论和企业竞争优势理论。国家竞争优势理论由哈佛大学商学院的迈克尔·波特提出，1990年他在《国家竞争优势》一书中提出了著名的国家竞争优势理论。冷战结束后，国际竞争转移到以经济为核心的综合国力的较量上来，从而各国对国际竞争力、国家竞争优势的关注日益高涨。迈克尔·波特的国家竞争优势理论认为，一国竞争优势的构建主要取决于生产要素、需求状况、相关产业、企业组织、战略与竞争度以及机遇和政府作用。该理论能合理地诠释一国国际贸易的现状，预测一国贸易发展的前景。波特在反思传统的国际贸易的基础上，提出了解释国家在国际市场上取得竞争优势的菱形模型，也称"钻石模型"。波特认为，一国的国内经济环境对企业开发其自身竞争能力有很大影响，其中影响最大、最直接的是以下四项因素：生产要素、需求要素、相关和支持产业以及企业战略的组织结构。在一国的许多行业中，最有可能在国际竞争中取胜的是国内"四因素"环境对其特别有利的行业。因此，"四因素"环境是产业国际竞争力的最重要来源。

国家竞争优势理论类比到企业上，是指企业竞争优势的大小决定了其能够在市场中生存。在本章的研究中，竞争优势理论是指在竞争越来越激烈的国际奶业市场中，我们必须参与并更好地融入其中。随着我国国际市场越来越开放，奶业市场也越来越开放，新西兰目前已成为我国最大的奶源进口国，在这种背景下，我国的奶业受到了国际市场的冲击，奶业是关系到国计民生的重要产业，因此必须提高我国的奶业竞争力，奶牛养殖场要生产出效益高、质量好的牛奶，我国的乳企也要在国际乳业市场上拿出自己的品牌，相比奶业发达的国家，我们应该拥有自己的竞争优势。

3.技术效率理论

技术效率理论是计算实际产量与最大可能产量之间的比率关系，反映现实产出与理论最优产出的差距。技术效率的大小反映了生产者利用现有资源与技术的有效程度，其数值在0和1之间，越接近于1，技术效率越高。在经济学中，技术效率的应用较为广泛。库普曼斯（Koopmans）第一次提出了技术效率概念，他给技术的定义：在指定技术条件下，如果不减少别的产出就不会增加任何的产出，或者不增加其他的投入就不可能减少任何投入，称该投入产出为技术有效。国内研究奶业主体技术效率的主要方法有随机前沿函数方法（SFA）、数据包络方法（DEA）、随机距离函数法（SDF）和描述统计方法。本章主要使用随机前沿函数法（SFA）测算各国的养殖效率，进而进行比较和分析。

二、国内外奶牛养殖业概况

在测算比较各国奶料比之前，充分了解各国的奶牛养殖业概况，可从中找出之后所测算出的奶料比差异的原因启示等。同时对各国养殖场数量、奶牛存栏量、养殖规模化、产出效益等相关信息进行整理时，能够梳理出近十年各国的养殖业发展情况，观察各项指标的变化特点，为深入探讨世界奶牛养殖业不同时期和不同方面的面貌奠定基础。

（一）国外奶牛养殖业概况

本节选取了奶业较为发达的澳大利亚、新西兰、荷兰、美国，这些国家在奶业上的产量和贸易量位于世界前列，且与中国的奶业贸易紧密相连。它们在一定程度上代表了澳洲、欧洲以及美洲地区的奶牛养殖水平，将国内的奶牛养殖与这些国家进行比较，更能体现出当前世界奶牛养殖的发展水平，并能够窥探中国与其他国家的差异。

1.澳大利亚奶牛养殖现状

（1）养殖场数量与奶牛存栏量的变化

如图6-1，2005—2019年，澳大利亚的养殖场数量随时间变化而不断下降，与养殖场总体变化趋势保持一致。奶牛头数虽然波动变化但整体呈下降趋势，2011年之前，养殖场数量高于奶牛头数且二者的差距不断缩小，之后养殖场数量的变化趋势位于奶牛头数变化趋势的下方，表明奶牛养殖的规模不断扩大。2019—2020年，澳大利亚的农场数量比上年减少了3%。2019年澳大利亚的注册农场数量为5 055个，相比2009年的7 511个减少了48%，这也在一定程度上反映出世界农场的变化趋势。虽然农场数量在下降，但养殖规模却在不断扩大，养殖场数量和奶牛头数之间的差异在不断缩小，养殖模式不断向大规模转变。2018—2019年，澳大利亚的平均养殖规模为276头，相比1985年的93头，增加了近3倍。大型农场的养殖规模超过1 000头，从这一趋势可以预测出2020年之后澳大利亚的平均养殖规模会继续增加。

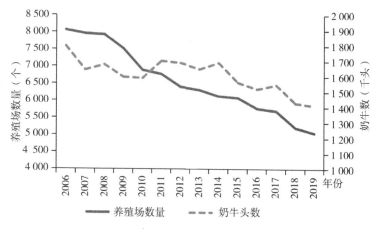

图6-1　2005—2019年澳大利亚养殖场数量和奶牛存栏量变化趋势

数据来源：*Australian Dairy Industry In Focus 2019*

　　奶业是澳大利亚的主要农产业之一，在农业产值中排名第四，仅次于牛肉、小麦和绵羊产业。乳制品行业是整个地区的就业来源。奶业还是澳大利亚领先的农村产业之一，为澳大利亚带来了巨大的经济活动和工作机会。据统计，大约有43 500人直接在奶牛场和奶企等行业相关部门工作。

　　（2）规模化与现代化水平

　　奶牛养殖场和奶牛数量的减少是养殖规模化的一个体现，如图6-2，2005—2019年，澳大利亚奶牛养殖的规模化水平不断增加，平均养殖规模维持在200头及以上。2014年平均养殖规模为275头，达到了史上的最高点，比2007年的最低水平206增加了近70头。2007—2014年，养殖规模的增长速度较快。2016年之后增速放缓但养殖规模仍不断增加。2018—2019年，澳大利亚的平均养殖规模为279头，相比早时期1985年的93头，增加了近3倍。大型农场的养殖规模超过1 000头，从这一趋势可以预测出2020年之后澳大利亚的平均养殖规模会继续增加。

图6-2 2005—2019年澳大利亚养殖规模变化

数据来源：*Australian Dairy Industry In Focus 2019*

澳大利亚地广人稀，劳动力成本较高，养殖中的投入成本和农场收益的变化使得高效益的集约化生产得到更广的应用。牧场管理依靠高科技水平的机械化，数字大型农场及其在牛奶产值中所占份额不断增长，同时，该行业还不断见证着加工商之间的持续整合，较小的农场不断关闭，农场模式针对当前发展状况更加趋于合理化。随着农场规模的不断扩大，农场雇用的人数也在不断增加，更多尖端技术被应用从而提升农场绩效。不断提升奶牛场管理人员水平是澳大利亚提升奶业现代化的重要方面，政府和当地乳业协会人员开发奶牛场管理大师班、乳企合作等项目，以解决奶牛场管理人员缺乏专业培训途径的问题，使不同农场人员得以更多、更好地交流，促进农场团队高效合作，提高澳大利亚奶业水平。除了农场管理人员的培训制度不断完善，农场生产的基础设施也紧随其后不断进步。如奶场监控项目（DFMP）和昆士兰奶业会计计划（QDAS）记录国内所有主要奶业地区的参与奶场的财务和生产数据，以分析奶牛厂的生产力和盈利能力，从而方便为政府提供服务，同时还有助于农民和农户进行生产比较和相关基准的确定，以提高农场经营绩效。

（3）养殖产出效益分析

表6-1中显示了1980—2019年澳大利亚近30年的奶牛产出量变化情况，其中奶牛头数从1980年的188.0万头下降为2019年的141.1万头，但2019年

奶牛的年单产比1980年增加了2倍多，相比2017年增加了三百多升。近五年生鲜乳产量的减少可归结于奶牛数量的减少。

表6-1　1980—2019年澳大利亚奶牛产出量变化情况

年份	奶牛头数（万头）	生鲜乳产量（亿升）	奶牛年单产（升）
1980	188.0	54.3	2848.0
1990	165.4	62.6	3781.0
2000	217.1	108.5	4996.0
2010	159.6	91.8	5758.0
2015	174.0	98.1	5917.0
2017	151.2	90.2	5812.0
2019	141.1	87.7	6170.0
变化率	-24.9	61.5	116.6

数据来源：*Australian Dairy Industry In Focus 2020*

澳大利亚的所有州都有奶牛场，但大部分的牛奶生产都集中在澳大利亚的东南角。澳洲东南部的气候和自然条件有利于乳业的发展，大部分牧场都分布在沿海地区，那里有牧草生长所依赖的降雨环境，65%的饲料供应来源于放牧，这使得牧场供应了成本效益好且质量高的牛奶。近几年在澳大利亚的奶牛喂养中，补充饲料（谷物、干草和青贮饲料）这一喂养方式越来越普遍，每头母牛的辅助喂养饲料达到1.7吨。

从表6-2各州农场的平均资产收益率来看，奶牛养殖带来了净利润，但各州都处于变动的盈利状态，利润并没有持续不断地增长。2019—2020年，维多利亚州和南澳大利亚州的资产收益率在5%以上，处于各州之中的较高水平。奶牛场的财务状况根据不同的检测系统得来的数据并不统一，但这并不影响奶业带来的整体效益，总体而言，奶业为各州带来了不同程度的积极的经济效益。

表6-2　2015—2020年澳大利亚各州农场的平均资产收益率

单位：%

	2015—2016 年	2016—2017 年	2017—2018 年	2018—2019 年	2019—2020 年
新南威尔士州	2.7	2.1	1.2	0.7	2.7
维多利亚州	0.3	2.3	2.5	0.7	5.4
昆士兰州	2.8	3.6	1.8	0.0	1.5
南澳大利亚州	2.9	2.6	4.4	3.5	5.9
西澳洲	6.4	6.5	3.8	3.2	3.9
塔斯马尼亚州	3.8	3.6	5.1	5.2	/

数据来源：*Australian Dairy Industry In Focus 2020*

2.新西兰养殖现状

（1）牛奶产量与奶牛存栏量变化

2000—2019年，新西兰的牛奶产量从2000年的12 235千吨增长到2019年的21 872千吨，一直保持上升趋势。2014—2015年牛奶产量出现了近20年的峰值，与同一时期奶牛头数的大幅度增长有关，这一时期新西兰生产了世界3%的牛奶。新西兰的奶牛存栏量在近20年中波动变化，2000年奶牛数为1 532千头，2006年下降到1 443千头。2012—2016年奶牛数量快速增长，在2016年出现峰值1 794千头，对应时期的牛奶产量也在不断增加，表明这一时期牛奶产量的增加依托奶牛头数的增长。2016—2019年奶牛数量快速下降，但对应时期的牛奶产量并未因此下滑，而是维持在2 000万吨左右水平，说明近五年新西兰牛奶产量的增加不只是依靠奶牛数量的增长。从新西兰牛奶产量的趋势上预测2020年之后其牛奶产量将会继续稳定增长。

新西兰与澳大利亚东南沿海的气候相同，降水量较多，非常适合牧草的生长，因此新西兰的养殖也以放牧为主，草原资源丰富，牧草为奶牛提供了营养，加上其他饲料的补充，奠定了奶牛高产量高质量的基础。近5年，新西兰的奶牛数量有所减少，奶农主要通过提高奶牛的单产水平来弥补奶牛数量减少带来的牛奶产量下降。2020年上半年，新西兰养殖区域遭受干旱，为了减少奶牛养殖对奶业造成的冲击，乳制品加工商使牛奶生产向产品多元化发展，更多转向新鲜奶酪、婴儿奶粉、黄油和奶酪等食品，并继续为消费者开发产品。2020年牛奶估算产量为2 219万吨，疫情及上半年北岛的干旱并没有影响到牛奶的供应，反映出新西兰奶业系统抵御风险的能力。

图6-3　2000—2019年新西兰牛奶产量与奶牛存栏量变化趋势

数据来源：FAO

（2）规模化与现代化

从表6-3中可以看出：新西兰养殖场数量在不断减少，而奶牛头数呈现不同幅度的不断增长。平均养殖规模从2002年的59头增加到2018年的94头，增加近一半。由此表明新西兰的奶牛养殖业不断向规模化方向发展，但养殖规模维持在100头以下，因此新西兰并不追求大规模形式的增长，而是根据本国条件适当发展。

表6-3　2002—2018年新西兰奶牛养殖业概况

年份	2002	2005	2007	2009	2015	2017	2018
养殖场数（千个）	26	24	21	20	18	18	17
奶牛头数（千头）	1 546	1 433	1 413	1 489	1 622	1 672	1 592
平均养殖规模	59	61	66	73	89	93	94

数据来源：IFCN

如图6-4，近30年新西兰的养殖规模在不断增加，但数量维持在100头以下，2018年新西兰的平均养殖规模为94头，相比1996年的43头增加了一半。2008—2013年养殖规模增加了3.3%，2013—2018年，养殖规模增加了2.4%，从这一趋势可预测2020年之后新西兰的养殖规模将会继续扩大，规模化比重持续提高。

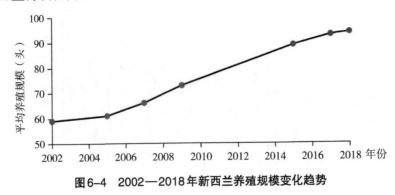

图6-4　2002—2018年新西兰养殖规模变化趋势

数据来源：IFCN

新西兰非常注重提高牧场的科技水平。首先在育种方面，新西兰将育种放在优先发展的位置，采取先进的畜禽育种技术，稳定了奶牛养殖业的发展。其次在科研水平上，新西兰非常重视乳企与高校及科研机构的合作，致力于奶业相关的技术研发和科技创新，总体分为公共和私人研究机构，如恒天然公司即属于私人研究所。除此之外，政府也为研究提供了大量的经费支持，并将多个研究机构综合起来全力支持奶业发展。如土壤科学、动物科学、饲养管理、疾病防控、牧草品种、草场管理、环境保护和农民培训等为奶业链的分支机构，这些机构之间的合作促进了新西兰奶牛养殖业的高效发展。

（3）养殖产出效益分析

如图6-5，新西兰的奶牛单产在曲折变化，但整体呈上升趋势。2018年奶牛单产达到了13.78吨，而奶牛产量也并未受到奶牛数量减少的影响，由此可见单产水平提高发挥了重要作用。从图中趋势中可预测2020年之后新西兰的奶牛单产量将会继续提升。与澳大利亚相比，新西兰的奶牛单产量相对较低，其中有两个主要原因：一是近几十年来，新西兰乳业已选择遗传学来生产乳固体而不是乳量。这与大多数其他国家集中精力提高牛奶产量形成鲜明对比。新西兰每头牛的产量在数量上比美国低 58%，但奶牛的蛋白质和脂肪产量上低 46%，这说明新西兰的牛奶蛋白质含量更高。二是新西兰的奶业一直以低成本的牧场喂养模式为基础，90% 或更多的饲料喂养都在牧场进行。考虑到土地成本是最大的限制因素，牧场支出是大多数生产者所要考虑的因素，而奶牛的产量成为次要考虑因素。

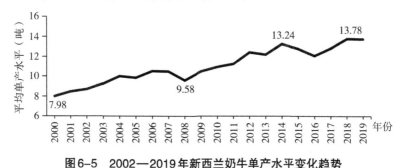

图6-5　2002—2019年新西兰奶牛单产水平变化趋势

数据来源：FAO

3.美国养殖现状

（1）牛奶生产与养殖场数量变化

近20年中，美国的奶牛头数维持在相对静止的水平，在9 300千头上左右浮动，年平均增长率为1.24%。1996—2005年，奶牛头数从9 372千头减少到9 043千头，同一时期牛奶产量却逐步增加，从1996年的64.50百万吨增加到2005年的74.05百万吨，年平均增长率为1.68%。2005年以后，奶牛头数逐步恢复到之前水平，牛奶产量在2018年达到了95.31百万吨，年增长率为4.02%，明显高于奶牛头数的增长幅度，说明这一时期牛奶量的增加不只是依靠奶牛头数的增长，且奶牛单产水平得到了提升。

表6-4　1996—2018年美国牛奶产量与奶牛头数变化情况

年份	1996	1999	2002	2005	2007	2009	2011	2013	2015	2017	2018
牛奶产量（百万吨）	64.50	67.99	71.33	74.05	77.75	79.10	82.80	85.78	88.90	93.48	95.31
奶牛头数（千头）	9 372	9 152	9 139	9 043	9 158	9 203	9 194	9 224	9 314	9 406	9 399

数据来源：IFCN

单产水平的提高与养殖规模的扩大密不可分。近几年中，美国的奶牛头数和农场数量呈波动下降趋势，2015—2018年，农场数量减少了1.1万个。而其养殖规模和牛奶产量不断增加，2015—2018年，平均养殖规模突破了200头，牛奶产量近3年增加了183万吨。从牛奶生产的变化率中可以预测美国的养殖规模比重将会继续增加。

表6-5　美国近30年农场大小数量变化

牛群大小（头）	年份		
	1997	2007	2017
农场数量（个）			
10～199	86 912	47 873	30 373
200～499	4 881	4 307	3 830
500～999	1 379	1 702	1 511
>999	878	1 582	1 953
1 000～2 499	/	1 104	1 239
>2 499	/	478	714
占总数的份额（%）			
10～199	56.3	33.4	21.6
200～499	15.3	13.8	12.0
500～999	10.2	12.5	10.7
>999	17.5	39.9	55.2
1 000～2 499	/	18.1	20.3
>2 499	/	21.8	34.9

数据来源：USDA

奶牛场数量减少但规模增大的这种长期结构性变化，标志着奶牛养殖方式的转变。随着奶牛和生产从较小的农场转向较大的农场，奶牛场的数量多年来一直持续下降。美国NASS年度报告显示，自2002年以来，美国有经营许可证的奶牛场数量每年都在下降，且年下降速度大于4%。美国农业调查中，1978年至少有10头奶牛的奶牛养殖场有近20万个，1987年下降至15万个，1997年下降到9.4万个，2002年奶牛养殖场数量有7.41万个，到2017年下降到不足3.8万个，在2018和2019年加速下降，2018年奶牛养殖场数量减少了2 731个，占2017年总数的6.8%，2019年数量下降了8.8%，总数为34 187个，减少了3 281个。生产已经转移到更大但数量更少的农场，美国农业部预计到2021年，有许可证的奶牛养殖场将会达到31 500个。农场合并背后有成本激励措施。大型奶牛养殖场的生产成本平均要比小型奶牛养殖场低得多。拥有2 000头奶牛的农场的成本要比拥有1 000头奶牛的农场成本低，比拥有500头奶牛的农场的成本更低。

（2）规模化与现代化

在40多年里，美国的奶牛场数量不断下降，其中小规模奶牛养殖场下降速度更快，从1980年的20万个下降到2018年的5万个，下降到了1/4。奶牛头数转移到大规模奶牛养殖场中，提升了奶牛养殖的规模化水平（如图6-6）。

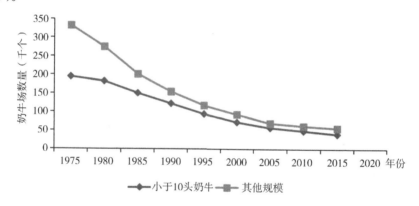

图6-6　1975—2020年美国奶牛养殖场数量的变化趋势

数据来源：IFCN

美国奶牛的平均养殖规模在近20年中呈明显上升趋势，逐年稳步增长。如图6-7，从1996年的72头增加到2018年的241头，涨幅较大。平均养殖规模达到了中规模水平，规模化比重不断提高。美国的奶牛养殖业不断经历变革，30年前有超过20万个奶牛养殖场，其中大多数的养殖规模为80头以下，2018年平均养殖规模达到了241头，牛奶总产量比30年前增加了约50%，但奶牛养殖场的数量减少了3/4，且大多数的奶牛养殖场的奶牛规模在1 000头以上。

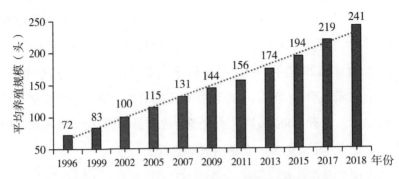

图6-7　1996—2018年美国平均养殖规模变化情况

数据来源：IFCN

表6-6显示，规模为10～99头奶牛的农场数量持续大幅度下降，1992—2017年，拥有10～49头奶牛的农场数量下降了80%，拥有50～99头奶牛的农场数量下降了70%，2017年这一份额下降了12.6%。1992年，拥有100～199头奶牛的奶牛养殖场是一个相对较大的农场，在接下来的25年中，该级别的农场数量和份额下降了一半以上。

表6-6　1992—2017年美国奶牛养殖场规模结构的变化

奶牛数量（头）	年份					
	1992	1997	2002	2007	2012	2017
奶牛养殖场数量（个）						
1～9	32 803	22 824	21 016	14 426	16 463	16 932
10～49	60 315	40 833	27 244	19 912	17 869	11 479
50～99	41 813	33 477	25 465	18 986	15 351	12 137
100～199	14 062	12 602	10 816	8 975	7 359	6 757
200～499	4 652	4 881	4 546	4 307	3 712	3 830
500～999	1 130	1 379	1 646	1 702	1 537	1 511
>999	564	878	1 256	1 582	1 807	1 953
总数	155 339	116 874	91 989	69 890	64 098	54 599
占总数的比例（%）						
1～9	0.9	0.7	0.6	0.4	0.4	0.4
10～49	19.5	13.8	9.2	6.8	5.9	3.6

续　表

奶牛数量（头）	年份					
	1992	1997	2002	2007	2012	2017
50 ~ 99	29.0	24.5	19.1	13.8	11.1	8.6
100 ~ 199	19.0	18.0	15.4	12.8	10.6	9.4
200 ~ 499	13.7	15.3	14.7	13.8	12.0	12.0
500 ~ 999	8.0	10.2	12.2	12.5	11.3	10.7
>999	9.9	17.5	28.8	39.9	48.7	55.2
总数	100.0	100.0	100.0	100.0	100.0	100.0

数据来源：USDA

如图6-8，2000—2016年在牛奶生产比例中，50 ~ 1 000头规模的农场所占比重始终最高，但在变化趋势上不同规模显示出较大的差异。50头以下规模的牛奶生产比例逐年递减，50 ~ 1 000头规模在2005年之后开始呈下降趋势，1 000头以上的规模在2000年和2005年并没有发生明显的变动，但在2010—2016年出现了明显增长，表明大规模农场在牛奶生产中发挥出越来越重要的作用和优势。2000—2016年，美国的牛奶产量从在不同规模农场中均衡生产转向了集中大规模生产，大规模农场成为牛奶生产的主力军，2 000头以上的超大规模农场比重在2016年超过了30%。100头以下的规模占比不足10%。

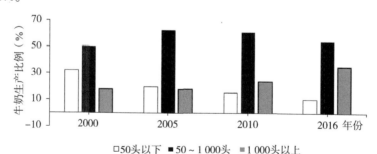

图6-8　2000—2016年美国不同规模养殖场牛奶生产比例

数据来源：USDA

（3）养殖产出效益分析

如图6-9，1996—2018 年美国奶牛的单产水平呈稳步上升趋势，在

2018 年达到了 10.1 吨，而在 1996年的时候，美国的奶牛单产就已接近 7 吨，说明美国的奶牛养殖业具有较好的基础，且科技化水平较高。

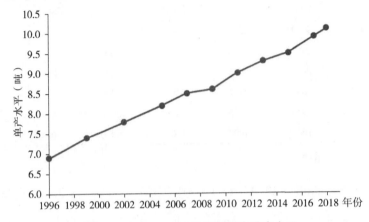

图6-9　1996—2018年美国奶牛单产水平

数据来源：USDA

美国牛奶生产成本随规模的扩大而不断减少。2018 年，小于 50 头的养殖规模所需成本为 5.79元/公斤，200 ~ 499头的养殖规模需要 3.39 元/公斤，而 1000 头以上的养殖规模只需 2.77 元/公斤。2009—2018 年美国的牛奶生产成本没有出现特别明显的变动趋势。

表6-7　2009—2018年美国不同养殖规模牛奶生产成本

单位：元/公斤

年份	小于 50 头	50 ~ 99 头	100 ~ 199 头	200 ~ 499 头	500 ~ 999 头	1000 头以上
2009	5.26	4.51	3.79	3.36	3.06	2.64
2010	5.98	4.60	3.67	3.32	2.71	2.27
2011	6.65	5.25	4.33	4.01	3.34	2.88
2012	6.97	5.56	4.60	4.27	3.56	3.07
2013	6.85	5.45	4.48	4.12	3.41	2.91
2014	6.47	5.09	4.10	3.69	2.96	2.43
2015	6.29	4.89	3.91	3.50	2.81	2.31
2016	5.33	4.24	3.57	3.17	2.83	2.62
2017	5.54	4.40	3.68	3.25	2.89	2.66
2018	5.79	4.61	3.86	3.39	3.02	2.77

数据来源：USDA

4.荷兰养殖现状

（1）牛奶产量与奶牛存栏量

如表6-8，2005—2015 年，荷兰的牛奶产量呈平稳增长趋势，2016—2018 年，牛奶产量则出现缓慢下降趋势。2005年荷兰的牛奶产量为10.84百万吨，2018年增加到14.09百万吨，增长了29.98%，这与奶牛存栏量的变化密切相关。2005—2018 年，荷兰奶牛头数亦呈现先增加后又略微减少的趋势，从 2005 年的 1 433 千头增加到2016年的1 745 千头，又递减到2018年的 1 622 千头，2018年较2005年整体增长了13.19%。

表 6-8　2005—2018年荷兰牛奶生产情况

年份	2005	2010	2015	2016	2017	2018
牛奶产量（百万吨）	10.84	11.83	13.52	14.53	14.50	14.09
奶牛头数（千头）	1 433	1 479	1 622	1 745	1 694	1 622

数据来源：IDF

（2）规模化与现代化水平

如图6-10，2005—2018 年荷兰的平均养殖规模稳步增加，从 2005 年的 61 头增加到 2018 年的 94 头，增长了近一半。整体养殖规模在 100 头以下，与荷兰的奶牛养殖状况相适应。

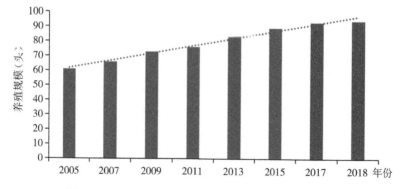

图6-10　2005—2018年荷兰平均饲养规模变化趋势

数据来源：ZuivelNL

2005—2018年，荷兰的奶牛场数量从2.35万家下降到1.70万家，而奶牛头数从143.3万头增加到162.2万头。2015年，欧盟结束了实行多年的牛奶生产配额政策，一定程度上促进了荷兰奶牛数量的增加，平均饲养规模从63头增加到98头，增加了55.56%，其奶牛养殖规模化水平在不断提高（见表6-9）。2017年受磷酸盐权限体系的影响，荷兰的奶牛头数减少了近5万头，但由于单产水平的提高牛奶产量没有受到影响。与此同时，荷兰的牧场养殖机械化水平和科技化水平也在不断提高，牧企加强了合作，不仅在饲料供应上实现了机械化种植等，在奶牛的健康管理、日粮营养和繁殖育种上都有专业技术人员给予制定和检测。

表6-9 2005—2018年荷兰奶牛养殖规模概况

年份	奶牛头数 （万头）	奶牛场数量 （万家）	平均规模 （头）	年份	奶牛头数 （万头）	奶牛场数量 （万家）	平均规模 （头）
2005	143.3	2.35	63	2016	174.5	1.79	99
2010	147.9	1.98	76	2017	169.4	1.81	97
2015	162.2	1.83	91	2018	162.2	1.70	98

数据来源：ZuivelNL

与中国养殖规模大不相同，荷兰的奶牛养殖以家庭牧场为主，大型牧场的认定标准为大于200头。奶牛场的养殖头数大多在30～300头间，小于300头的牧场占全国牧场总数的6/7。荷兰的奶牛养殖规模特点与其土地私人所有的属性相关，在考虑养殖场运营成本时，土地价格及雇工费用占据很大一部分，且随着政府对粪污处理的要求提高，土地和劳动力价格上涨等趋势，牧场的规模会维持在一定水平，以保证利润最大化。

荷兰奶牛养殖业的现代化水平主要体现在以下三个方面。

①饲养方式。与其他奶业发达国家依靠天然牧场不同，荷兰的饲草一半以上来源于种植，大多数的家庭牧场都会种植牧草，81%的牧场能达到一年中1/3的时间用于户外放牧，放牧时长达到720个小时以上。这给予了奶牛更加自由的生长空间，户外采食为奶牛提供了天然的饲料，增加了产奶量，同时提高了奶牛免疫力，提升了牛奶质量。除此之外，荷兰非常看重奶牛的日

常饲料结构，日常饲料配比结合专家建议和牧场经验调和而成，不管饲料价格如何变动，饲料配比都保持不变，稳定的饲料结构带来了奶牛的稳定高产。

②现代化服务生产。荷兰奶牛养殖场与奶业合作社紧密相连，合作社对牛奶生产进行一定的监管并提供服务。荷兰的奶业委员会曾制定了预计到2025年实现的新的奶牛养殖方案，其中包括奶牛口粮中至少65%的蛋白质要来自牧场自给自足的饲料供应，同时奶农可与当地农民签订邻里合同，以实现当地的粗饲料循环供应。在奶牛养殖场中要给奶牛足够多的活动空间和适宜的生活环境，比如奶牛栖居的草屋。这一方案不仅直接减少了对蛋白质原料的进口（如大豆和棕榈仁），还从饲料供应上提升了奶牛养殖的专业化水平。荷兰在奶业上拥有较为成熟的产学研结合模式，使得奶业生产更加高效和更具技术水平。

③利益结构分配。荷兰的牧场、饲料公司和乳企相互合作，达成了较为高效的奶业利益关系。现代奶业发展的一个重要特征是牛奶生产、收购、加工、运输、销售等产业链环节分离。世界范围内奶产业链中利润分配大约是10%、10%、40%、10%和30%。（王文信等，2017）。而荷兰实现了高度的奶业体系一体化发展，养殖场中的牛奶生产出来后通过牛奶合作社卖给牛奶加工企业，牛奶合作社连接牛奶的生产与加工，对整个奶业一体化起了非常重要的作用，各个部门各司其职，互相合作，流通增加使得利润分配的差距减小，即奶牛养殖业与乳品加工行业的利润差别不大，当乳品价格下降时，不会对养殖场的牛奶生产造成太大的影响，保障了养殖场的顺利运营。

（3）养殖产出效益分析

如图6-11，2000—2015年，荷兰的牛奶产量呈平稳增长趋势，2016—2018年，产奶量快速增长又出现缓慢下降趋势。2000年荷兰的牛奶产量为111.3亿千克，2018年增加到140.9亿千克，增加了26.5%。牛奶产量的增加与奶牛单产量的提高密切相关，近20年，荷兰奶牛单产量不断提升，从2000年的7 397公斤/头到2018年达到8 687公斤/头，增速达17.4%。影响奶牛单产量的因素较多，包括奶牛品种、喂养饲料、养殖环境，其中最为重要的是饲料因素，荷兰饲草喂养保证了奶牛的单产高水平。

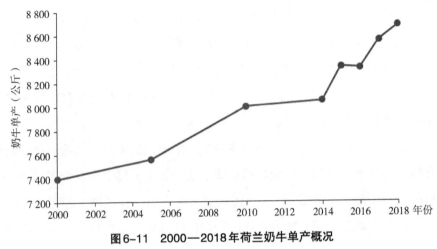

图6-11 2000—2018年荷兰奶牛单产概况

数据来源：ZuivelNL

（二）国内规模化奶牛养殖现状

1. 养殖规模与产量

2007—2018年，我国的奶牛存栏量从1 213.1万头增加到2018年的1 269.4万头，年平均增长率达到了60%，牛奶产量从2 947.1万吨增加到3 201.2万吨，年平均增长率达到了151%，牛奶产量得到了明显提升。2010年之后我国牛奶产量稳定在3 000万吨以上。2018年奶牛存栏量恢复到1 200万头以上，同时期的牛奶产量也有所增加。预测之后的牛奶产量仍会继续增加，牛奶存栏量则在出现回升后开始下降（见表6-10）。

表6-10 2007—2018年全国奶牛存栏量和牛奶产量

年份	奶牛存栏量（万头）	牛奶产量（万吨）	年份	奶牛存栏量（万头）	牛奶产量（万吨）	A
2007	1 213.1	2 947.1	2013	1 122.9	3 000.8	存栏量
2008	1 230.5	3 010.6	2014	1 127.8	3 159.9	60%
2009	1 220.8	2 995.1	2015	1 099.4	3 179.8	牛奶产量
2010	1 210.8	3 038.9	2016	1 037.0	3 060.0	151%

续　表

年份	奶牛存栏量（万头）	牛奶产量（万吨）	年份	奶牛存栏量（万头）	牛奶产量（万吨）	A
2011	1 178.1	3 109.9	2017	1 079.8	3 038.6	
2012	1 178.8	3 174.9	2018	1 269.4	3 201.2	

注：A为年平均增长率。

数据来源：《中国奶业统计摘要2019》

我国的奶牛存栏量、奶类产量及牛奶产量变化趋势基本一致。2008年牛奶产量上升到一个新的高度，受毒奶粉事件对奶业的冲击等影响，牛奶产量没有继续保持高度增长，而是在一定的水平变化。2018年牛奶产量3 201.2万吨，同比增长100多万吨，相比2008年的3 010.6万吨变化不大。奶牛存栏量在近10年中增加了30多万头，同比增长近200万头（如图6-12）。我国的奶牛养殖业受乳制品行业发展影响较大，乳制品价格的波动等会在一定程度上传导到奶牛养殖业上，如2015年出现的"倒奶杀牛"事件。

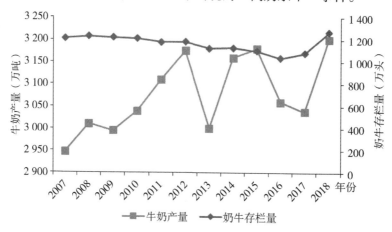

图6-12　1978—2018年我国奶牛存栏量及牛奶产量变化趋势

数据来源：《中国奶业统计摘要2019》

2.规模化与现代化水平

我国的奶牛生产地区主要分布在河北、内蒙古、辽宁、黑龙江、山东、河南、陕西、新疆等北方地区，这些地区的气候条件和地理位置更适宜奶牛养殖。其中内蒙古、吉林、辽宁位于北纬46度最适宜养奶牛的地区。

2008—2018年，全国主要奶牛养殖地区的奶牛养殖场数量都在不断增加，其中河北从2008年的69个增加到2018年的344个，其次为河南从55个增加到211个，黑龙江与山东的奶牛养殖场数量也增加到100以上。2017—2018年出现了奶牛养殖场数量下降的趋势，这与2017年世界奶业不景气有关（见表6-11）。

表6-11 2008—2018年全国主要地区奶牛养殖场数量

单位：个

地区	年份							
	2008	2010	2012	2014	2015	2016	2017	2018
河北	69	87	116	165	171	313	368	344
内蒙古	69	42	36	39	33	61	68	62
辽宁	7	16	57	38	31	33	43	30
黑龙江	75	113	90	97	108	115	119	129
山东	36	102	136	137	194	202	177	154
河南	55	94	114	167	203	249	249	211
陕西	6	82	48	51	50	46	52	40
新疆	12	36	46	50	53	63	64	56

数据来源：《中国奶业统计摘要2019》

主要地区的奶牛养殖场数量基本保持在逐年增长的态势。河北、黑龙江、山东和河南的奶牛养殖场数量较多，尤其河北的奶牛养殖场数量近10年增加了近200个，在2017年曾出现峰值368个，无论是数量还是增长速度都处于领先地位。奶企减税、奶牛养殖小区建设补贴等政策为河北奶业发展起了助推作用。辽宁、陕西、内蒙古、黑龙江的增长趋势较为平缓，河南与山东的奶牛养殖场数量在2016年之后开始下降，这与养殖场规模化比重提高有关（如图6-13）。

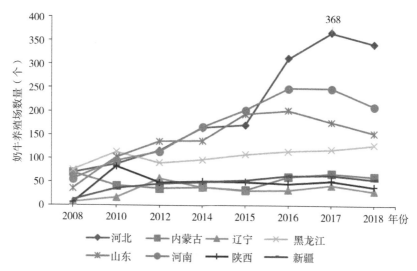

图6-13　2008—2018年全国奶牛养殖主要地区奶牛养殖场数量变化趋势

数据来源：《中国奶业统计摘要2019》

在奶牛养殖场数量不断增加的同时，全国不同地区的奶牛头数不断增加，各地区2018年的奶牛数量较2008年都有明显增长，2018年河北省奶牛头数为215 842头，相比2008年的27 568增加了68.2%。河北、内蒙古、黑龙江、山东、河南都增加到了10万头以上（见表6-12）。表明我国近10年的奶牛养殖业得到了迅速发展，奶牛头数的增加为提升我国牛奶产量奠定了基础，但从另一侧面表明，我国奶牛产量的增加更多依靠的是奶牛存栏量的增加，技术效率并没有占据主动优势。

表6-12　2008—2018年全国奶牛养殖主要地区奶牛头数

单位：头

省份	年份							
	2008	2010	2012	2014	2015	2016	2017	2018
河北	27 568	32 728	68 121	82 886	89 601	139 869	194 914	215 842
内蒙古	25 331	29 661	43 596	48 588	58 656	110 968	144 074	163 827
辽宁	14 313	14 565	31 990	40 294	36 447	31 506	40 800	35 288
黑龙江	23 476	59 646	61 621	114 379	110 120	157 035	160 671	176 999
山东	13 340	28 780	37 567	57 660	79 342	83 476	106 203	109 135
河南	12 556	23 427	30 812	74 483	91 508	114 916	124 199	109 570

省份	年份							
	2008	2010	2012	2014	2015	2016	2017	2018
陕西	2 414	14 632	26 551	29 529	31 810	22 673	30 701	30 576
新疆	3 189	18 700	26 309	35 998	34 468	54 468	64 912	42 592

数据来源：《中国奶业统计摘要 2019》

在奶牛头数上，数量较多的地区有河北、内蒙古、黑龙江、河南等地，2018年河北的奶牛头数达到了215 842头。在增长趋势上，河北、黑龙江、内蒙古、山东在近两年呈增长趋势，其余地区则有不同程度的下降（如图6-14）。各地区的奶牛头数在整体上都有不同幅度的增加，说明我国奶牛产量的增加依赖于奶牛数量的增加。奶牛头数的变化也与养殖规模的变化相关，如内蒙古的奶牛场数量减少，但奶牛头数从2008年的25 331头增加到2018年的163 827头，增加了5.5倍，表明其养殖规模在不断扩大。

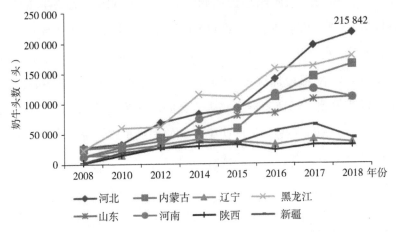

图6-14　2008—2018年全国主要地区奶牛头数变化趋势

数据来源：《中国奶业统计摘要 2019》

2008—2018年各省的奶牛养殖规模水平都得到了提升。通过变动率可以看出，除辽宁外各地区的规模头数都在不断增加，其中内蒙古、河北和黑龙江的年平均增长率较高。辽宁地区的养殖规模在减少，这可能与当地农业政策有关。内蒙古2008年的养殖规模为367头，2018年增加到2 642头，增长近6.2倍。主要奶牛养殖地区的养殖规模都在500头以上，即大规模养殖。其中内蒙古、辽宁和黑龙江均达到了1 000头以上（见表6-13）。

表6-13　2008—2018年全国奶牛养殖主要地区奶牛养殖规模

单位：头

年份	2008	2010	2012	2014	2015	2016	2017	2018	变动率
河北	399	376	587	502	523	446	529	627	5.7
内蒙古	367	706	1 211	1 245	1 777	1 819	2 118	2 642	6.2
辽宁	2 044	910	561	1 060	1 175	954	948	1 176	-0.7
黑龙江	313	527	684	1 179	1 019	1 365	1 350	1 372	3.3
山东	370	282	276	420	408	413	600	708	0.9
河南	228	249	270	446	450	461	498	519	1.2
陕西	402	178	553	579	636	492	590	764	0.9
新疆	265	519	571	719	650	864	1 014	760	1.8

数据来源：《中国奶业统计摘要2019》

从奶牛养殖规模的变化趋势上看，除辽宁和内蒙古以外，整体较为稳健。如图6-15，2008—2012年，辽宁地区的养殖规模大幅下降，从2008年的2 044头下降到2012年的561头，奶牛养殖业在2012年遭遇寒冬，随着收购站牛奶收购标准的提高，辽宁地区出现了倒奶现象，导致这一年的奶牛养殖受挫。2018年，主要地区的奶牛养殖规模都达到了500头以上，其中内蒙古达到了大规模养殖2 642头，辽宁与黑龙江都超过了1 000头，规模化程度较高。从这一变化趋势上预测未来各地区的奶牛养殖规模仍会继续增加。

如图6-16，从2003—2017年全国规模化比重变动趋势看，我国奶牛养殖100～200头以内的规模占比较高，1 000头以上的规模占比较少。2017年100～200头以内的规模占比为58.3%，100头以上的占比为34%，各规模的占比都在持续扩大，这一趋势表明我国的奶牛养殖业规模化程度会继续提高。

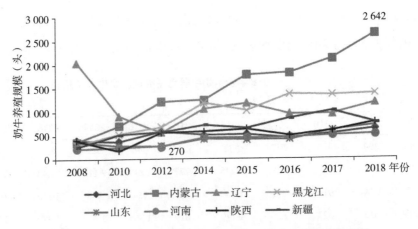

图6-15 2008—2018年全国主要地区奶牛养殖规模变化趋势

数据来源：《中国奶业统计摘要2019》

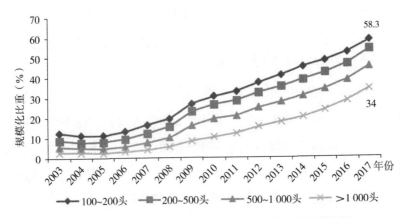

图6-16 2003—2017年中国奶牛养殖规模比重变化趋势

数据来源：《中国奶业年鉴》

3.养殖产出效益分析

随着奶牛养殖场的规模增大，日平均产奶量在不断增加。对我国奶牛养殖业而言，提高奶牛养殖场规模化比重是提升牛奶产量的一个重要途径。2008—2018年不同规模奶牛场的日平均产奶量都在不断增加，其中500头以上的奶牛场产奶量从2008年的24.4公斤增加到2018年的29.1公斤，增长了近1/5。50头以下规模的产奶量从2008年的19.1公斤增加到2018年的22.3

公斤，增长了1/6，增长速度低于大规模养殖场（见表6-14）。产奶量的增加表明我国的技术效率在不断提升，而大规模养殖场相比小规模养殖场更有利于技术进步的推广，因此我国应继续提升规模养殖比重，提高大规模养殖模式的比例。

表6-14　2008—2018年全国不同规模奶牛养殖场测定日平均产奶量

单位：公斤

规模	年份							
	2008	2010	2012	2014	2015	2016	2017	2018
＜50	19.1	20.6	19.0	16.4	16.3	20.7	20.2	22.3
50~99	20.5	19.3	19.7	21.4	21.1	22.3	22.6	24.6
100~99	20.7	20.2	21.3	22.1	23.5	24.8	24.9	25
200~499	21.5	21.4	22.9	24.0	25.0	26.2	27.1	27.8
500~999	24.4	23.4	25.0	25.6	27.0	28.1	28.4	29.1
≥1000	23.7	24.5	25.7	26.9	28.5	29.0	29.9	30.9

数据来源：《中国奶业统计摘要2019》

2005—2018年，全国平均中规模奶牛养殖的成本利润率从21.88%增加到了31.57%，增长速度为44%。其中成本利润率较高的地区有吉林、河北以及黑龙江等。各地区的成本利润率参差不齐，表明在奶牛养殖业上，不同地区存在着自然等因素的差异。内蒙古作为养殖大省，成本利润率远远低于全国平均水平，说明在养殖效益上还有待提升（见表6-15）。

表6-15　中规模奶牛养殖地区成本利润率

单位：%

地区	年份					
	2005	2010	2015	2016	2017	2018
全国平均	21.88	29.50	26.80	27.62	22.37	31.57
云南	/	61.49	/	13.73	14.22	25.03
黑龙江	37.23	38.74	46.03	48.91	34.17	33.46
内蒙古	35.64	52.17	21.13	16.00	12.86	10.88
吉林	3.61	43.65	50.77	56.47	74.08	96.87

续　表

地区	年份					
	2005	2010	2015	2016	2017	2018
新疆	37.35	/	4.98	8.22	13.71	25.87
河南	21.26	24.05	30.48	34.17	22.78	19.51
河北	/	/		49.19	/	49.19
山东	/	/	24.74	12.74	5.78	13.43
辽宁	/	28.79	19.85	23.67	18.88	16.98
陕西	37.40	20.07	-4.85	6.37	11.07	12.80

数据来源：《中国奶业统计摘要 2019》

（三）国内外奶牛养殖现状比较

本节选取世界奶业联盟调查的不同国家奶牛养殖的典型牧场数据，统一五个国家的牧场数据范围，进而对其奶牛养殖现状进行横向比较。

如图6-17，在1996—2018年五个国家牛奶产量的变化趋势中，美国的牛奶产量远高于其他四个国家，并保持稳定增长趋势。2002年之后，澳大利亚、新西兰、荷兰和中国奶牛头数发生明显变化。中国的牛奶产量逐步增长并高于新西兰、荷兰和澳大利亚。除美国之外的四个国家的牛奶产量之间差距较小，美国和其他国家的差距较大且呈逐渐扩大趋势，这一现象可能与奶牛头数和奶牛单产量有关。

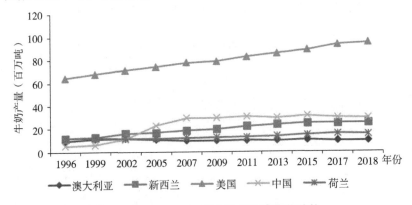

图6-17　1996—2018年牛奶产量变化趋势

数据来源：IFCN

如图6-18，美国的奶牛头数平均在9 000千头以上的水平，高于其他四个国家的奶牛头数，近20年基本保持平衡。中国的奶牛头数在2002年出现明显的增长，2011年之后受国际奶价等因素影响奶牛头数有所下降，2015—2018年与新西兰基本维持在相同水平。总体而言，澳大利亚、美国与荷兰的奶牛数量较为稳定，中国与新西兰的相对变动较大，且波动趋势一致，这与两国的奶业贸易伙伴关系相关。2008年10月，中新自由贸易协定生效，两国的乳业市场紧密相连，乳业市场的价格波动影响到奶业链上游的养殖业，从而影响奶牛头数变化。

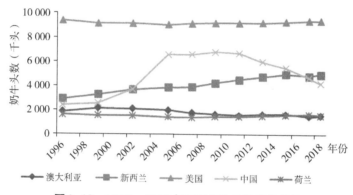

图6-18 1996—2018年五国奶牛头数变化趋势

数据来源：IFCN

如图6-19，新西兰的奶牛数量相比其他国家并不突出，但其养殖规模位居四个国家之首，随后是澳大利亚、美国和荷兰，养殖规模分别在100～300头、50～250头、100头以内。荷兰一直实行小规模养殖，其他三个国家的养殖规模在2018年均超过200头。四个国家的养殖规模一直不断增长，美国和新西兰的养殖规模增长速度较快，荷兰与澳大利亚相对缓慢。1996—2015年，新西兰的养殖规模从200头扩大到400多头，随后保持稳定状态。

如图6-20，近二十年来，五个国家的奶牛单产水平都得到了明显提升，单产水平较高的有荷兰和美国，2018年均在10吨左右，澳大利亚和中国在6吨左右，新西兰的奶牛单产在5吨左右。中国的奶牛单产增长速度较快，美国在2011年超过荷兰，单产水平在五个国家中最高，澳大利亚和新西兰的单产水平近几年都相对稳定。荷兰无论是养殖规模还是奶牛头数都低于其他国家，但单产水平接近于美国，奶牛养殖业的高效生产与其自然环境、奶业利益分配机制、奶业服务机构等密切相关。

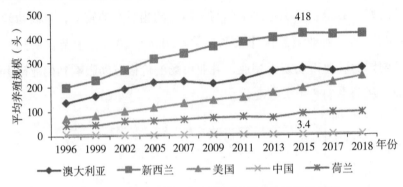

图6-19　1996—2018年五国平均养殖规模变化趋势

数据来源：IFCN

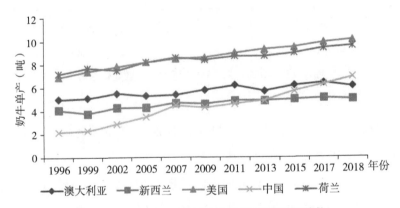

图6-20　1996—2018年五国奶牛单产变化趋势

数据来源：IFCN

三、国内外奶牛养殖业中的奶料比测算分析

上一节通过比较分析对各国奶牛养殖业的变化情况有所了解，本节开始测算奶料比。需要说明的是，本节对国内奶料比采取了两种测算依据：第一种对国内不同地区不同养殖规模进行分析时，使用《全国农产品成本收益资

料汇编》中的相关数据，采取公认测算方法；第二种在与其他四个国家相比较时，国内的奶料比数据采取国际牧场联盟公布的农场数据（与其他国家数据来源相同），测算方法使用类比方法，具体说明如下。

（一）奶料比的测算方法与依据

1.测算方法说明

根据数据的可获得性，本节在测算国内不同地区及不同规模养殖模式下的奶料比时，将数据变量设为饲料占比（不同饲料在日粮中所占比例）和奶牛产量的比例。详见式（6.1）和式（6.2）。

2.数据来源与处理

国内奶料比测算数据选自2008—2018年《全国农产品成本收益资料汇编》，变量选取为各地区不同规模奶牛的主产品产量与精饲料数量以及耗粮数量，其中耗粮数量不包含精饲料数量，将二者之和作为精混饲料量，主产品产量作为牛奶产量进行比较，单位均为公斤。由于个别省份的统计数据不全，因此会出现某一年某一地区的奶料比不能被测算，表格中用"/"表示，图中将不会显示，但整体能反映不同地区的奶料比情况，具体数据呈现在附录中。在国外奶料比的测算分析中，数据选取自IFCN发布的*Dairy Report*，共选取2015年、2016年、2017年、2018年四年数据，所测算的奶牛品种均为荷斯坦牛。将各国选取农场的相关数据进行加权平均后作为各国奶料比测算的参数。

（二）国内奶料比的测算分析

1.各地区养殖结构与奶料比分析

大规模养殖模式下测定的奶料比各地区的平均值为1.05～1.33间，最低值和最高值分别出现在辽宁和黑龙江地区。从局部上看，云南省的奶料比在2012年达到的1.81，但平均值为1.23。奶料比较高的省份有黑龙江、山东、云南与新疆，均值在1.20以上。在年度平均值上，2012年、2016年和2017

年的奶料比在1.20以上。不同地区的年均变动率除山东外均较低，不同年份不同地区的奶料比呈现出较大的差异，如云南2010年的奶料比为0.86，但在2012年就增加到了1.81，黑龙江2016年的奶料比为1.38，在2018年减少到1.31，但在整体上，每个地区在不同年份的奶料比维持在一定的水平，说明在这一规模下，奶料比具有稳定性，个别的差异可能受到饲喂的饲料比例、气候环境等的影响（见表6-16）。

表6-16　大规模养殖模式下不同地区的奶料比情况

年份	2008	2010	2012	2014	2015	2016	2017	2018	A	C
河北	/	/	/	/	/	/	/	1.12	1.12	0
内蒙古	/	/	1.02	1.12	1.05	1.18	1.18	1.10	1.10	0
辽宁	1.04	1.07	1.10	1.11	1.06	1.07	1.08	1.05	1.07	0.7
黑龙江	1.22	1.35	1.34	1.35	1.36	1.38	1.33	1.31	1.33	0.71
山东	1.14	1.14	1.00	1.30	1.21	1.39	1.44	1.34	1.24	2.51
河南	1.11	1.16	1.11	1.13	1.09	1.12	1.15	1.14	1.12	0.17
云南	1.45	0.86	1.81	0.82	/	/	/	/	1.23	−0.76
新疆	1.12	1.18	1.29	1.28	/	1.23	1.27	1.20	1.22	0.71
B	1.18	1.12	1.23	1.15	1.15	1.22	1.24	1.18	/	/

注：A为各地区平均值，B为各年度平均值，C为各地区奶料比的年均变动率。

数据来源：《全国农产品成本收益资料汇编》

如图6-21，2008—2018年，大规模养殖模式下除云南省外各地区的奶料比变化较为稳健，维持在1.10～1.50的水平。云南省在2012年奶料比达到1.81，在2014年又下降到0.82，随后增长到1.30左右，这一变化与当地的饲料价格变化相关。2018年，辽宁、黑龙江、山东、河南4省的养殖规模分别为1 176、1 372、708、519，同年4省的奶料比分别为1.05、1.31、1.34、1.14，在这一测定中，奶料比的高低并不随着养殖规模的大小而变化。2018年各地区的奶料比都有走低的倾向，这可能与中美贸易战导致的饲料价格上涨有关，豆粕和苜蓿等主要精粗饲料不管是进口还是国产都分别上涨了210元/吨和2 600元/吨，直接影响了奶料比的变化。

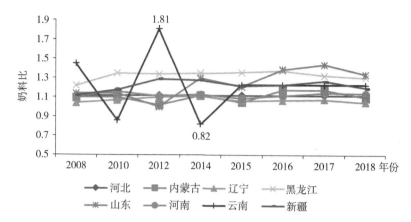

图6-21 大规模养殖模式下不同地区的奶料比变化情况

数据来源:《全国农产品成本收益资料汇编》

中规模养殖模式下各个地区的奶料比仍然在1.3左右,从整体上看,这一模式下奶料比较高的地区有新疆和黑龙江,但新疆的奶料比在逐年下降,2008年奶料比为1.67,2018年就下降到了1.22,在这一规模下新疆的成本利润率经历了较大波折,2005年、2015年、2018年的成本利润率分别为37.35、4.98、25.87,奶料比影响到了成本利润率的变化。2018年各地区成本利润率的变化趋势同奶料比的变化趋势基本吻合,这表明在促进奶牛养殖业的发展中,除了降低成本外可从提高奶料比上提升奶牛养殖效益。将这一养殖模式下不同省份的奶料比进行比较,黑龙江的奶料比仍然较高。内蒙古的奶牛养殖规模大于辽宁,但奶料比却低于辽宁,且相比2008年的奶料比,近几年有所下降,比起养殖规模从2008年的367增加到2018年的2 642,奶料比并没有逐年提高。河南、陕西的奶料比仍低于其他地区(见表6-17)。

表6-17 中规模养殖模式下不同地区的奶料比情况

年份	2008	2010	2012	2014	2015	2016	2017	2018	A	C
河北	/	/	/	/	/	/	/	1.01	1.01	0
内蒙古	1.25	1.24	1.01	1.04	1.10	1.14	0.97	1.08	1.10	−0.71
辽宁	1.15	1.09	1.11	1.16	1.18	1.15	1.14	1.12	1.13	−0.22
吉林	1.11	1.12	1.13	1.08	1.12	/	1.09	1.20	1.12	0.71

年份	2008	2010	2012	2014	2015	2016	2017	2018	A	C
黑龙江	1.22	1.34	1.27	1.37	1.38	/	1.36	1.33	1.32	0.99
山东	/	/	/	/	1.00	/	0.98	1.22	1.06	0.53
河南	1.13	1.14	1.12	1.11	1.12	/	1.12	1.15	1.12	0.08
云南	1.08	1.38	/	/	/	/	0.82	0.94	1.05	−0.68
陕西	1.14	0.95	0.96	0.93	0.89	/	0.94	0.91	0.96	−0.85
新疆	1.67	/	1.76	1.36	1.38	/	1.07	1.22	1.41	−0.92
B	1.21	1.18	1.19	1.15	1.14	1.14	1.05	1.11	/	/

注：A为各地区平均值，B为各年度平均值，C为各地区奶料比的年均变动率。

数据来源：《全国农产品成本收益资料汇编》

小规模养殖模式下各地区的奶料比平均为1.2左右，地区之间出现了明显差异，云南省的奶料比明显高于其他省份，2010年和2012年分别达到了1.89和2.08，2018年为1.63，高于其他养殖模式下的奶料比峰值。其次为黑龙江，奶料比在1.3左右，其他地区的奶料比均在1.1及以下。从年度变化趋势上看，2010年、2012年、2018年的奶料比在1.20以上，高于其他年份。从变动率来看，内蒙古的年均增长率较高，其次为山东和云南，分别为2.29和2.75。从增长趋势上看，云南、内蒙古、河南在近两年保持增长，其余地区分别有不同程度的下降，整体低于中、大规模，预测未来在小规模养殖模式下，奶料比在各地区间的增长幅度仍会较小（见表6-18）。

表6-18　小规模养殖模式下不同地区的奶料比情况

年份	2008	2010	2012	2014	2015	2016	2017	2018	A	C
河北	1.04	1.07	1.09	1.05	1.02	1.05	1.06	1.01	1.04	−0.22
内蒙古	0.96	1.06	0.93	1.02	1.07	1.14	1.12	1.30	1.07	10.03
辽宁	1.09	1.10	1.12	1.11	1.09	1.06	1.09	1.08	1.09	−0.8
吉林	1.14	1.16	1.18	1.12	1.12	1.12	1.13	1.14	1.13	0
黑龙江	1.33	1.36	1.55	1.39	1.40	1.33	1.34	1.32	1.37	−0.8
山东	1.06	1.30	1.30	1.11	1.14	/	/	1.30	1.20	2.29
河南	1.05	1.14	1.16	1.1	1.11	1.11	1.03	1.15	1.10	0.99

年份	2008	2010	2012	2014	2015	2016	2017	2018	A	C
云南	1.38	1.89	2.08	1.4	1.58	1.30	1.41	1.63	1.58	2.75
B	1.13	1.26	1.30	1.16	1.19	1.15	1.16	1.24	/	/

注：A为各地区平均值，B为各年度平均值，C为各地区奶料比的年均变动率。

数据来源：《全国农产品成本收益资料汇编》

2. 不同饲养规模的奶料比分析

本节分析在散养、小规模、中规模和大规模养殖模式下全国各地区的平均奶料比。

（1）散养

全国平均散养模式下的奶料比为1.08，除2011年的1.29峰值以外变化较为平稳，2011年散养模式的奶料比达到了1.29，这主要受当年精饲料和粗饲料数量减少影响。近几年全国散养模式的奶牛养殖逐渐被整合和替代，喂养模式也会根据养殖情况进行调整。散养模式主要以家庭养殖为主，相比规模养殖饲喂饲料的精确配比，喂养模式更遵循传统，因此奶料比的变化相对稳定。但散养模式相对规模养殖不利于技术的推广，不利于实行长远发展。我国的奶牛散养模式主要分布在河北，后演变为奶牛小区，在养殖规模化比重不断提高的情况下，散养模式的生存空间逐渐有限（见表6-19）。

表6-19　2008—2018年全国平均奶牛散养模式下的奶料比

年份	精饲料数量（公斤）	耗粮数量（公斤）	主产品产量（公斤）	奶料比
2008	2 781.10	1 936.80	5 140.90	1.08
2009	2 916.31	2 107.39	5 400.08	1.07
2010	2 865.39	2 061.90	5 266.23	1.06
2011	2 360.00	1 652.00	5 214.23	1.29
2012	2 812.91	1 992.33	5 232.8	1.08
2013	2 830.25	2 018.81	5 282.59	1.08
2014	2 928.68	2 072.56	5 400.00	1.07
2015	2 838.66	2 013.63	5 133.81	1.05
2016	2 807.07	1 992.90	5 191.91	1.08

年份	精饲料数量（公斤）	耗粮数量（公斤）	主产品产量（公斤）	奶料比
2017	2 802.2	2 020	5 221.09	1.08
2018	/	/	5 400.91	/
A	1.09	B	0	

注：A 为年平均奶料比，B 为年平均增长率。

数据来源：《全国农产品成本收益资料汇编》

（2）小规模

小规模养殖的奶料比为 1.1 左右，略高于散养模式。2008年奶料比为 1.07，2018年增加到 1.14，同比增长40%，并没有因饲料价格的变化而减少。与散养规模相似的是，2011年小规模养殖的奶料比也达到了历史新高，增长到 1.15，相比大规模养殖，小规模养殖模式更趋于稳定，不易受奶业市场的波动。此外这一养殖模式更具有"精细化"，能够照顾每一头奶牛的生长和生产，奶料比在近几年呈增长趋势。小规模养殖相对散养可以有效提升疾病防控能力和效率，不仅是奶料比，还能从其他方面提升养殖效益。小规模的规模化优势并不明显，因此要更注重提高奶牛单产水平，提升奶料比（见表6-20）。

表6-20　2008—2018年全国平均奶牛小规模养殖模式下的奶料比

年份	精饲料数量（公斤）	耗粮数量（公斤）	主产品产量（公斤）	奶料比
2008	2 793.60	1 988.50	5 156.10	1.07
2009	2 738.87	1 947.56	5 217.63	1.11
2010	2 706.18	1 915.84	5 257.32	1.13
2011	2 673.80	1 884.31	5 266.55	1.15
2012	2 763.42	1 942.26	5 211.03	1.10
2013	2 789.07	1 977.07	5 308.93	1.11
2014	2 851.85	2 014.62	5 292.97	1.08
2015	2 818.71	1 990.44	5 305.32	1.10
2016	2 855.83	2 040.58	5 336.86	1.08
2017	2 901.87	2 096.9	5 506.91	1.10

年份	精饲料数量（公斤）	耗粮数量（公斤）	主产品产量（公斤）	奶料比
2018	2 825.97	2 094.90	5 619.26	1.14
A	1.15	B	-2.7	

注：A为年平均奶料比，B为年平均增长率。

数据来源：《全国农产品成本收益资料汇编》

（3）中规模

中规模养殖模式的奶料比平均为1.2左右，2018年为1.14，相比2008年并没有增长，且与小规模2018年的奶料比等同，但中间经历了细微波动，2009年中规模养殖模式的奶料比达到1.16，当时虽受毒奶粉事件的影响，但产出效率却有所增加，主要因为投入的精混饲料数量减少。2010年国际奶价上涨，传导到奶牛养殖业上养殖成本受到影响，奶料比出现明显下降趋势。随着奶业振兴相关举措的调整，小规模养殖的奶牛饲喂和产奶量也随之波动，进而反映到奶料比的变化趋势上（见表6-21）。

表6-21　2008—2018年全国平均奶牛中规模养殖模式下的奶料比

年份	精饲料数量（公斤）	耗粮数量（公斤）	主产品产量	奶料比
2008	2 845.2	1 999.7	5 555.8	1.14
2009	2 778.21	1 924.19	5 496.41	1.16
2010	2 923.39	2 049.15	5 387.87	1.08
2011	2 922.96	2 070.70	5 588.48	1.11
2012	3 009.93	2 139.25	5 743.17	1.11
2013	3 092.71	2 207.54	5 824.43	1.09
2014	3 049.60	2 150.65	5 715.85	1.09
2015	3 122.06	2 223.40	6 032.78	1.12
2016	3 159.09	2 268.69	6 073.12	1.11
2017	3 179.25	2 287.25	6 235.00	1.14
2018	3 215.94	2 321.92	6 318.31	1.14
A	1.22	B	0	

注：A为年平均奶料比，B为年平均增长率。

数据来源：《全国农产品成本收益资料汇编》

（4）大规模

大规模养殖的奶料比平均为1.2左右，2018年为1.23，相比2008年增加了0.12，在2016年，奶料比达到了1.24，当年奶牛生产的主产品产量增加了400多公斤，而投入的精混饲料数量没有明显变化。大规模养殖相对其他规模基础设施更加完备，生产设施齐全，能够满足标准化生产。除了生产规范，也更有利于实施生产性能监测管理，从而更好地结合实际情况进行调整。大规模养殖在饲喂中要更注重精粗饲料配比，可通过调整蛋白质饮料、酵母饲料等提高原料奶质量（见表6-22）。

表6-22　大规模养殖奶料比

年份	精饲料数量（公斤）	耗粮数量（公斤）	主产品产量（公斤）	奶料比
2008	3 380.70	2 321.20	6 346.20	1.11
2009	3 320.67	2 302.37	6 344.63	1.12
2010	3 323.57	2 299.06	6 274.68	1.11
2011	3 628.74	2 523.34	6 291.64	1.02
2012	3 404.16	2 434.39	6 445.41	1.10
2013	3 390.11	2 437.31	6 454.23	1.10
2014	3 401.04	2 409.05	6 784.27	1.16
2015	3 442.90	2 456.32	6 934.89	1.17
2016	3 446.49	2 468.22	7 350.83	1.24
2017	3 179.25	2 287.25	5 950.49	1.08
2018	3 635.72	2 614.10	7 703.78	1.23
A	1.13	B	1.58	

注：A为年平均奶料比，B为年平均增长率。

数据来源：《全国农产品成本收益资料汇编》

2008—2018年，我国不同规模的奶料比维持在1.0～1.3，整体水平较低。我国的奶牛养殖效益还有很大的提升空间。横向而言，规模越大，奶料比越高，因此推行规模养殖，提高规模化比重有利于我国奶牛养殖业技术效率的提升。规模养殖模式的奶料比会随着时间的增加而增加，尤其是大规模奶牛养殖，这与科技投入有关（见表6-23）。

表6-23　不同规模奶料比情况

年份	散养	小规模	中规模	大规模
2008	1.08	1.07	1.14	1.11
2009	1.07	1.11	1.16	1.12
2010	1.06	1.13	1.08	1.11
2011	1.29	1.15	1.11	1.02
2012	1.08	1.10	1.11	1.10
2013	1.08	1.11	1.09	1.10
2014	1.07	1.08	1.09	1.16
2015	1.05	1.10	1.12	1.17
2016	1.08	1.08	1.11	1.24
2017	1.08	1.10	1.14	1.08
2018	/	1.14	1.14	1.23

数据来源：《全国农产品成本收益资料汇编》

　　将2008—2018年不同规模的奶料比进行对比，如图6-22，从散养到大规模，奶料比依次增加。但各规模之间的差异较小，在1.08～1.30。散养模式中奶料比曾出现1.29的峰值，源于那一年耗粮数量的急剧减少。大规模出现了1.24的峰值，源于主产品产量的增加。大规模的奶料比较高，在饲喂效率上具有优势，目前我国整体的奶牛养殖效率提升依赖在大规模养殖模式下的提升。

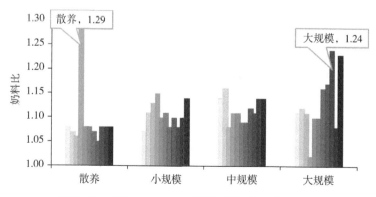

图6-22　2008—2018年不同规模奶料比变化趋势

数据来源：《全国农产品成本收益资料汇编》

（三）国内外奶料比的测算分析

1.国内典型牧场的奶料比分析

国际牧场联盟IFCN选取了全球100多个国家的120多个牧场，对有关奶牛养殖的微观数据进行测定，本节测定的数据来自其选取的中国牧场。2015—2018年，国内的单位牛奶价格在不断下降，从2015年的67.5美元下降到2018年的58.8美元，下降了12.8%。投入的饲料成本从2015年的45.5美元下降到2018年的42美元，下降比例为7%，低于牛奶价格的下降幅度。随着国民对牛奶需求的增长和我国牛奶产量的增加等，奶价逐年下降，但国内牛奶生产仍具有盈利空间。所选取牧场的奶料比在4年内没有特别大的变化，在2016年同比增加0.2后，2018年回归至1.4，略高于上文所测定的国内不同地区不同养殖规模的奶料比值，除了存在的测量误差，这可能与所选取牧场的生产能力有关（见表6-24）。

表6-24　测定牧场的奶料比情况

年份	单位牛奶价格（美元/100公斤）	投入饲料成本（美元/100公斤）	奶料比
2015	67.5	45.5	1.4
2016	64.1	38.5	1.6
2017	62.9	41	1.5
2018	58.8	42	1.4

数据来源：*Dairy Report*

单位牛奶价格的变化趋势和投入饲料成本变化趋势之间的差距在不断缩小，一定程度上会影响奶牛养殖户的利润空间。国内奶牛养殖投入的饲料相对于其他国家受市场奶价的影响较大，投入的饲料成本会产生系列波动。2016年上半年中国奶牛饲料产量为440吨，比2015年同比增长3%，而奶牛养殖成本较上年下降了7美元，可能受到了产量增加的影响。奶料比在2016年出现了峰值，这与饲料成本的大幅度下降有关，随后饲料成本逐渐回升，奶料比也随之下降，表明我国的奶牛养殖业饲料投入并不是特别稳定，这与奶业发达国家如上文中荷兰的饲喂模式存在差异。

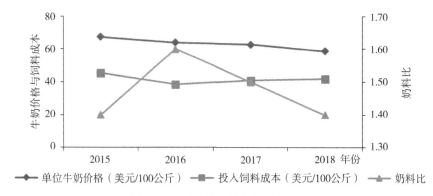

图6-23　测定牧场的奶料比趋势图

数据来源：Dairy Report

2.澳大利亚的奶料比分析

2015—2018年，澳大利亚的奶料比从2.1增加到了2.5。牛奶价格上涨以及饲料投入成本的减少使奶料比上升，且饲料成本并没有随着价格的变化而增加，主要源于澳大利亚的种养结合模式，饲料来源于牧场供给，受市场价格波动影响小。澳大利亚的奶牛单产也在逐年稳步提升，牧场种植的大麦和玉米提供了饲养的精饲料，其养殖模式不仅节约了生产成本也直接提升了奶牛饲料质量（见表6-25）。

表6-25　2015—2018年澳大利亚奶料比情况

年份	单位牛奶价格（美元/100公斤）	投入饲料成本（美元/100公斤）	奶料比
2015	30.5	14.5	2.1
2016	30.5	14.5	2.0
2017	38.8	15.5	2.5
2018	33.0	13.0	2.5

数据来源：Dairy Report

图6-24中更直观地反映出了奶料比的变化趋势。单位牛奶价格和投入饲料成本的变化趋势基本稳定，但在2017年奶价出现了峰值，这是受国际奶价波动的影响。奶料比也随利润空间的扩大而提升。2018年单位牛奶价格又急速下降，而饲料成本也开始下降，避免了市场价格波动带来的风险。

奶价不能控制，但饲料成本可以通过机械化种植和科技投入而不断降低，这也为我国的奶牛养殖业发展提供了一条经验借鉴。

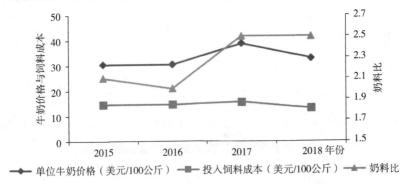

图6-24　2015—2018年澳大利亚奶料比变化情况

数据来源：Dairy Report

3.新西兰的奶料比分析

新西兰的奶料比在2018年达到了3.0，表明其奶牛养殖效益较高。在4年内，单位牛奶价格从30.5美元增加到34美元，且中间具有较大的波动，2017年的奶价大幅上升同样受到世界奶价的影响。中新自贸协定的生效为两国奶业发展都带来了机遇，新西兰乳业市场也更容易受到中国市场的影响而产生波动。饲料成本从12.5美元下降到了11美元，同样源于国内控制，与澳大利亚一样，新西兰也实行牧草种植，对饲料价格变化更具有主动权，在奶价上升趋势的条件下，降低占投入比重最大的饲料成本能够增加奶牛养殖的成本效益（见表6-26）。

表6-26　2015—2018年新西兰奶料比情况

年份	单位牛奶价格（美元/100公斤）	投入饲料成本（美元/100公斤）	奶料比
2015	30.5	12.5	2.8
2016	26.5	10.0	2.0
2017	36.7	11.0	2.2
2018	34.0	11.0	3.0

数据来源：Dairy Report

2015—2018年，单位牛奶价格呈现上升、下降的波动趋势，投入饲料成本曲线平稳下滑，奶料比随利润空间的增大而上升，在最低点仍达到了2.0。从趋势图中可以看出，奶料比会随着奶价的提升和饲料成本的下降而继续增加。在饲喂条件上，新西兰非常注重科学喂养，将科技和服务运用到奶牛生产的各个环节。虽然实行放牧养殖但并没有出现过度放牧带来的问题，新西兰非常注重草畜平衡，实现"以栏管畜、以畜控草"，保障了生态的平衡。

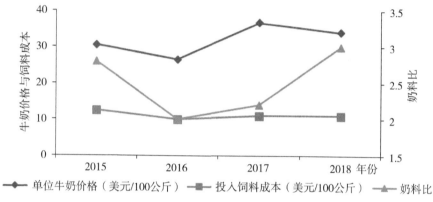

图6-25 2015—2018年新西兰奶料比变化趋势

数据来源：*Dairy Report*

4.美国的奶料比分析

与澳大利亚和荷兰不同，美国的奶料比从2015年的2.8下降到了2018年的2.0，降幅达28%，主要源于美国单位牛奶价格的大幅下降。2015年美国的单位牛奶价格为56.6美元，2018年下降到37美元，下降了34%，高于饲料成本的降幅。美国的牛奶产量从2015年的88.9百万吨增加到2018年的95.31百万吨，产量的增加是牛奶价格下降的主要因素。除此之外美国还不断改良奶牛品种和提高规模化水平，高产奶牛比例不断增加，大规模带来的净收益也不断增长（见表6-27）。

表6-27 2015—2018年美国奶料比情况

年份	单位牛奶价格（美元/100公斤）	投入饲料成本（美元/100公斤）	奶料比
2015	56.6	19.8	2.8

续　表

年份	单位牛奶价格（美元/100公斤）	投入饲料成本（美元/100公斤）	奶料比
2016	37.7	18.3	2.0
2017	40.9	16.6	2.4
2018	37.0	18.3	2.0

数据来源：*Dairy Report*

美国的单位牛奶价格趋势和饲料成本趋势都逐年下降，其中牛奶价格在2016年为37.7美元，达到4年内最低水平，但奶料比并不是最低点。2017年受国家奶业价格波动，牛奶价格攀升，奶料比出现较大增长点。美国奶业利润空间有缩窄趋势，奶料比的提升仍然需要从饲料等其他方面提升。

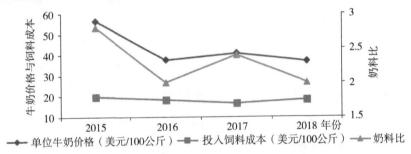

图6-26　2015—2018年美国奶料比变化趋势

数据来源：*Dairy Report*

5.荷兰的奶料比分析

荷兰的奶料比在5个国家中处于较高水平，均在3.0及以上。饲料投入成本与新西兰相似，但单位牛奶价格高于新西兰。牛奶价格在2016年出现一次下滑后就维持在50美元及以上。荷兰的奶牛产量和单产在逐年上升而牛奶价格没有出现下降，可能与荷兰的奶制品需求有关，作为奶业强国，乳制品出口贸易额占出口总额的3/4（见表6-28）。

表6-28　2015—2018年荷兰奶料比情况

年份	单位牛奶价格（美元/100公斤）	投入饲料成本（美元/100公斤）	奶料比
2015	51.5	12.0	3.1
2016	46.5	11.5	3.0

续　表

年份	单位牛奶价格（美元/100公斤）	投入饲料成本（美元/100公斤）	奶料比
2017	50.0	11.0	3.0
2018	51.0	12.0	3.1

数据来源：*Dairy Report*

如图6-27，2015—2018年，荷兰的单位牛奶价格和投入饲料成本变化趋势较为平缓，牛奶价格的波动引起奶料比在相应位置变动。荷兰有较为完善的奶牛养殖业体系。2015年欧盟正式结束了牛奶生产配额政策，为荷兰的乳制品出口释放了更多的机会，在一定程度上带动了养殖业的发展。荷兰的饲喂多实行机械化，饲料配比中青饲料占比较多，加上户外养殖以牧草为主，使其干物质产量多，牛奶蛋白质含量高。

图6-27　2015—2018年荷兰奶料比变化趋势

数据来源：*Dairy Report*

（四）国内外奶料比差异的归因分析

1.国内外奶料比比较分析

如图6-28，在奶料比的结构上，荷兰的奶料比最高，稳定在3.0及以上，美国、澳大利亚和新西兰在2.0及以上，中国的奶料比在1.5左右，明显低于其他国家。近几年中国的牛奶产量和奶牛单产水平在不断提高，但国内牛奶价格和饲料成本远高于其他国家，故奶料比水平较低。2018年中国的牛奶价格较2015年已经下降超过10美元，未来还会有降低趋势，奶料比有提升空间。2018年新西兰奶料比也达到了3.0，奶牛的饲喂效率得到提升。美国和澳大利亚的奶料比虽然出现波动，但奶料比有提升趋势。

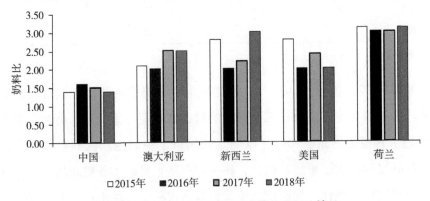

图6-28　2015—2018年五个国家的奶料比情况

数据来源：*Dairy Report*

2. 国内外奶料比差异的影响因素分析

在以典型牧场为对象的测算中，影响奶料比的因素主要有饲料结构与单位牛奶价格，比起牛奶价格，饲料结构相对比较稳定，因此在分析奶料比差异时，本书主要讨论饲料结构的占比情况。

表6-29　2015—2018年各国的饲料占比

单位：%

年份	国别	奶料比	草料	青贮饲料	干草	玉米青贮	副产品	精饲料	添加剂
2015	中国	1.4	0	0	18	32	6	43	3
2016		1.6	1	0	23	31	7	26	12
2017		1.5	0	0	22	36	7	24	11
2018		1.4	0	0	22	36	0	31	11
2015	荷兰	3.1	15	37	0	16	5	24	0
2016		3	17	34	0	15	5	29	0
2017		3	16	35	0	14	3	32	0
2018		3.1	15	35	0	11	6	33	0
2015	美国	2.8	1	16	15	30	15	40	2
2016		2.4	0	19	18	29	0	33	1
2017		2	0	19	18	27	0	33	3
2018		2	0	20	18	27	0	33	2

续　表

年份	国别	奶料比	草料	青贮饲料	干草	玉米青贮	副产品	精饲料	添加剂
2015		2.1	38	17	10	0	0	35	0
2016	澳大	2	52	12	6	0	0	30	0
2017	利亚	1.8	50	18	7	0	0	25	0
2018		2.3	45	20	13	0	0	22	0
2015		2.8	80	12	0	0	8	0	0
2016	新西兰	2	83	10	0	0	5	0	2
2017		2.2	84	10	0	0	5	0	0
2018		3	83	11	0	0	6	0	0

数据来源：*Dairy Report*

　　从饲料结构的时间推进上看，各国饲料结构基本稳定。除新西兰外，四个国家的精饲料占比接近。中国精饲料的占比在四年中有所下降，维持在30%左右，添加剂的比例随时间增长不断增加，各国非精饲料副产品的比例在不断减少。饲料的投入对牛奶的产出有重要影响，五个国家不同的饲料比例影响了奶料比的情况。荷兰的饲料比例中，精饲料和玉米青贮占比较高，其次为青贮饲料和草料。荷兰干草与青饲料之比不断减小，牧草青贮饲料和饲料玉米的比例分别在60%和30%以上，增加了供奶牛消化的有机物。美国与荷兰饲料占比接近，精饲料占比在30%以上，其中玉米青贮和非精饲料的副产品占比稍高，作为玉米种植大国，美国为国内奶牛养殖业提供了丰富的饲料原料。中国的饲料比例中，玉米青贮和精饲料的比例有所增加，测定的中国牧场几乎没有草料饲料（见表6-29）。

　　中国的地理环境中，除内蒙古、新疆等具有牧草牧场，其余多为畜栏养殖，因此草料比例较少。澳大利亚和新西兰的饲料结构以草料为主，这与两国的天然牧场养殖模式有关，青贮饲料在两国的饲料结构中占据一定比例，这一饲料主要应用在牧场之后的畜栏养殖中，青粗结合，为奶牛提供了丰富的营养物质。

　　将奶料比与各饲料占比进行最小二乘法估计，粗略看饲料占比对奶料比的影响程度，回归结果如表6-30。

表6-30　回归结果

变量	系数	P 值	变量	系数	P 值
草料	0.019	0.0000	副产品	0.051	0.0083
青贮饲料	0.055	0.0000	精饲料	0.006	0.3232
干草	0.006	0.5034	添加剂	0.006	0.8167
玉米青贮	0.023	0.0694			

数据来源：根据回归结果整理

　　从回归系数中看出，青贮饲料、玉米青贮和副产品对奶料比的影响相对较强，影响系数分别为0.055、0.023、0.051。青贮饲料除中国以外，在其他四个国家的占比都相对较高，因此青贮饲料对奶料比产生了积极影响。各系数的值相对较低，说明在测定的条件下，除饲料占比之外还有更多影响奶料比的因素，包括奶牛品种、科技投入等。在上文分析中，草料在澳大利亚、新西兰和荷兰的饲料中占比较大，而这些国家的奶料比较高，因此草料对奶料比产生了积极的影响。草料多为干草，由青料与干料、茎叶与谷粒等组成。澳大利亚和新西兰多为天然牧场养殖，在生产草料饲料上具有得天独厚的优势，奶牛的营养摄入不仅来自草料提供的营养物质，还源于室外放牧，为奶牛提供了充足的活动空间和足够的光照。荷兰的土地资源相对其他国家较少，其牧草多源于家庭种植，加上科研成果的应用，为奶牛营养摄入提供了量身定做的饲料。因此奶料比与每个国家的具体养殖情况相关，提升奶料比还要结合自身养殖情况。

四、奶料比对养殖效率变动的贡献度分析

　　对各国奶料比测算之后可以得出：荷兰和新西兰的奶料比较高，均值可达3.0，中国的奶料比最低，均值为1.5，造成这一差异的原因与各国奶牛喂养中所投入的饲料占比有关。奶料比作为衡量奶牛养殖效率的指标之一，通

常认为其指数越高则代表饲养效率越高，而奶料比对整体养殖效率的贡献度有多少？本节将着重探讨这一问题，进一步分析各国奶料比与养殖效率的关联性。

（一）各国养殖效率实证分析

1. 养殖效率函数构建

（1）理论模型

本节选取随机前沿模型计算效率。利用数据估计生产前沿需要选择的函数形式来包络样本点，常用的函数形式包括柯布—道格拉斯（C-D）生产函数和超越对数（Translog）生产函数。截面数据的随机前沿模型有确定性生产前沿和随机生产前沿。与横截面数据相比，面板数据集包含了更多的观测值，本节选取了5个国家4个时期的样本数据，因此采取面板数据随机生产前沿模型。目前最流行的面板数据随机生产前沿模型是Battese and Coelli（1992，1995）提出的两个模型，通常称为BC92模型和BC95模型。

Battese and Coelli（1992）提出了一个适用于（非平衡）面板数据随机前沿生产函数模型，该模型假设无效率项服从截断正态分布，也允许其随时间变化，因此被称为时变无效性随机生产前沿模型。BC92模型的基本形式表示如下：

$$y_{it} = x_{it}\beta + (v_{it} - u_{it}),\ i = 1,\ 2,\ \cdots,\ N;\ t = 1,\ 2,\ \cdots,\ T$$

$$u_{it} = u_i \exp[-\eta(t-T)] \tag{6.3}$$

式（6.3）中，y_{it} 是第 i 个厂商在第 t 期产出的对数值；x_{it} 是一个 $k*1$ 维向量，表示第 i 个厂商在第 t 期的投入数量的对数值；β 是未知参数向量。v_{it} 是随机噪声，反映统计测量误差等不可抗因素造成的模型偏差，假设 $v_{it} \sim N(0,\ \sigma_v^2)$ 且与 u_{it} 互不相关；u_{it} 是一个非负随机变量，衡量因人为因素导致的技术无效率状况，假设 $u_i \sim \text{iid}N^+(\mu,\ \sigma_\mu^2)$；$\eta$ 是考虑时变性的待估参数。

长期以来，运用随机前沿的模型的实证研究都是根据估计生产函数随机前沿并预测企业效率，然后用预测得到的效率值对特定变量进行回归，试图找出企业之间存在效率差异的原因。这种效率值因因变量对相关影响的因素进行回归。但是这种两阶段估计模式也被视为一个阶段，并且两个阶段中关于无效率项的假设是不一致的，这样的两阶段估计过程是不可能得出和一阶段同等有效结果的。

这一问题由昆巴卡尔、高希和麦古金（Kumbhakar，Ghosh and McGukin，1991）和赖夫施奈德和史蒂文森（Reifschneuder and Stevenson，1991）提出，他们认为随机前沿模型中的无效率项（u_i）可以表示为厂商特定变量和随机误差的确定性函数。巴泰塞和科埃利（Battese and Coelli，1995）提出了一个与昆巴卡尔、高希和麦古金（Kumbhakar，Ghosh and McGukin，1991）等价的模型，同时增加了配置效率分析、去除了利益最大化的一阶条件并适用于面板数据。BC95模型可以表示如下：

$$y_{it} = x_{it}\beta + (v_{it} - \mu_{it}), \quad i=1, 2, \cdots, N; \ t=1, 2, \cdots, T$$

$$v_{it} \sim N(0, \sigma_v^2), \ \mu_{it} \sim N(m_{it}, \sigma_\mu^2),$$

$$m_{it} = z_{it}\delta \tag{6.4}$$

式（6.4）中，y_{it}、x_{it} 和 β 的定义与前文一致，z 是一个包含可能影响企业效率因素的 p*1 维向量，δ 是响应待估参数的 1*p 维向量。在这一模型中，同样根据巴泰塞和科拉（Battese and Corra，1977）的参数化方法，用 $\sigma^2 = \sigma_v^2 + \sigma_\mu^2$ 和 $\gamma = \sigma_\mu^2 / (\sigma_v^2 + \sigma_\mu^2)$ 代替 σ_v^2 和 σ_μ^2，γ 的取值范围是 [0，1]。

（2）实证模型

本节采用随机前沿生产函数，使用面板数据对五个国家的奶牛生产技术效率进行比较分析。模型设定如下：

$$LnY = \beta_0 + \beta_1 lnx_1 + \beta_2 lnx_2 + \beta_3 lnx_3 + \beta_4 lnx_4 + v_i - \mu_{it} \tag{6.5}$$

式（6.5）中，Y 为每个国家的牛奶产量，X_1 表示奶牛场的劳动力投入费用，x_2 表示奶牛场的土地投入费用，x_3 表示饲料投入费用，x_1 代表每个国家奶牛场的奶牛数量。β 为估计参数。v_{it} 是服从 $N(0, \sigma_v^2)$ 的不可控随机误差项。μ_{it} 为服从 $N(m_{it}, \sigma_u^2)$ 的非负技术无效率项。除了劳动力、土地、饲料、奶牛数量之外，影响奶牛生产技术效率的还有其他方面的要素，本节选取奶牛初次泌乳月龄、奶牛生产替换率、奶料比、奶牛单产水平作为非技术效率影响因素。

2. 数据选取与实证分析

本节选取国际牧场联盟IFCN分别在2015年、2016年、2017年、2018年发布的《世界奶业报告》（*Dairy Report*）中的数据，根据五个国家有代表性的牧场数据代表该国的奶牛养殖情况，除此之外选取联合国粮食及农业组织的相关数据进行实证研究。

（1）投入产出变量说明

所选取的技术效率影响因素除奶牛数量之外，其余全部用投入费用表示，即生产一定量的牛奶所要投入的资金，表示如下：劳动力投入（美元/100公斤牛奶）、土地投入（美元/100公斤牛奶）、饲料投入（美元/100公斤牛奶）和奶牛数量作为投入变量，五个国家每年的牛奶总产量（吨）作为产出变量。在产出值中，牛奶产量最高的国家依次为澳大利亚、美国、中国、新西兰、荷兰。在投入变量中，以2018年为例，投入的劳动力（美元/100公斤）从高到低依次为美国（976.14）、澳大利亚（649.6）、中国（119.55）、荷兰（116.6）、新西兰（95.85）；在土地投入方面从高到低依次为美国（246.5）、澳大利亚（232）、新西兰（95.85）、荷兰（42.4）、中国（6.14）；在饲料投入方面次依为美国（2 031.16）、中国（1 289.4）、澳大利亚（1 206.4）、新西兰（234.3）、荷兰（127.2）；在奶牛头数上依次为美国（1 455）、新西兰（530）、中国（479）、澳大利亚（324）、荷兰（175）。

表6-31　技术效率影响因素描述统计

变量	单位	均值	标准差	最小值	最大值
牛奶总产量	百万吨	52.3	36.4	10.6	100
奶牛数量	头	606	418	152	1 455
劳动力投入	美元	7.5	1.8	0.2	11
土地投入	美元	3.0	11.5	4.5	5.5
饲料投入	美元	19.5	1.7	10	45.5

数据来源：根据IFCN数据整理得出

（2）实证结果分析

①生产函数估计

劳动力的系数估计符号为正，表示劳动力投入对产出贡献为正并通过了显著性检验。劳动力投入的成本在新西兰中最少，100公斤牛奶的成本为4.5美元左右。荷兰和中国的劳动力成本较高，荷兰由于人口较少劳动力成本高，而中国人口多劳动力成本高的原因归于行业性质。饲料投入的系数为正，说明对技术效率的影响是积极的，且系数达到0.5，说明影响程度较深。饲料投入直接影响了奶牛饲喂效率，决定了牛奶的蛋白含量等。在这一要素中，荷兰和澳大利亚以及新西兰的饲料成本投入最低，这与其饲草种植和牧场结构有关，中国的饲料投入占成本比例最高，并远远高于其他国家，而中国的奶料比在五国之中最低，提升国内奶牛养殖效益，除了规模化以外可从饲料方面展开。奶牛数量对技术效率的影响甚微。

表6-32　随机前沿生产函数的估计结果

变量	系数估计	t 统计值
lnx_1	0.225 4***	23.43
lnx_2	−0.524 4***	2.798 1
lnx_3	0.502 3***	2.557 8
lnx_4	0.101 1	1.614 0
σ^2	0.594 5*	1.823 4
γ	0.411 0	1.409 6
LR 单边检验误差	14.745 6	

注：*表示在10%水平上显著，**表示在5%水平上显著，***表示在1%水平上显著。

②奶牛养殖效率结果

模型估计结果表明，五个国家的平均效率值为0.81，且不同国家之间存在显著差异。五个国家在四年中的技术效率排名依次为中国、美国、荷兰、澳大利亚、新西兰。其中荷兰、美国和中国四年的技术效率逐年递增，而澳大利亚和新西兰的数值呈波动和逐年递减趋势。中国的效率值在五个国家中最高，均值达到0.97，奶业较为发达的澳大利亚和新西兰技术效率均值为

0.76和0.53，奶料比最高的荷兰技术效率为0.85，美国为0.93（见表6-33）。

表6-33　技术效率估计结果

国家	年份				
	2015	2016	2017	2018	均值
荷兰	0.85	0.83	0.84	0.91	0.85
美国	0.94	0.92	0.94	0.94	0.93
中国	0.96	0.97	0.98	0.98	0.97
澳大利亚	0.70	0.65	0.86	0.83	0.76
新西兰	0.58	0.52	0.52	0.51	0.53

数据来源：根据模型估计结果整理

（3）实证结果说明

从实证结果可以看出，土地投入对技术效率的影响为负相关，而中国在五个国家中的土地投入远远低于其他国家，这是技术效率呈现差异化的显著原因。从另一角度看，中国的饲料投入指数较高，综合这一指标对技术效率有较强的贡献度，因此在最终结果上能够得出较高的数值。而新西兰在这两项指标中，与中国相比呈现相反状态，即土地投入较多，而劳动力投入指标少，因此技术效率低于五国平均值。除此之外，中国奶料比最低，但技术效率远高于奶料比较高的新西兰，实证结果从表面上显示出奶料比与技术效率呈反比。奶料比与技术效率都从投入和产出面上作为两项指标衡量奶牛生产效益，二者的值越高，反映奶牛养殖的效益越高，因此奶料比和技术效率为同向指标，并不会此消彼长。新西兰的技术效率值并不高可能受到其他方面的影响。

（二）各国养殖效率及奶料比的关联度分析

1.奶料比与养殖效率的相关性分析

对测算出的五个国家在2015—2018年的奶料比和养殖效率进行估计，将二者的关系进行回归分析，得出结果如表6-34。

表6-34　奶料比与养殖效率的回归结果

变量	系数	P值
奶料比	1	0.000 0
养殖效率	4.18	0.000 7

数据来源：根据模型估计结果整理

估算结果中，两个变量的P值都通过了显著性检验。其中奶料比的系数为1，养殖效率的系数为4.18，表明两者之间具有较强的影响。奶料比和养殖效率作为衡量奶牛养殖业的重要指标，在养殖业范围内紧密相关，能够相互促进，因此不能忽略两者之间的关系，无论是提升奶料比还是提升养殖效率，都要考虑另一方的影响路径。

2.奶料比影响养殖效率的路径分析

奶价与饲料投入成本是测算奶料比的两个重要因素，而饲料投入成本与技术效率呈反比，因此会在一定程度上使奶料比与技术效率形成相背关系，这便解释了上文中奶业较为发达的新西兰奶料比较高而其养殖效率较低，而奶料比较低的中国养殖业的技术效率达到了0.97。

如图6-29，奶料比对养殖效率的影响从饲料投入出发，以草料、干草、青贮饲料、玉米青贮、副产品、精饲料、添加剂七个饲料品种展开。其中青贮饲料、玉米青贮、副产品的影响程度较强（以实线代表），草料、干草、精饲料与添加剂的影响程度较弱（以虚线代表），最终投射到养殖效率的饲料投入中，对养殖效率造成一定程度的负面影响。

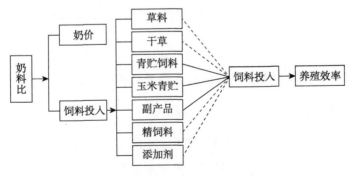

图6-29　奶料比对养殖效率的影响路径图

五、国外奶牛养殖业经验借鉴及对策建议

（一）国外奶牛养殖业优势及经验借鉴

澳大利亚在提升奶牛养殖规模化的同时，为澳大利亚提供了许多就业机会，在人员培养上，相关部门不断注重奶业从业人员的素质提升，为澳大利亚的奶业创造了良好的循环体系。我国可借鉴澳大利亚这一提升养殖人员素质的经验。目前，相对国外大规模的养殖模式，我国的奶牛养殖散养和小规模仍占很大比例，从业人员以家庭成员为主，养殖以经验传承为主。针对奶牛养殖培训的机构还很少，为此可增加专业培训途径，加强与高校或科研机构的联系，促进研究人员与从业人员的交流，既提升奶牛养殖的专业化与科技化水平，又促进科研机构的实践研究。

新西兰非常注重科技水平在奶牛养殖体系中的运用，其奶业系统具有较强的抵御风险的能力。其次在育种方面，新西兰将科技放在奶牛养殖的优先地位。相比较我国奶牛养殖中在这方面的工作并不完善，我国奶牛养殖以提升产奶量为主，科技育种将有助于加快这一目标的实现。此外新西兰非常重视乳企与高校之间的合作，致力于奶牛养殖方面的技术创新。我国也应在这一方面加强实践，在农业高校或科研机构中设立养殖机构合作项目，使研究技术基于实践之中，并使得研究成果第一时间得到应用。奶牛养殖在高校与养殖场的合作上长期化、高效化，形成良好的运作系统。

荷兰的奶牛养殖喂养饲料也以牧草为主，但与澳大利亚和新西兰不同，荷兰的牧草主要来源于种植。在奶牛喂养上非常注重饲料配比。我国的奶牛饲料喂养多以经验为主，相对缺乏科技化与专业化，并且受饲料价格变化较大，这样既不利于促进奶牛的生产，也容易受到其他行业变化的影响。因此我国可借鉴荷兰奶牛饲喂经验，在经验积累的基础上参照科研技术、专家建议等，为奶牛提供营养均衡的日粮配比。同时在饲料价格变化较大的时期对奶牛喂养的饲料提供补助，以促进奶牛养殖的稳定。不断优化饲料结构，顾全奶牛不同生长时期，形成稳步优化的局面。

美国在养殖规模上，不断向规模化转变，目前已形成了多个超大养殖场，这与其本土发展实际情况相关。在美国，1 000头以上的养殖场牛奶生产成本最低，这一成本效益与单产水平随规模增大而提升相关。因此我国在发展奶牛养殖业时，不能盲目追求大规模，要结合国内不同地区不同养殖模式下的实际情况。美国大规模养殖场的科技水平、管理水平相对其他规模较高，而目前我国中规模的奶牛养殖场生产成本最低，主要与我国奶牛大规模养殖场的基础设施并不十分健全有关，因此，在发展模式和发展速度上，不追求大和快，而是将模式转变与基础设施建设相结合，科技水平的应用紧跟奶牛养殖发展步伐甚至高于养殖业的进步。在此基础上，奶牛养殖业进步将会基于更稳健的基础。

（二）有关提升奶牛养殖业奶料比的对策建议

1.优化饲料结构，加强科学饲喂

奶牛饲料主要依靠粮食、作物副产品、秸秆以及天然牧草，而优质牧草和饲料作物种植推广较为缓慢，饲草饲料转化使用率低，奶牛饲草饲料结构单一，各地可探索多种形式的牧草种植。政府可对种植饲料饲草实行补贴政策，鼓励种植和开发优质牧草，农业技术推广部门可根据不同地区的气候和农业生产特点，推广饲料种植和栽培技术。在奶牛饲喂上不同养殖场可加强科研团队力量，细化奶牛生产性能监控，在精饲料添加剂上可借鉴荷兰等国家经验，从而提高牛奶质量。

2.建立完善服务体系，保障奶牛生产高效运行

奶牛综合服务体系是奶业作为一个新兴产业健康发展的根本保障，其中包括：良种繁育、推广体系、饲草饲料的研制、供应体系，奶牛疾病的预防、检疫体系，奶牛育种、后裔测定等生产性能检测体系，鲜奶及奶制品质量检测体系，奶牛新技术等研究开发、引进推广、应用体系。我国应根据各省的具体情况，借鉴奶业发达国家服务体系的先进经验，建立适合的奶业服务体系。

3.适度规模饲养，灵活提高技术效率

不同规模的养殖户应当采取不同的饲养方式。提升技术效率的最终目的是提升我国牛奶产量，提升奶业效益。养殖户追求的是利润最大化，这些并非完全由技术效率决定，并且我国追求的是奶业长期发展，高效绿色发展，不同的养殖户应该寻求自身最适合的养殖模式。我国要继续重点发展适度规模化养殖，根据各省的土地、资源、饲料等实际情况，充分发挥区域优势。

4.提高生产标准，严格把控奶牛养殖环境质量关

中规模、大规模的养殖场特点是奶牛存栏量多，对奶牛养殖的环境要进行严格的标准化管理，同时对可能影响生产的因素进行控制，确保生产出来的牛奶量多质优。同时加强粪污处理、户外养殖环节的操作规范，以满足奶牛数量不断增加的需求。

第七章

北京奶业一体化管理平台构建研究

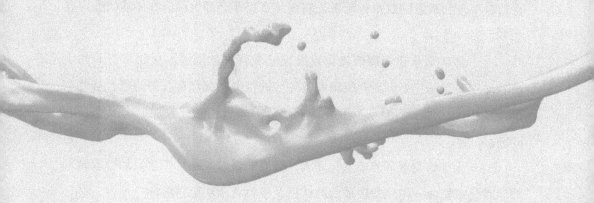

本章基于北京一体化的背景下，为达到整合奶业各经营主体奶业信息的目标，简化奶业各主体获取信息的渠道和方式，就北京奶业一体化管理平台的构建做出详尽的规划。平台将通过严格的指标限制不合格的奶业经营主体进入，严格把控平台内部奶业市场的安全，促进奶业各经营主体的健康发展。平台将引入政策保障和制度保障机制便于政府运用政策进行宏观调控，在信息平台和政府的双重保障下，实现北京奶业全面发展。具体的研究内容如下。

（1）北京奶业和管理信息化发展现状及存在的问题。从北京奶业的生产、加工和市场三个方面介绍奶业各环节的发展状况和存在的问题；从北京奶业的生产、加工和服务角度分析三个环节管理信息化发展概况及存在的问题。

（2）北京奶业各环节信息化需求。研究奶农、乳品加工企业和行政管理部门对北京奶业一体化管理平台的认识及平台各项功能需求。

（3）构建北京奶业一体化管理平台。根据奶农、乳品加工企业和行政管理部门对平台功能的需求程度及各奶业管理平台和软件科学合理地构建出北京奶业一体化管理平台。

（4）北京奶业平台各主体的加入意愿。研究奶农、乳品加工企业、行业管理部门（奶业管理部门、奶业协会）对北京奶业一体化管理平台的态度、加入意愿和影响意愿的因素。

（5）北京奶业一体化管理平台运行机制。对北京奶业信息化平台的内部作用机制原理进行了解释，并结合平台运行的各个模块相互连接、相互作用的关系做了系统性的分析解释。针对目前北京奶业信息化水平发展情况和问题提出相应的政策建议并且探讨北京奶业信息化平台可行性。最后从经济效益、社会效益、环境效益对整体平台效益做出评估。

（6）北京奶业一体化管理平台的保障机制。从政策法规、人才、科技等背景，探析北京奶业一体化管理平台的保障机制。

一、 相关概念界定和理论基础

（一）概念界定

1.奶业一体化

有学者指出奶业一体化实际上是奶业产业的一体化，是供、产、销等环节的有机融合，表现为风险共担、信息共享、责任共担、利益共赢的经济融合体。

奶业一体化是稳定奶业发展的有效机制，对奶业目前存在的深层次矛盾具有广泛影响，涉及奶业上游（奶农）、中游（乳品加工企业）和下游（零售商、超市）多方的利益，特别是对中游乳制品加工企业的利益影响居多。

2.奶业管理平台

奶业利用数据监控奶牛、牧场、饲料制作和分发、企业加工生产、奶业物流、气候等，精确掌握牛只的所有动态，将实现牧场养殖的智能决策、精准牧业、智能牧业；实现乳品加工的数据收集、信息分析、自动决策；实现乳品市场可追溯的互联网软硬件结合的平台。

3.奶业信息与奶业信息化

在信息网络技术快速发展和广泛应用的过程中，奶业信息不仅针对奶业链过程中的相关信息，还包括奶业信息的收集、整理、分析、应用和反馈的过程。

奶业的信息化发展要有与奶业生产力相匹配的智能化工具，是一种有组织、有联系、庞大的信息网络。有助于人们简化了解奶业链，包括饲料、奶牛废物处理、乳品加工包装、奶业物流、乳品批发及零售、乳品生产加工信息的渠道，有助于加强饲料行业、原料奶行业、乳品行业、消费者、政府之间的联系与纽带。奶业信息化也是指运用智能化工具或技术促使形成新生产力造福奶业的过程。实现奶业信息化，运用现代化信息技术对奶业生产的各个环节进行科学化、智慧化、精准化的监控和管理，提高奶业资源的利用效率和经营管理水平。

（二）理论基础

1.信息不对称理论

信息不对称（asymmetric information）指交易市场中的每个主体或个人所拥有的信息不对等。在社会政治、经济等活动中，一些成员拥有其他成员无法拥有的信息，由此造成信息的不对称。在市场主体中，各类人员对于某一信息认识的程度具有不平衡性；拥有信息较多的一方处在交易的有利地位，而掌握信息较少的一方处于被动和不利地位。比如二手市场的卖方就要比买方了解更多的产品信息；企业通常也比消费者要了解得多。

2.计划行为理论

阿伊岑和菲什拜因（Ajzen and Fishbein，1975、1980）共同提出了理性行为理论（Theory of Reasoned Action，TRA），研究发现人的行为和选择并非处于完全自我意识支配下，而是受某种控制行为的引导，因此，TRA理论将其进行了扩展，增加了对自我"行为控制认知"（Perceived Behavior Control）这一新概念，从而发展为今天的行为理论研究模式——计划行为理论（Theory of Planned Behavior，TPB）。其中认为人的行为决策意向主要受行为态度、主观规范和直觉行为的控制作用，人的态度积极、他人支持的程度高，直觉控制就越强，行为影响的意愿也就越大，反之则越小。

二、北京奶业一体化发展现状及问题

（一）北京奶业一体化发展现状

1.北京奶业横向一体化状况

北京市奶牛养殖场分布趋于集中，主要分布在延庆、昌平、密云、顺义、通州、大兴、房山地区。100～1 000头的规模化养殖场主要集中分布在延庆、昌平、顺义、大兴四个地区；1 000头～2 000头的规模化养殖场主要集中在通州地区；2 000头以上的养殖场主要集中分布在密云和通州两个地区。

目前，北京具有乳制品生产许可证的企业共有22家，分布于昌平、怀柔、大兴、密云、延庆等地。北京市乳制品企业的产品涵盖了几乎所有的乳制品种类，但在产品形式上主要以发酵乳、灭菌乳、巴氏杀菌乳和调制乳等液态乳制品为主。

2007年北京市乳制品产量57.9万吨，而2016年全市乳制品产量62.19万吨，其中液体乳产量58.98万吨，10年来乳制品产量增幅仅为0.73%。自2008年以来北京市乳制品产量由46万吨增长至2011年的58.6万吨，但自2011年开始增长放缓，预计到2020年北京市乳制品产量可能会维持在60万吨左右。2007年北京奶产品的销售收入为49.2亿元，到2016年已提升至126.3亿元（如图7-1），年均增长11%，预计到2020年北京市奶产品销售收入将达到近200亿元。虽然北京市乳制品产量没有大幅度的增长，但是乳制品产值却大幅度增长。

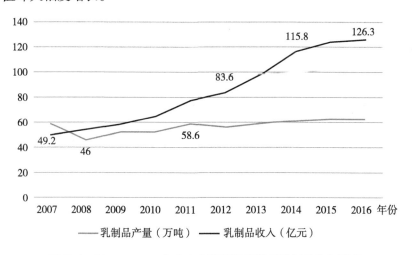

图7-1　2007—2016年北京市乳制品产量及乳制品收入情况

数据来源：2008—2017年《中国奶业年鉴》整理所得

2. 北京奶业纵向一体化状况

目前我国奶业养殖环节经过整顿和振兴，生鲜乳生产和质量安全水平已有质的提高，奶牛养殖规模不断扩大，但乳品加工企业仍处于供应链的核心地位，具有决策优势，掌握生鲜乳收购权和定价权，而奶农只养牛，处于被动地位。因此，缺乏监督机制和诚信约束的条件下，乳企为获取大部分利润，极有可能将成本转移到上游企业，导致供应链内部的不良竞争。当市场行情不好时，乳品加工企业将成本转移给原料乳生产商，原料乳生产商为了保障自身的收益，就会铤而走险在原料乳中掺假或提供有害物质，随之乳品加工企业加大检验的力度，拒收不合格原料乳，导致奶农倒奶、杀牛的现象发生，最终形成恶性循环。2013 年我国奶源紧张，乳品企业为争抢奶源大幅提高奶价，造成各地奶农盲目扩大奶牛养殖数量；而进入 2014 年以后，奶源迅速过剩，乳品企业又进行压级压价、拒收限收，形成我国奶业发展"奶荒牛贵""倒奶杀牛"反复循环的怪圈。

目前北京奶业链联系薄弱，从养殖、加工、运输到市场的利益传导机制不健全，导致养殖和市场需求不匹配，产业一体化水平低。由于养殖环节需要较长时间的调整，不能即时地应对市场需求的变动，导致原料奶的产量与乳制品产量的需求不断上下波动（图7-2），因此需要大量的进口乳制品来弥补市场缺口。一方面养殖环节在奶业链中没有及时获取市场的反馈和市场预期，导致成本提升和进口乳制品影响显著；另一方面奶牛养殖与乳品加工环节依靠合同关系维持。在北京的大型乳制品企业都拥有自建的养殖基地和配套设施，而社会奶源处于合约机制作用下，发展缓慢，特别是小规模的散户一直处于奶业链的弱势地位。

北京应提高调控和支持力度，加快乳制品产业链一体化进程，促进奶牛产业链各环节之间逐步实现利益共享，风险共担。政府应继续建立健全相关体制机制，加强对于乳制品行业的监管，促进乳制品企业迈向中高端。同时积极学习国外先进的经验，推动奶农入股乳制品企业模式的落地与实施，逐步提高奶牛养殖环节和乳制品加工环节利益联结的紧密程度，促进奶农与乳制品企业科学合理的契约关系的形成，提高产业链的一体化程度，进而促进奶牛产业链运行更加稳定。

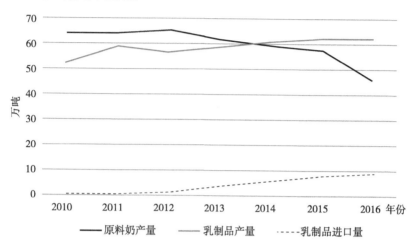

图 7-2　2010—2016年原料奶产量、乳制品产量和乳制品进口量变化图

数据来源:《2018年中国奶业年鉴》

（二）北京奶业一体化发展存在的问题

1.奶业利润问题

北京市奶牛养殖场特别是示范牛场通过近几年的发展，养殖技术和信息化水平不断提高，使得北京市奶牛养殖场的发展方式逐步由粗放式向集约式发展，从而在提高原料奶质量的同时降低了生产成本，有效改善了奶牛养殖场的经营效益，同时，北京市生鲜乳收购价格呈现良性波动，2015—2016年生鲜乳平均收购价格为3.72元/公斤，和全国生鲜乳平均收购价格相比，处于较高水平，从而保证了产业链上游奶牛养殖场的利润。

据北京示范牛场2017年8月份月报数据显示，2016年第一季度，北京示范牛场生鲜乳价格逐月下降，7月收购价格稍有回升，但上升幅度很小。整体来看，价格不高，2017年8月示范牛场生鲜乳收购价格为3.56元/公斤，环比上升0.06元/公斤，同比下降了0.12元/公斤。就北京地区2015年1月至2017年8月的生鲜乳收购价格显示，北京生鲜乳收购价格呈现波动状态，但波动范围较小（图7-3）。在京津冀奶业合作背景下，土地资源使用更加严格，环保方面的压力不断加大，严重制约了奶业行业的发展。

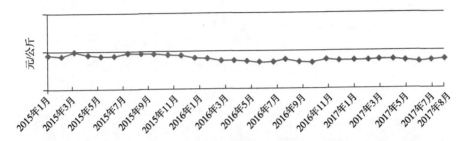

图 7-3　2015年1月至2017年8月北京市示范牛场生鲜乳收购价格变化情况

数据来源：调研数据整理

由表7-1可知，北京地区乳制品企业个数呈现下降趋势，乳制品企业规模不断上升，乳制品企业集中度上升。就北京乳制品企业利润情况来看，2010—2015年，奶业各经营主体乳制品企业中盈利企业占比均呈现波动上升趋势。

表 7-1　2010—2015年北京乳制品生产企业个数及盈利变化

年份	乳品企业个数（个）	盈利企业占比（%）	利润额（亿元）
2010	15	46.67	1.35
2011	9	44.44	0.73
2012	8	50.00	0.50
2013	6	50.00	−0.40
2014	9	55.56	−1.00
2015	9	77.78	2.6

数据来源：2011—2016年《中国奶业年鉴》数据整理所得

北京奶业已经进入了标准化和规模化的阶段。乳制品加工企业的生产和加工的技术水平在不断提高，但难点依然存在。近几年北京的乳制品企业数量不断减少，从2007年的13家减少到9家，其中亏损企业占据很大部分（图7-4）。据统计数据显示，北京市乳制品企业的利润呈现逐年下降趋势。近几年乳制品企业之间竞争依然激烈，自身广告成本和人工成本等居高不下，乳制品企业在与乳制品销售终端（超市）的博弈中不能占据上风，导致自身利润被超市挤占，乳制品企业的利润还受到产业链上游奶牛养殖场和下游零售商的双重挤压，导致乳制品企业利润水平下降。

图7-4　2007—2015年北京市乳制品加工企业总数及亏损企业个数

数据来源：2008—2016年《中国奶业年鉴》整理所得

乳制品市场上的利润分配不合理；乳制品各品牌之间竞争压力大；乳制品的附加值低等原因，导致了乳制品利润微薄，随着国外奶业的冲击，成本越来越高，更让国产奶举步维艰。尽管乳制品的产值大幅度提高，但是北京市乳品企业依然存在负利润增长，仅有2009年、2010年、2015年在平均利润值之上。近几年乳品企业的盈利情况有所缓解，但是利润波动大，导致经营状况不稳定，甚至会出现企业破产的现象（图7-5）。

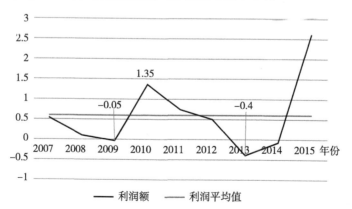

图7-5　2007—2015年北京市乳制品企业利润变化趋势

数据来源：2008—2016年《中国奶业年鉴》整理所得

2.奶业产量问题

从图7-6中可以看出，北京市乳制品产量以及液态奶产量总体上呈上升的趋势，反映出目前北京市乳制品企业的生产经营状况保持稳定。但是由于近年奶牛存栏量的大幅度下降，导致2017年乳制品和液态奶的产量下降。自2013年乳制品产量开始高于近十年平均产量，但是到2015年却出现了下降，到2016年下降至平均产量。预计到2017年乳制品产量将在平均产量之下。

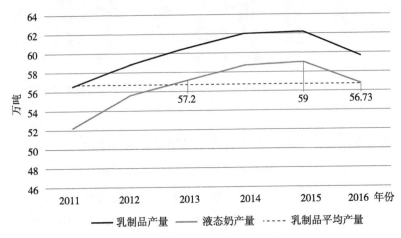

图7-6 2011—2016年北京乳制品产量和液态奶产量变化

数据来源：2018年中国奶业统计资料及北京市畜牧总站

3.奶业链信誉问题

奶业供应链主要有原料乳的生产、原料乳收购和乳制品加工销售三个环节，追求自身利益最大化是供应链各主体形成合作的动因。当各环节分属于不同的利益主体时，经营目标就难以达到统一，并且在短期内还会存在矛盾冲突，即各环节的利润存在此消彼长的关系。奶农期望的是成本低而原料奶收购价高，中间环节需要赚取差价，期望的是原料奶收购价低而原料奶的销售价格高，作为最后环节的乳品加工企业则期望原料奶的购买价格越低越好。因提供高质量要付出更多的成本，因此奶农的利益与其原料乳的质量成反比。假定，奶农、奶站及乳企对自己的行为都可以在"背叛"和"诚信"之间进行选择，即奶农可以在提供低质量奶和高质量奶之间选择，奶站和乳企可以在随机定价和优质优价之间进行选择，在缺乏监督机制和诚信约束的条件下，各方博弈后的均衡点肯定是都选择"背叛"，因为都不希望自己的诚信建立在对方"背叛"的基础上，即利益各方均会采取投机行为。

4. 国外市场冲击问题

2007—2017年以来，我国乳制品进出口量整体呈现上升趋势，从21.9万吨增长至217.5万吨，其中北京地区2017年奶粉进口总量为5万吨，是我国主要的奶粉进口地区。此外，北京地区也是我国主要的液态奶进口地区。从2017年北京奶业调研情况看，北京地区有奶粉消费习惯的家庭中选择消费进口奶粉的占比约为78%。成本偏高与进口数量持续增加，是影响目前北京奶业生存的主要不利因素之一。液态奶和干乳制品自2012年开始出现了大幅度的增长（见图7-7），随着进口乳制品的增加，也意味着北京市乳制品企业的市场份额逐渐减少，北京乳制品企业之间的竞争压力也越来越大。

图 7-7 2007—2017年北京市液态奶和干乳制品进口量

数据来源：2018年《中国奶业年鉴》

其次，我国乳品产业的发展经历了诸多波折，2008年的"三聚氰胺事件"等一系列事件，不断影响着消费者对国产乳制品的信心。为重塑民族乳业整体形象，恢复公众对民族品牌的信任，国家采取了诸多措施整治乳制品行业乱象，乳制品企业在仪器设备投入、内在质量管理、检测检验等方面做了大量工作，不少大型乳制品企业还开展了直接面向消费者的展示活动，但这些措施并未在短期内恢复全社会对国产乳制品的信心与信赖，急需社会各界和奶业同人一起携手寻找突破口，来推动发展民族乳业并恢复和提振国产乳品的消费信心。

5.质量检测成本高

随着饲养环境、饲养技术的改善，原料乳的质量有所提高。但因为奶农提供高质量牛奶要付出更多的成本，当乳企不能优质优价收购时，奶农的利益与其原料乳的质量成反比，即随着原料乳品质的提高，奶农的利益反而会降低，这就会导致逆向选择问题，原料乳质量往往被控制在拒收临界点，乳企必须增加检测力度才能保障原料乳的质量，大大地提高了检测成本。根据《GB 19301—2010 食品安全国家标准——生乳》的规定，生鲜乳的检测指标可分为：感官要求、理化指标、污染物限量、真菌毒素限量、滋味和气味、组织状态；理化指标包括冰点、相对密度、蛋白质、脂肪、杂质度、非脂乳固体和酸度；污染物限量包括铅、总汞、无机砷、铬和硒；真菌毒素限量包括黄曲霉毒素M1；微生物限量主要是指菌落总数；而农药残留限量和兽药残留限量涉及200多种化合物。据乳品企业相关人士估算，在 3.4 元/公斤的收奶价格中，检测成本就要占到 1%~3%。

目前在生鲜乳收购环节上，生鲜乳质量监测和管理制度不健全，在原奶等级评定上，乳品企业的检验结果具有决定性，奶农不能选择其他机构进行检验，由于信息不对称，奶农的利益时常遭到乳品企业的损害。尤其是在市场低迷期，乳品企业的销售量锐减，库存增加，进而减少了生鲜乳收购量，乳品企业会因各种理由拒收，而奶站或奶农对此毫无办法。在北京等地调研时发现，无论是规模化养殖场的奶站还是养殖小区的奶站，因市场价格高于合约价格而出现转卖的情况越来越少甚至没有，但是由于原奶质量不达标而被乳品加工企业少收、限收、拒收的现象较多，奶农亏损十分严重。可见，建立兼顾奶农和乳品企业双方利益的生鲜乳质量和安全监测体系势在必行。

三、北京奶业管理信息化发展概况

奶业在农业发展中的作用举足轻重，更是农业其他部门赖以生存和发展的支柱，但是随着奶业危机的影响，国内奶业市场动荡不安；而供需缺口的不断扩大更是整个农业供给侧结构性转变中的一个短板。而信息技术是目前各产业更是奶业"升级换代"和互相渗透的基础。因此信息技术在奶业转型中有着重要的地位，只有依靠高科技含量的技术，才能改变国内奶业的"弱质"地位。面对着奶业结构升级和绿色发展之间的平衡，消费的结构升级就一定要合理利用信息技术的引导；而绿色发展需要利用信息技术监督。

奶业一体化管理平台能够引导奶业各经营主体奶业产业融入互联网技术，在生产、管理和服务的方面，使得奶业生产实现高度的智能化、自动化，以此提高奶业的生产和管理效率、降低奶业的生产成本，通过北京奶业一体化管理平台实现奶业生产水平的提高。在奶业的养殖过程中实现数字化的监控；在原料奶的加工环节实现自动化的生产；在乳制品的运输方面实现网络化的格局；在奶业管理上实现信息化的控制。在互联网信息技术高度发达的时代，北京奶业一体化管理平台有利于降低奶业市场的信息获取成本和时间，提升北京奶业在国内和国外市场的竞争力，实现奶业的可持续发展。奶业信息化能够整合奶业信息资源，以信息系统保障奶业安全，平台是辅助奶业信息化的"媒介"，依托网络平台系统能够帮助北京整合奶业信息、科技、人力、资金资源等，促使奶业各经营主体协同发展。奶业各经营主体一体化在促进奶业信息化，同时奶业信息化会反作用于一体化进程。

奶业的信息化是北京奶业发展的未来趋势，是北京奶业现代化的重要里程碑。北京奶业的协同发展战略为奶业的信息化提供了土地资源、人才资源和科学技术等重要的支撑；为奶业中的养殖环节、加工环节、运输环节和消费环节提供重要的政策背景；在推动北京奶业发展中有着不可替代的作用。

在奶业各经营主体面临着奶业转型升级的大趋势下，北京奶业信息化的深入将成为引导奶业各经营主体由产量导向型向质量导向型转变的关键一步。

北京奶业一体化管理平台是在奶业信息化的标准和规范下，利用计算机技术、网络通信技术、电子工程技术等数字化技术，通过奶业信息获取、处理、加工、传播和利用的数字信息化过程，实现对奶业所涉及的对象和全过程进行数字化和可视化的体现和控制。北京奶业一体化管理平台将信息技术作为奶业生产的重要影响因素，使其参与到奶业的各环节中并成为不可或缺的重要部门。

奶业信息化与北京奶业一体化管理平台二者既有差别又有紧密的联系。北京奶业一体化管理平台是北京奶业信息化的重要发展方向，平台的构建需要北京奶业在各个环节实现信息化。以信息技术为支撑；以信息资源为基础；以信息人才为导向；以信息水平为衡量，能够促进未来北京奶业经济发展和提高生产力水平，实现北京奶业的现代化发展。

（一）北京奶业养殖管理现状

1.奶牛养殖管理软件现状

（1）养殖管理软件

目前北京市养殖管理软件主要有一牧云、GEA、阿菲金、奶牛一点通等奶牛信息管理软件，对北京13家示范牛场的调研显示，阿菲金和奶牛一点通使用率最高，占据了奶牛养殖平台软件市场的50%。使用阿菲金软件的一般是企业旗下的养殖场或者是养殖规模比较大的养殖场，对于小规模的养殖场来说，阿菲金设备的成本过高；而奶牛一点通具有操作简单、价格较低、安装容易等比较优势。中小牧场主要看中的还是养殖成本和利润，很多养殖场设备难升级、管理平台弱的原因均是受制于原料奶收购价格未能达到比较合理的水平。

一牧云软件（图7-8）。一牧云牧场生产管理与服务支撑系统是由一牧科技（北京）有限公司自主开发的云平台系统，该系统融合了全球百年奶牛养殖管理策略与最新的牧场管理理念。依据奶牛自然生长与生产规律和奶牛经济学原理，蕴含了复杂严谨的生产管理逻辑，从而能在这个快节奏、高效率的时代让牧场管理更专业、更简单、更高效。它不仅仅是一个群体信息管理平台，同时可以促进牧场积极进取改进牛群管理策略，助力奶牛群体管理水平的进步与提高。一牧云牧场生产管理与服务支撑系统主要包括7大部分：DWeb牧场生产管理系统、DSmart移动端牧场生产管理系统、DFeed牧场精准饲喂监控系统、DBI牧场数据智能分析系统、DInv牧场库存管理系统、DAPI牧场软硬件智能接口和DLearn知识管理与培训系统。

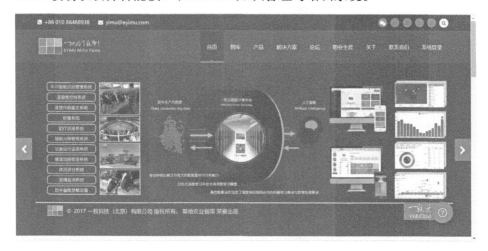

图 7-8 一牧云管理平台图

资料来源：一牧云官方网站

GEA管理软件（图7-9、图7-10）。软件系统的核心元素是DairyPlan C21牛群管理软件。DairyPlanC21有设备硬件管理、挤奶过程管理（挤奶控制、设定修改参数、操作过程报告等）、畜群管理（建立电子"户口本""个体档案""营养食谱"等）和外围设备管理（如奶牛身份自动识别系统等）。软件收集统计分析数据，集中管理牛群生产数据，对挤奶、繁殖、兽医等牧场工作进行有效指导。适合各种牛群规模，能够熟知产量和行为。软件提供牛群的产量、繁殖能力、健康状况和采食量的详细信息。对个体牛、各群牛和全群进行清晰评估，为尽早采取措施提供基础。GEA软件通过虚拟的健康卡，自动识别降产牛和疑似患有乳房炎的高电导率的牛，并以图形或表格形式进行大范围和个体的评估和分析。

图7-9　GEA管理平台图（一）

资料来源：GEA网站

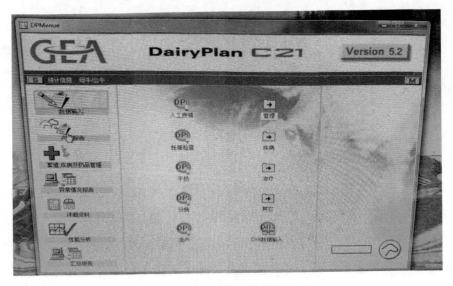

图7-10　GEA管理平台图（二）

资料来源：调研整理

阿菲金牧群管理软件（图7-11、图7-12）。阿菲金软件在所有规模的牧场都可以使用。阿菲金的传感系统收集重要的数据，经过系统计算、分析和整理。这些操作和提供的解决方案一起，确保牧场经理做最合适的决定。除了产量、繁殖能力、健康之外，阿菲金软件也提供营养问题警报，挤奶效率分析，能够以最好的管理能力控制牧场绩效。作为国内目前比较先进的管理软件系统，阿菲金软件的价格相比其他管理软件更加昂贵。

图 7-11　阿菲金管理平台图（一）

资料来源：阿菲金网站

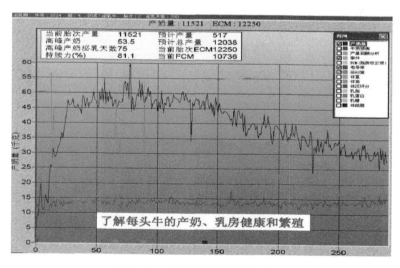

图 7-12　阿菲金管理平台图（二）

资料来源：阿菲金网站

奶牛一点通软件（图7-13）。该软件包含系统设置、牛群管理、繁殖管理、智能提醒、药品管理和饲料管理。其中系统设置主要包括奶牛只数设置、牛舍设置、奶厅设置和免疫保健管理（免疫保健设置和免疫保健提醒）；牛群管理主要包括牛只资料、场内移动、离场登记、舍存情况、舍存明细、牛只详细信息查看、产乳登记、日产乳登记列表；繁殖管理主要包括对发情/配种、妊娠诊断、妊娠检查、流产登记、产犊登记、期间流产查询统计和期间产犊查询统计的管理；智能提醒主要包括对产犊、断奶、初配、妊娠诊断和妊娠检查的提醒。

图 7-13　奶牛一点通管理平台图

资料来源：奶牛一点通官方网站

北京12家奶牛养殖场的管理软件使用情况如图7-14所示，使用奶牛一点通软件的有3家，占调研样本的25%；使用阿菲金软件的有3家，占调研样本的25%；使用其他软件和Excel表格的各2家，各占调研样本的17%；使用一牧云和GEA软件的各有1家，各占调研样本的8%。

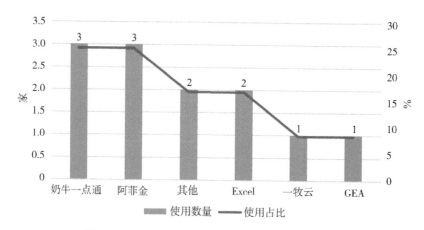

图 7-14 北京市 12 家示范牛场管理软件使用状况

数据来源：调研收集整理

（2）养殖信息管理人员情况

养殖信息管理人员是指对养殖场内牛群信息进行记录、收集、整理和分析的人员。北京市奶牛养殖行业从业人员整体受教育程度不高，人员流动性大。养殖信息管理人员缺乏相关的技能培训，同时受到不同平台操作方式的限制，导致不能有效处理养殖方面的信息。养殖场数据仍需要手工记录的方式，各岗位人员将信息记录到簿，再转交给信息管理人员整理并上传到平台中。大部分养殖场的信息管理人员需要将信息制作成 3～5 份不同内容的电子表格上传到邮箱或平台中，供企业、协会、管理部门等浏览。养殖管理人员指出这一过程要耗费信息管理人员 天的时间，而且要每天不间断地处理这些信息，并希望能够将信息处理的这一过程简单化、系统化、统一化。

表 7-2 2018 年北京市 13 家示范牛场从业人员受教育程度表

单位：人

区域	牛场名称	本科及以上	中专和高中	初中及以下	总人数
昌平	北京农机试验站	0	1	15	16
	北京三石奶牛场	0	1	17	18
房山	北京森茂种植有限公司	0	3	12	15
	北京中加永宏科技有限公司	0	2	0	12

续　表

区域	牛场名称	本科及以上	中专和高中	初中及以下	总人数
延庆	北京延照富民奶牛养殖中心	0	5	17	22
	北京瑞林奶牛养殖中心	0	0	1	13
	北京富农兴牧奶牛养殖中心	0	0	16	16
	北京金隆腾达养殖场	1	3	7	11
密云	北京鼎晟誉玖牧业有限责任公司	1	2	60	63
	北京康源奶牛养殖有限责任公司	2	0	11	21
通州	里二泗牛场	0	1	3	29
	半截河牛场	3	2	20	25
	三堡牛场	2	3	40	45

数据来源：调研数据收集整理

人员学历基本集中在中专和高中、初中及以下，本科及以上学历者寥寥无几。这加重了平台的操作和管理工作的困难度，使得平台内的功能和奶业相关的信息资源不能有效得到解读和重视。管理人员往往忽视了平台上信息的获取，一方面是由于管理平台不提供联网功能或奶业信息的资源，导致了信息操作员及管理者均不能重视奶业信息平台；另一方面，由于目前奶业信息存在大量无用、无聊的广告和功能，使得管理人员越来越不重视信息平台。这两方面导致了有用信息和功能被忽视，而无用的信息和功能却广泛传播，致使管理人员只能依靠"同行交流"的方式获取自己渴望的信息。

2.奶牛养殖管理信息化存在的问题

（1）奶农整体素质水平较低

尽管计算机网络技术在奶业养殖、加工、运输等方面运用广泛，但是奶农的整体知识、文化水平偏低、信息素质较低，对于奶业信息不能及时地分析和掌握，这就导致奶农对于信息技术的应用抱有怀疑态度，特别是在信息收集、处理和分析方面，还存在手工记录的现象，使得养殖过程中的信息复杂又庞大。同时奶农文化水平较低，又会让其在信息浏览查询过程中浪费很多时间和精力，形成信息素质低—信息杂乱—信息处理效率低的恶性循环。并且奶农文化程度低还让其缺乏信息网络技术应用的积极性，令其认识不到信息技术的优越性。针对北京地区13家规模示范牧场进行的调研数据显示，岗位内员工共计306人，其中初中及以下学历为219人，占总人数71.6%；中专和高中学历为23人，占总人数7.5%；本科及以上学历为9人，占总人数2.9%。

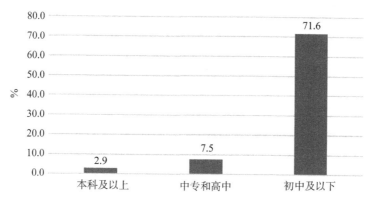

图7-15　北京13家示范牛场员工学历分布

数据来源：调研数据收集整理

（2）软件种类众多操作复杂

北京奶业养殖环节软件不仅有一牧云、GEA、阿菲金、奶牛一点通等奶厅管理软件，还有各企业提供的不同的信息管理平台，养殖场需要将奶厅软件内信息手工录入到平台中，同时还要将养殖信息分别提供给不同的奶业管理部门，造成养殖场信息工作强度大、工作效率低、工作内容重复等问题。部分信息收集平台操作复杂，奶农只能了解应用其中的部分功能，平台和软件没有了解到养殖户的真实需求，平台缺乏软件作为基础，软件缺乏平台的支撑。养殖户表示负责软件的企业并不负责解决与平台兼容的问题，导致软件独立于各平台，养殖信息不能直接导入软件，还需要人工的再处理和再分析，加重了养殖信息管理人员的工作量和工作难度。

（3）奶业信息类人才缺乏

北京的奶业网络基础设施建设基本完善，但是人员在使用网络技术上的能力严重缺乏，甚至认识不到信息化对于奶业发展的重要性，提供信息服务能力差，积极性不够。当前北京奶业链中信息人才总量相对较少，信息人才的分布不均匀，尤其是奶业链最基层的养殖环节信息人才紧缺。随着北京奶业产业的结构调整，在人员能力要求上更加多样化，现有的奶业信息从业人员，不仅要掌握奶业经济知识、奶业生产知识，还要懂得计算机操作、网络软件应用等知识，了解市场行情的变化，善于收集并分析处理奶业信息。目前这类人才在奶业各经营主体十分匮乏，在养殖环节的信息服务人员更是凤毛麟角，人员素质很难保障。对北京13家示范牧场的调研数据显示，岗位内员工共计306人，信息类从业人员为17人，奶牛养殖环节信息类从业人员比重仅为5.6%。

（二）北京奶业加工管理软件概况

1.乳制品加工企业管理软件现状

目前北京市乳制品加工行业竞争激励，面对着乳制品市场的不断饱和，粗放的管理方式不能满足当今乳制品加工企业的内部和外部需求。而软件企业针对不同乳制品客户的个性化需求，使其适应未来乳制品行业的发展，为乳制品行业提供系统软件管理体系，为乳制品行业信息化提供解决方案。

北京市乳制品加工企业管理软件功能相对于北京奶牛养殖管理软件建设更加完备，具备的功能也更加丰富。乳制品加工企业管理软件功能包括客户管理、营销过程、团队管理、费用管控、销售台账、售后服务、协同办公、人力资源、财务管理等功能。具备这些功能的软件有ERP和OA系统。

ERP系统实际应用中更重要的是应该体现其"管理工具"的本质。ERP系统主要宗旨是对企业所拥有的人、财、物、信息、时间和空间等综合资源进行综合平衡和优化管理，ERP软件协调企业各管理部门，ERP系统围绕市场导向开展业务活动，提高企业的核心竞争力，从而取得最好的经济效益。所以，ERP系统首先是一个软件，同时是一个管理工具。ERP软件是IT技术与管理思想的融合体，也就是先进的管理思想借助电脑来达成企业的管理目标。主要功能包括会计核算、财务管理、生产控制管理、物流管理、采购管理、分销管理、库存控制、人力资源八大功能。

OA管理系统是面向组织的日常运作和管理，员工及管理者使用频率最高的应用系统，自1985年国内召开第一次办公自动化规划会议以来，OA在应用内容的深度与广度、IT技术运用等方面都有了新的变化和发展，并成为组织不可或缺的核心应用系统。主要推行一种无纸化办公模式。

三元还使用针对奶农设计出了相应的管理软件，其中三元的奶源管理系统功能有送奶计划、生产日报、调度及质量、兽药月报、数据评价、过程评价、牧场分级、车次计价、计价汇总、供奶能力、牧场等级、信息管理、计价信息等。三元的奶源管理系统主要分为奶源信息统计、牧场生产情况和能力评价、数据分析能力。三元针对不同质量和数量的奶源分派不同的加工手段和方式，依靠牧场等级和供奶能力进行排名，以此激励不同的养殖户合理生产。

2. 乳制品加工企业管理软件存在的问题

（1）缺乏养殖数据支撑

乳制品加工企业管理软件主要是针对企业内部管理以及消费市场方面的功能。软件本身的功能虽然强大，但是目前北京市乳制品加工企业管理软件缺乏与养殖环节的衔接，企业仅了解合作牧场和本公司自建牧场的信息，而缺乏对整个养殖环节的信息分析。乳制品加工企业不能及时掌握整个养殖环节的数据。没有养殖行业信息数据的支撑，乳制品加工企业就不能根据养殖环节动态调节生产。乳制品加工企业管理软件很少有对奶农的服务，奶农反映软件的功能不能满足实际操控的需求，奶农对部分功能的定义不理解，导致对软件内的很多功能不能应用自如。企业方面也希望能够及时掌握养殖环节的数据。

（2）服务对象只针对企业本身

北京乳制品加工企业软件都是为企业内部的人员、生产、加工、资金、利润、牛场等服务，缺乏宏观调控的支撑。乳制品加工行业的数据很多需要依靠人员现场调研，浪费大量的人力、物力、财力。在乳制品加工企业之间的竞争关系下，很多数据并不能如实反映，最终导致政府不能准确、直观地了解行业动态。

（三）北京奶业服务平台概况

1.北京奶业服务平台

奶业服务平台为奶业行业提供全方面的服务，链接奶农和乳品企业；提升奶业竞争力和整体实力；行业动向和奶业发展预测；发布和储存奶业行业信息的网络平台。提高北京市奶业企业的整体实力和市场竞争力，构建规模完善的奶业产业链，促进北京奶业产业的快速发展。协助政府进行行业管理，在行业中发挥"协调、服务、维权、自律"的作用；在国内外市场中维护会员和行业的合法权益，促进北京奶业产业的健康发展。充分发挥协会上对政府，下对奶业企业、奶农的桥梁和纽带作用，努力为北京奶业产业化的发展服务。例如中国奶业协会信息网、中国乳品网、北京奶业协会网、中国奶牛数据中心网等，都是为奶业提供信息和服务的网站平台。

2.北京奶业服务平台存在的问题

（1）奶农对奶业服务平台认识不到位

目前奶业各主体认识到奶业信息化的重要性和必要性，但是对于奶业服务平台实施方法和理论基础不够了解。奶业链的各经营主体对于奶业信息化实现方式的认识各不相同，奶农方面对于信息化的认识仅存在计算机使用上，不了解信息的深刻意义；企业方面虽然重视奶业的机械化和智能化，但是却缺乏对于奶业行业信息化的理解。奶业信息化不仅仅只是使用计算机网络技术，而是要利用平台为载体收集、处理和反馈奶业各个方面的信息，以此推动奶业经济的发展。

（2）奶业服务平台影响力不足

北京奶业信息平台众多且纷繁复杂，各自的功能各有不同又相互借鉴，虽然计算机技术早已普及，但是奶业信息平台的关注度实在不高，并且在奶农中知名度很低，网站用户大多数是奶业方面的研究人员或者乳品企业，对于消费者来说奶业信息平台操作复杂、功能不完善，不能满足其需求。这些问题导致了平台的影响力不足，无论乳品企业、奶业管理部门、奶业专家如何重视平台的建设，最重要的使用者是奶农和消费者，所以必须要考虑到与奶农和消费者的对接，没有奶农和消费者的参与，平台是不完整的，并且也无法发挥全部的功能。以奶业协会信息网为例，北京13家奶牛养殖户了解奶业协会信息网的有10家，占总数的76.9%；而关注其信息新闻的养殖户只有3家，占总数的15.4%。

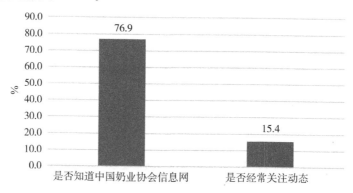

图7-16　养殖户对奶业协会信息网关注度

数据来源：调研数据收集整理

（3）奶业服务平台信息质量不高

北京奶业信息缺乏一定的准确性，究其原因是奶业信息采集方面的问题，由于奶业信息标准化水平不高，缺乏奶业信息的整合和处理，从而影响到信息的准确性，因此建立完善的奶业信息采集规范至关重要。北京奶业信息平台在建设上功能重复和浪费，信息的收集、存储、分析等方面还有待完善和加强。由于没有完善的奶业信息指标体系，导致很多迫切需要的信息没有被采集。提高奶业信息质量，必须建立科学有效、符合奶业需求的信息指标体系。目前专注服务的北京市奶业平台不能有效地链接奶农和乳制品加工企业，存在信息发布滞后、平台信息发布量少、针对性差等问题。以北京市奶业协会为例，最新资讯只有2017年6月的一条信息，以及荷斯坦网站仅有2016年的信息，之后的信息再无更新。具体见图7-17和图7-18。

图 7-17　北京奶业协会信息网图片

资料来源：北京奶业协会官网

图 7-18　荷斯坦信息网图片

资料来源：北京奶业协会官网

四、各主体对北京奶业一体化管理平台的加入意愿和需求

北京奶业一体化管理平台通过整合奶业各经营主体奶业要素（饲料、奶

牛、人力、土地等）信息、奶业产业环节（养殖、加工、生产、运输、销售等）、管理的信息，并通过计算机软件进行信息的数字化、模型化。建立北京奶业一体化管理平台的方式相对于传统的奶业信息手工记账，更容易让奶业信息进行分类和整合。在奶业产业链中奶农环节最需要信息的数字化和智能化，目前的平台和软件难以适应奶农真正的需求，奶农在使用过程中缺乏便捷、方便、简单的特点。诸多奶农在经营过程中制定了不同的指标，这就造成在分析过程中信息的不准确。北京奶业一体化管理平台通过为奶农制定科学合理的采集指标，简化信息收集处理的难度来提高效率。

（一）各主体加入意愿分析

1.奶农加入意愿

调研结果显示，被调研的北京市13家奶牛养殖场均愿意加入北京奶业一体化管理平台。因此本节将奶农意愿影响因素作为研究重点，通过分析奶农参与平台的意愿能够了解影响其加入平台的具体因素，从而从不同的方面激励主体加入平台。本书参考了伊切克·阿伊岑（Icek Ajzen，1988、1991）提出的计划行为理论，认为人的行为意愿不是百分之百出于自愿，而是处于某种控制下。因此本节将影响奶农意愿的因素划分为行为态度、主观规范、内在控制和外在控制并划分出17个指标。具体见表7-3。

表7-3　计划行为理论概念

变量名称	变量概念
行为态度	是指个人对该项行为所抱持的正面或负面的感觉，亦即指由个人对此特定行为的评价经过概念化之后所形成的态度，所以态度的组成成分经常被视为个人对此行为结果的显著信念的函数。
主观规范	是指个人对于是否采取某项特定行为所感受到的社会压力，亦即在预测他人的行为时，那些对个人的行为决策具有影响力的个人或团体（salient individuals or groups）对于个人是否采取某项特定行为所发挥的影响作用大小。
内在控制	是指反映个人过去的经验和预期的阻碍，当个人认为自己所掌握的资源与机会愈多、所预期的阻碍愈少，则对行为的知觉行为控制就愈强。而其影响的方式有两种，一是对行为意向具有动机上的含义；二是其亦能直接预测行为。

变量名称	变量概念
外在控制	是指个人对某一特定行为的感知程度，如信息、机会、对他人的依赖性或障碍等。个人以及社会文化等因素（如人格、智力、经验、年龄、性别、文化背景等）通过影响行为信念间接影响行为态度、主观规范和知觉行为控制，并最终影响行为意向和行为。

　　行为态度指标分为 A1：奶业信息有助于奶业发展；A2：对奶业信息平台充满兴趣；A3：拥有强烈的参加奶业信息平台的意愿；A4：奶业信息平台是未来发展的趋势；A5：加入奶业信息平台能够得到资金补贴。主观规范指标分为 B1：加入奶业信息平台可以带来更多的利润；B2：员工非常支持加入奶业信息平台；B3：同行非常支持加入奶业信息平台；B4：政府非常支持加入奶业信息平台。内在控制指标分为 C1：容易获取相关奶业信息；C2：充分理解奶业信息平台运作机制；C3：有专业的能力加入奶业信息平台；C4：有足够的时间加入奶业信息平台。外在控制分为 D1：加入平台可以增强影响力；D2：政府能为奶业信息获取提供充足政策优惠；D3：社会拥有完善的奶业法律制度；D4：自身拥有良好的生产设施设备。具体见表 7-4。

表 7-4　奶农参与意愿影响变量量表

变量	指标	指标描述
行为态度	A1	奶业信息有助于奶业发展
	A2	对奶业信息平台充满兴趣
	A3	拥有强烈的参加奶业信息平台的意愿
	A4	奶业信息平台是未来发展的趋势
	A5	加入奶业信息平台能够得到资金补贴
主观规范	B1	加入奶业信息平台可以带来更多的利润
	B2	员工非常支持加入奶业信息平台
	B3	同行非常支持加入奶业信息平台
	B4	政府非常支持加入奶业信息平台
内在控制	C1	容易获取相关奶业信息
	C2	充分理解奶业信息平台运作机制
	C3	有专业的能力加入奶业信息平台
	C4	有足够的时间加入奶业信息平台

续　表

变量	指标	指标描述
外在控制	D1	加入奶业一体化管理平台可以增强影响力
	D2	政府能为奶业信息获取提供充足政策优惠
	D3	社会拥有完善的奶业法律制度
	D4	自身拥有良好的生产设施设备

用spss20.0进行描述性统计分析，包括数据均值、最值、标准差、偏度和峰度，如表7-5所示。

表 7-5　变量描述性统计表

	N 统计量	平均数 统计量	标准差 统计量	偏度 统计量	偏度 标准误差	峰度 统计量	峰度 标准误差
A1	13	1.62	0.506	−0.539	0.616	−2.056	1.191
A2	13	1.46	0.66	1.191	0.616	0.645	1.191
A3	13	1.62	0.768	0.849	0.616	−0.58	1.191
A4	13	1.46	0.66	1.191	0.616	0.645	1.191
A5	13	2.38	0.65	−0.572	0.616	−0.332	1.191
B1	13	2.08	0.76	−0.136	0.616	−1.053	1.191
B2	13	1.54	0.66	0.863	0.616	−0.025	1.191
B3	13	1.31	0.48	0.946	0.616	−1.339	1.191
B4	13	1.31	0.63	2.051	0.616	3.711	1.191
C1	13	1.46	0.877	2.327	0.616	5.902	1.191
C2	13	2.31	1.032	0.344	0.616	−0.772	1.191
C3	13	2.15	1.068	0.617	0.616	−0.607	1.191
C4	13	1.85	0.987	0.967	0.616	0.16	1.191
D1	13	2.23	1.013	1.737	0.616	4.477	1.191
D2	13	2.46	1.266	0.684	0.616	−0.34	1.191
D3	13	2.46	1.198	0.622	0.616	0.174	1.191
D4	13	1.92	0.76	0.136	0.616	−1.053	1.191
有效的 N (listwise)	13						

数据来源：spss软件分析整理

依据 α 信度系数法规则，总量表的信度系数最好在0.8以上，0.7～0.8表示可以接受；分量表的信度系数最好在0.7以上，0.6～0.7表示还可以接受。克朗巴哈 α（Cronbach's alpha）系数如果在0.6以下就要考虑重新编问卷。通过分析本调研问卷数据，总量表的克朗巴哈 α 系数为0.795，各分量表的克朗巴哈 α 系数均大于0.6，说明该调研问卷数据具有良好的信度，在可以接受的范围内。具体见表7-6。

表7-6 研究变量及数据总体克朗巴哈 α 系数表

因素	分量表克朗巴哈 α 系数	总量表克朗巴哈 α 系数
行为态度	0.742	
效率利润	0.713	0.795
内在控制	0.634	
外在控制	0.626	

数据来源：spss软件分析整理

本节通过赋值法研究计算影响奶农加入意愿的因素，利用李克特量表（Likert scale）将各功能需求分为非常完全认同、很认同、一般、不认同、完全不认同五个程度。将认同程度进行赋值定义：非常完全认同为1分、很认同为2分、一般为3分、不认同为4分、完全不认同为5分，根据13家奶牛养殖场给出的打分表按照平均分从小到大排列。具体见表7-7。

表7-7 奶农加入北京奶业一体化平台意愿影响因素打分表

	指标	指标描述	分值（分）
行为态度	A2	对奶业一体化管理平台充满兴趣	1.46
	A4	奶业一体化管理平台是未来发展的趋势	1.46
	A1	奶业一体化管理平台有助于奶业发展	1.62
	A3	拥有强烈的参加奶业一体化管理平台的意愿	1.62
	A5	加入奶业信息平台能够得到资金补贴	2.38
主观规范	B3	同行非常支持加入奶业一体化管理平台	1.31
	B4	政府非常支持加入奶业一体化管理平台	1.31
	B2	员工非常支持加入奶业一体化管理平台	1.54
	B1	加入奶业一体化管理平台可以带来更多的利润	2.08

指标		指标描述	分值（分）
内在控制	C1	容易获取相关奶业信息	1.46
	C4	有足够的时间加入奶业一体化管理平台	1.85
	C3	有专业的能力加入奶业一体化管理平台	2.15
	C2	充分理解奶业信息平台运作机制	2.31
外在控制	D4	自身拥有良好的生产设施设备	1.92
	D1	加入奶业一体化管理平台可以增强影响力	2.23
	D2	政府能为奶业信息获取提供充足政策优惠	2.46
	D3	社会拥有完善的奶业法律制度	2.46

奶农加入平台的意愿主要受行为态度中对奶业一体化管理平台的兴趣（A2）和奶业一体化管理平台是未来发展趋势（A4）的影响，对于奶农来说，如果他对奶业一体化平台充满兴趣就会滋生加入的冲动。只有在奶农获得过类似平台的帮助（A1）时才会认为奶业一体化管理平台会促进奶业行业的发展，并产生相应强烈的加入意愿（A3）。同时在外在的刺激下（A5），例如资金奖励方面的体系或者精神层面的激励，同样能够引发奶农加入奶业一体化管理平台的想法和态度，因此需要精神需求和经济需求的双重激励。

其中主观规范指的是奶农加入奶业一体化管理平台所承受的外部压力（如社会、其他组织、身边重要的人等），这种压力也会显著影响奶农加入平台的意愿。例如同行（B3）非常愿意支持他们加入，在调研过程中也发现，奶农在本区域内会有一些共同进退的同行，他们之间会交换奶业信息，形成一种良性的共同促进作用。再比如政府（B4）和员工（B2）方面非常支持奶农加入平台，也会提高他们的加入意愿。员工会为了减少工作量，简化工作方式和工作成本而愿意尝试加入奶业平台。其次政府方面可以实现宏观调控，便于分析奶业行业数据、统筹奶业发展，也会支持奶农加入平台。

内在控制就是反映奶农感知到的内部影响因素，包括获取信息的能力（C1）和理解信息的能力（C2）、有一定的知识储备和专业能力（C3）和充足的时间（C4）。这些会影响奶农对于加入平台所遭遇的困难程度的感知。

当奶农能够轻松地获取信息并理解信息、有一定的专业能力和足够的时间时，就会增加加入奶业一体化平台的意愿。奶农在时间和了解奶业信息上有很大的优势，但是专业能力和理解能力相对缺乏。

外在控制是反映奶农感知到的外部影响，包括掌握的信息技术设备（D4）、政府政策（D2）、法律制度（D3）和社会影响力（D1）等因素。加入奶业一体化管理平台需要有一定的计算机软硬件条件，北京市奶农基本都能够实现软硬件的应用；其次就是奶业一体化平台能够增加奶农的社会影响力，并反过来作用于奶农的口碑和信誉，形成良性循环；政府要发挥在北京奶业一体化管理平台的作用，给予奶农一定的政策和资金的补贴；当前的奶业法律法规还不是很完善，尤其是针对奶业平台的法律法规制度。良好的平台保障法律制度是非常有必要的。

2. 乳品加工企业加入意愿

乳制品加工企业对于北京奶业一体化平台持积极态度，三元乳业、光明乳业、蒙牛乳业均愿意加入北京奶业一体化平台。同样利用Icek Ajzen（1988，1991）提出的计划行为理论，将影响其加入意愿的影响因素划分为行为态度、主观规范、内在控制和外在控制。具体解释见表7-8。通过赋值法研究计算影响乳品加工企业加入意愿的因素，利用李克特量表（Likert scale）将各功能需求分为非常完全认同、很认同、一般、不认同、完全不认同五个程度。将认同程度进行赋值定义：非常完全认同为1分、很认同为2分、一般为3分、不认同为4分、完全不认同为5分，处理后的数据具体见表7-8。

表7-8　乳品加工企业加入北京奶业一体化平台意愿影响因素打分表

	指标	指标描述	分值（分）
行为态度	A1	奶业信息有助于奶业发展	1
	A4	奶业一体化管理平台是未来发展的趋势	1
	A2	对奶业一体化管理平台充满兴趣	1.5
	A3	拥有强烈的加入奶业一体化管理平台的意愿	1.5
	A5	加入奶业一体化管理平台能够得到资金补贴	3

续　表

	指标	指标描述	分值（分）
主观规范	B1	加入奶业一体化管理平台可以增加生产效率	1.5
	B3	员工非常支持加入奶业一体化管理平台	1.5
	B4	行业内非常支持加入奶业一体化管理平台	1.5
	B2	加入奶业一体化管理平台可以带来更多的利润	2
内在控制	C1	政府非常支持加入奶业一体化管理平台	1
	C2	容易获取相关奶业信息	1
	C4	有专业的能力加入奶业一体化管理平台	1
	C3	充分理解奶业一体化管理平台运作机制	1.5
外在控制	D1	有足够的时间加入奶业一体化管理平台	1
	D4	自身拥有良好的生产设施设备	1
	D3	社会拥有完善的奶业法律制度	1.5
	D2	政府能为奶业信息获取提供充足政策优惠	2.5

乳品加工企业加入平台的意愿主要受行为态度中对奶业一体化管理平台的发展（A2）和奶业一体化管理平台是未来发展趋势（A4）认同的影响，乳品加工企业对于奶业一体化平台的认知程度会影响其意愿，在奶业信息化的背景下，会影响乳品加工企业对北京奶业一体化管理平台的兴趣（A2）和意愿（A3），资金补贴的刺激（A5）对于乳品加工企业的加入意愿影响较弱。

乳品加工企业的主观规范也会显著影响其加入平台的意愿。生产效率（B1）的提升、员工支持程度（B3）越高和行业支持程度（B4）越高越能够促进乳品加工企业的加入意愿。同时利润效率（B2）也会促进乳品加工企业加入奶业一体化管理平台。

内在控制反映乳品加工企业感知到的内部影响因素，包括获取信息的能力（C1）更强、理解信息的能力（C2）更强、拥有更充足的时间（C4）对乳品加工企业加入平台有正向的作用，并且影响显著。有一定的知识储备和专业能力（C3）能让乳品加工企业轻松地获取信息，提高其加入意愿程度。

外在控制则是乳品加工企业受外部影响程度，其中有社会影响力

（D1）、信息技术设备（D4）、法律制度（D3）和政府政策（D2）等因素。同样，乳品加工企业也希望从北京奶业一体化管理平台中提高社会影响力，其影响力又会反作用于乳品加工企业的意愿。其次企业拥有良好的生产设施设备基础，会让乳品加工企业有更强烈的加入意愿。良好的法律制度和政府政策等外部环境能够引导乳品加工企业加入北京奶业一体化管理平台。

3. 行业管理部门意愿分析

从宏观调控的角度来看，行政管理部门可以通过平台调控奶业的养殖环节、加工环节、运输环节、销售环节等方面。北京奶业一体化管理平台能够实现奶业数据的统计、奶业技术服务指导、原料奶和乳制品质量检测报告、奶业数据分析、政策法规解读、奶业未来发展报告、行业监督、质量监控等功能，这些均能够满足行业管理部门的需求，因此行业监管部门对北京奶业一体化平台具有很高的加入意愿。

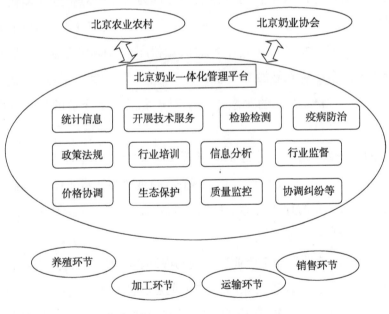

图 7-19　行政管理部门宏观调控图

（二）北京奶业管理平台需求分析

1.奶农需求分析

奶农需求分析主要是针对奶农对于北京奶业一体化管理平台功能需求的分析，旨在研究目前平台比较有价值、有效果的功能，发掘未来奶业平台发展过程中可能成为促进奶业发展关键因素的功能。首先了解奶农对于目前平台功能的认识，主要包括繁育指导、疾病指导、粪污指导、饲料指导、网络技术指导、牧场建设指导、政策服务、竞争分析、价格指导、经验交流、生产风险与评估、质量检测功能。依据各养殖场对这些功能的需求程度构建平台功能需求表。

对北京示范牛场的调研发现，养殖场主要对繁育、疾病、粪污、饲料等方面的指导具有极大的需求欲望，事实上这些也是养殖场得以发展和盈利的基本点，随着近几年北京打响蓝天保卫战，粪污处理方面的信息也是养殖户迫切需要了解的。国外的奶业管理平台可以通过互联网的方式连接到服务公司，为奶农提供建设、政策、生产风险预评估等方面的服务，这些服务功能在北京养殖市场还不被看好，但仍然是养殖户确实存在的潜在需求。随着互联网农业的发展，网络风险评估、政策服务、价格指导、经验交流等功能也将会成为建设北京奶业一体化管理平台的重要基础（见表7-9）。

表7-9　平台功能需求表

信息类型	需求程度（%）
繁育指导	100.0
疾病指导	84.6
粪污处理指导	76.9
饲料指导	76.9
网络技术指导	46.2
牧场建设指导	46.2
政策服务	46.2
竞争分析	30.8

续　表

信息类型	需求程度（%）
价格指导	15.4
经验交流	7.7
生产风险与评估	0.0
质量检验	0.0

数据来源：调研数据分析整理

从平台（这里专指线上服务类的奶业信息平台）使用过程来看，大部分的养殖户主要集中在四个问题：不了解平台的部分内容、不知道哪些平台有效、平台内信息作用不强、平台针对性差（见图7-20），奶农基本不关注奶业新闻和市场动态。从奶农在平台使用中的问题来看，平台的建设尚未完善。首先在平台宣传上未到位，奶农甚至不清楚某些知名的奶业类服务平台；其次奶业服务类平台的建设主体众多，归根结底，平台内容重复也让奶农无法分辨其中最有意义的内容。

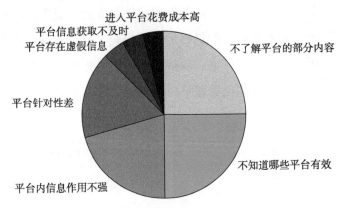

图7-20　平台使用过程中的问题

数据来源：调研数据分析整理

本书参照平台类相关文章、国外平台建设经验以及北京地区养殖场负责人奶农平台需求意愿表，主要变量为信息功能（奶业相关政策发布、奶业产业相关信息发布、原料奶相关信息发布、违规企业信息发布）、服务功能（提供指导价格、原料奶市场解析、消费市场分析、技术指导、奶业政策解读、提供检测报告、随机抽查）、决策功能（参与本年度原料奶价格制定、参与制定标准化生产管理条例）包括13个变量，具体见表7-10。

表 7-10　奶农对平台功能需求的意愿表

变量	指标	指标解释
信息功能	X1	奶业相关政策发布
	X2	奶业产业相关信息发布
	X3	原料奶相关信息发布
	X4	违规企业信息发布
服务功能	Y1	提供指导价格
	Y2	原料奶市场解析
	Y3	消费市场分析
	Y4	技术指导
	Y5	奶业政策解读
	Y6	提供检测报告
	Y7	随机抽查
参与功能	Z1	参与本年度原料奶价格制定
	Z2	参与制定标准化生产管理条例

数据来源：spss软件分析整理

用spss20.0对13个指标进行描述性统计分析，其平均数、标准差、偏度和峰度如表7-11所示。各指标在标准差上均不超过1.6，偏度均小于0.5，峰度均小于1.7。

表 7-11　变量描述性统计表

指标	N	平均数	标准差	偏度		峰度	
	统计量	统计量	统计量	统计量	标准误差	统计量	标准误差
X1	13	3.62	1.325	−0.674	0.616	−0.554	1.191
X2	13	4.23	0.927	−1.274	0.616	1.524	1.191
X3	13	4.15	0.899	−0.342	0.616	−1.778	1.191
X4	13	2.62	1.66	0.213	0.616	−1.811	1.191

续　表

指标	N	平均数	标准差	偏度		峰度	
	统计量	统计量	统计量	统计量	标准误差	统计量	标准误差
Y1	13	3.31	1.548	−0.29	0.616	−1.552	1.191
Y2	13	3.62	1.193	−0.844	0.616	0.509	1.191
Y3	13	3.31	1.182	−1.065	0.616	0.756	1.191
Y4	13	4.62	0.768	−1.76	0.616	1.615	1.191
Y5	13	3.77	1.166	−0.967	0.616	1.254	1.191
Y6	13	3.77	1.423	−0.752	0.616	−0.806	1.191
Y7	13	3.54	1.33	−0.474	0.616	−0.784	1.191
Z1	13	4.46	0.776	−1.114	0.616	−0.155	1.191
Z2	13	4.38	0.768	−0.849	0.616	−0.58	1.191
有效的 N (listwise)	13						

数据来源：spss软件分析整理

其次针对13个题目做信度分析，本书采用克朗巴哈 α（Cronbach's Alpha）信度系数，用来检测题目之间是否都是同方向的（即都是正面问题，题目间的相关系数也是正的），如果存在有一个题目和其他的题目之间的相关系数是负数，就应该考虑将此问题"变号"或者"删除"。本此调研问卷的章节用于奶农需求分析，共有13个题目分为3个需求类型，即信息功能、服务功能、决策功能，下面是针对每个层面的信度分析，分析结果如表7-12所示。

表 7-12　研究变量及数据总体克朗巴哈 α 系数表

因素	分量表克朗巴哈 α 系数	总量表克朗巴哈 α 系数
信息功能	0.652	
服务功能	0.697	0.702
决策功能	0.967	

数据来源：spss软件分析整理

依据 α 信度系数法规则，总量表的信度系数最好在0.8以上，0.7～0.8表示可以接受；分量表的 α 信度系数最好在0.7以上，0.6～0.7还可以接受。克朗巴哈 α 系数如果在0.6以下就要考虑重新编问卷。通过分析本调研问卷数据，总量表的克朗巴哈 α 系数为0.702，各分量表的克朗巴哈 α 系数均大于0.6，说明该调研问卷数据具有良好的信度，在可以接受的范围内。

依据以上研究证明问卷具有较强的解释能力，故在后文利用赋值法计算平台内各功能需求程度，利用李克特量表（Likert scale）将各功能需求分为非常不需要、不需要、一般、需要、很需要五个需求程度。将需求程度进行赋值定义：非常不需要为1分、不需要为2分、一般为3分、需要为4分、很需要为5分。根据13家奶牛养殖场给出的打分表按照平均分从大到小排列，具体见表7-13。结果显示在技术指导、参与原料奶价格制定、参与制定标准化生产管理条例、奶业产业相关信息发布、原料奶相关信息发布上具有较高的需求意愿，表明奶农目前最缺乏养殖方面的技术指导，同时还有强烈的意愿参与到奶业行业规范制定中。

表 7-13　平台功能需求分值表（奶农）

指标	指标描述	分值（分）
Y4	技术指导	4.62
Z1	参与本年度原料奶价格制定	4.46
Z2	参与制定标准化生产管理条例	4.38
X2	奶业产业相关信息发布	4.23
X3	原料奶相关信息发布	4.15
Y5	奶业政策解读	3.77
Y6	提供检测报告	3.77
X1	奶业相关政策发布	3.62
Y2	原料奶市场解析	3.62
Y7	随机抽查	3.54
Y1	提供指导价格	3.31
Y3	消费市场分析	3.31
X4	违规企业信息发布	2.62

数据来源：spss软件分析整理

综上所述，在平台建设中要着重技术指导、信息发布以及参与性方面建设，加强养殖环节的专家指导功能，开设北京奶业价格和生产管理协定等方面的会议，加强奶业信息的收集、处理和发布工作，完善信息方面技术人才的引入。

2.乳品加工企业需求分析

乳制品加工企业对于原料奶信息、价格信息、政策信息、风险与评估、员工技能培训、乳制品行业分析方面有很高的需求。从北京市奶业一体化管理平台的四个方面进行调研，信息发布功能包括：奶业政策、政策解读、市场信息、交易信息、行业标准；辅助功能包括：原料奶收购价格指导、乳制品销售价格指导、原料奶市场分析、消费市场分析、技能培训和技术指导、行业发展预测、市场需求分析；检测功能包括：提供检测报告、随机抽查；其他功能包括：参与本年度原料奶收购价格制定、参与制定标准化生产管理条例。利用李克特量表（Likert scale）将各功能需求分为非常不需要、不需要、一般、需要、很需要五个需求程度。将需求程度进行赋值定义：非常不需要为1分、不需要为2分、一般为3分、需要为4分、很需要为5分。

从表7-14分析得知，乳品企业对于信息发布功能中的政策解读、奶业政策、市场信息等方面的信息发布十分看重；在辅助功能中对原料奶市场分析、原料奶收购价格指导、消费市场分析、技能培训和技术指导的需求程度较高；在检测功能和其他功能方面需求程度较低。从实际的角度来讲，乳品企业比奶农更加注重信息的需求，原因在于乳品加工企业建设相对完善并且拥有检测条件和检测能力，所以对检测功能的需求程度很低，并且企业对参与原料奶收购价格制定和制定标准化生产管理条例的需求没有奶农高。

表7-14 平台功能需求分值表（乳品加工企业）

功能		需求程度
信息发布功能	政策解读	5
	奶业政策	4
	市场信息	4
	交易信息	3
	行业标准	3

续　表

功能		需求程度
辅助功能	原料奶市场分析	5
	原料奶收购价格指导	4
	消费市场分析	4
	技能培训和技术指导	4
	乳制品销售价格指导	3
	行业发展预测	3
	市场需求分析	3
检测功能	提供检测报告	2
	随机抽查	2
参与功能	参与本年度原料奶收购价格制定	2
	参与制定标准化生产管理条例	1

（三）行业管理部门需求分析

行政管理部门主要包括北京农业农村局和北京奶业协会，北京农业农村局有关乳制品行业的管理机构包括兽医管理处、畜禽屠宰与兽医管理处、畜牧管理处、农产品质量安全处、政策法规处、科技教育处、粮经作物管理处、农业机械化管理处、科技教育处、计划财务处。

北京农业农村局在奶业平台方面的需求主要是：贯彻执行国家关于奶业发展的方针、政策和法律、法规、规章；负责种植业、畜牧业的发展和行业监督管理；拟订奶业发展规划，并负责组织实施；负责疫病防控的监督管理工作；承担北京市防治重大动物疫病指挥部（北京市重大动物疫情应急指挥部）的具体工作；负责本市粮经生产环节以及生鲜乳收购环节的质量安全监督管理；负责兽药、饲料、农药、肥料等农业投入品的监督管理；负责乳产品质量安全监测和奶业检验检测体系建设；负责养殖卫生、植物检疫、农作物种子、农机安全、农业投入品、乳制品质量安全及转基因生物安全等方面的法制宣传教育和行政执法；承担北京市奶业、乳制品质量安全等方面的标准化管理工作；指导农业环境、水域生态环境、农田质量和农业生物物种资源保护工作；提出生产救灾资金安排建议，指导紧急救灾和灾后生产恢复；

承担本市乳制品市场供应信息和价格信息的采集、分析等工作；承担农业行业职业技能开发和鉴定工作。

北京奶业协会的职责是组织行业培训、技术咨询、信息交流；参与有关奶业发展、奶业改革以及与奶业利益相关的政府决策论证，提出有关产业政策和立法的建议；代表奶业企业参加反倾销、反垄断、反补贴等调查或者应诉活动，或者向政府相关工作部门提出调查申请；根据行规行约，制定奶业质量规范、技术规程、服务标准；完善奶牛良种繁育体系，推广奶牛育种新技术，加快奶牛良种化进程；开展奶业统计、奶业调查、发布奶业信息、出具公信证明、原料奶价格协调等工作；制定并组织实施行业职业道德准则，大力推行行业诚信建设，建立完善行业自律性管理约束机制；制定并监督执行行规行约，规范行业行为，协调同行价格争议，维护公平竞争；监督会员单位依法经营，对于违反协会章程和行规行约，达不到质量规范、服务标准、损害消费者合法权益、参与不正当竞争，致使行业集体形象受损的会员，采取相应的处理措施。

五、北京奶业一体化管理平台设计

北京奶业信息一体化管理平台能够为奶业发展提供更加丰富的资源。一体化能够缓解奶业各经营主体的竞争，依靠各自优势促进奶业经济的发展。北京奶业一体化管理平台建设需要投入大量的人力、物力资源，并且中国奶业本身就存在成本高、环保压力大等问题，奶业各经营主体一体化能够有效缓解成本压力，使得奶业各经营主体资源更有效地利用到奶业发展，实现奶业各经营主体经济效益、环境效益和社会效益的整体提升，统筹奶业各经营主体资源、科技、环境、服务、组织等，形成优势互补的北京奶业信息化新型发展模式，促进奶业结构调整和优化升级，更好地服务奶业各经营主体奶业市场。奶业各经营主体的奶业信息化平台众多且功能重复，并且很多平台使用率很低，奶业各经营主体的携手发展，能够促进奶业信息化平台升级，降低奶业各经营主体"无用"平台建设造成的资源浪费。

　　奶业的信息化表现为自动化（更少的劳动量、更低的劳动强度）、智能化（依靠计算机网络传感器传输数据）、精准牧业（精确掌握牛只所有动态）三位一体的奶业生产经营方式。未来奶业的主要驱动力就是生产加工技术的创新和变革，要实现未来牧场有可接受的收入；能够保障合理成本下生产牛奶，并且无残留和添加；不以损害环境作为代价；实现奶产品生产可追溯。未来的奶业发展要依靠庞大的信息存储和处理为支撑，保障奶业信息获取的便捷。

　　国外奶业发达国家在奶业生产经营上加大了与科学技术的融合，实现在奶牛管理上的信息化，并通过应用奶业信息管理平台（IRIS），提升奶牛产量和行业管理水平。我国在20世纪90年代试用国外的奶业管理信息平台，却在实际运用中出现语言和管理等方面出现不匹配的问题。一方面我国奶牛生产方式较为落后，计算机智能化、自动化的推广也不发达，所以在奶业的养殖、加工和管理等环节都要落后于发达国家。另一方面由于奶业行业没有完整的信息整合、储存、分析软件和平台，各奶农、奶企"各自为政"，没有统一的软件系统和行业标准，这就导致了奶业行业信息的闭塞和信息的不对称，最终影响整个奶业行业的生产经营。北京奶业一体化管理平台的创建不仅能有效促进北京奶业信息化发展，而且能为中国奶业信息化发展起示范引领的作用。

　　北京奶业一体化管理平台是以计算机硬件为辅助、机械化设备为依托、计算机网络为载体、经济模型为指导的奶业行业与计算机科学的融合发展形成的系统工程。北京奶业一体化管理平台是对奶业资源（饲料、土地、奶牛等）、奶业技术（养殖、加工、生产等）、奶业经济、奶业政策支持等信息数据的获取、存储、处理、分析、查询、预测支持系统的总称，其主要特征是实现奶业数据信息获取的实时性和准确性、奶业信息传播的网络化、奶业管理的智能化、奶类品加工自动化。

　　目前，关于北京奶业一体化管理平台的研究还未有严格的定义，但是却有相似的平台构建的研究。奶业信息化以北京奶业一体化管理平台作为基础，在奶业的各要素和各生产过程之间的智能化、自动化、数字化，是应用在奶业各部门中的管理和管控的智能化。奶业各要素（饲料、奶牛、土地、人力等）信息和奶业生产（养殖、加工、运输等）信息在北京奶业一体化管理平台实现聚集、归纳、整理、分类、分析、储存全过程简易化和智能化。利用这些信息建立奶业经济模型，使整个奶业产业数字化、可视化，将奶业科学从经验层次转化到理论层次的过程，可以进行很多传统奶业无法进行的研究分析，在很大程度上能够节省研究过程中的人力资源、资金资源、时间资源等，将奶业科学成果在更大的范围和更长的时间范围内得到应用和推广。

北京奶业一体化管理平台的理论在整合传统奶业经验、分析奶业经济行为、划分奶业发展水平的基础上，结合奶业各经营主体独特的地理区位优势、环境承载力水平、人才水平、政策支持等方面形成独特的奶业信息化之路。

（一）北京奶业一体化管理平台功能

北京奶业一体化管理平台应具有以下的功能：通过对北京奶业信息需求的分析，从功能角度将北京奶业一体化管理平台分为六部分：系统和用户管理、奶业信息采集与分析、奶业相关信息发布、技术与价格指导、检测检验、政策发布、线上奶源交易等功能设计。具体见表7-15。

表7-15　北京奶业一体化管理平台功能设计表

系统和用户管理	数据录入与处理	牛场和乳品企业数据的上传；创建数据库；数据整合分类
	数据维护	导入导出数据；备份数据；恢复数据
	用户管理	增加或删除用户，审核发布内容
		设置用户权限
奶业信息采集与分析	奶农基本情况	牧场概况	总面积、办公面积、牧草面积、牛舍面积、人员总数、科技与科研人员数量、年营业增加值、总产值
		养殖数量与面积	养殖数量、牧场播种面积、景观面积、奶牛活动面积
		原料奶产量	原料奶产量、原料奶产值、人均收入、全员劳动生产率
		环境建设	废弃物的处理、粪便的处理
		其他产品	牧场除牛奶之外的其他营利产品的情况

续　表

奶业信息采集与分析	乳品加工企业基本情况	基础设施	总面积、办公区域面积、加工设施面积、基础设施建设项目（水电设施用量）、基础设施投资额、信息化管理设施投资额、员工福利
		科研开发	乳制品的开发项目统计、乳制品开发总投资额、科研开发人员数
		产值与收入	总产值、乳制品销售额、人均收入、全员劳动生产率、就业岗位
		环境建设	养殖环节中废弃物（污水、排泄物）处理
奶业相关信息发布		奶农信息发布	主要针对地区内原料奶产量的平均价格和原料奶平均收购价格做出公布，评选出排名前三的养殖户进行奖励并颁发证书，以及评选出养殖场中环境最好的三个养殖户；公布未按标准和违规养殖的奶农；上传优秀养殖户经验进行交流；对养殖中的问题进行线上讨论和分享
		乳品企业信息发布	主要针对地区内原料奶产量的平均价格和原料奶平均收购价格做出公布，评选出排名前三的养殖户进行奖励并颁发证书，之后评选出前三名自动化率最高、信息化水平最高的乳制品企业，并表彰其优秀生产条件和创新水平；公布未按标准和违规养殖的乳品加工企业；上传优秀生产经验进行交流；对生产加工中的问题进行线上讨论和分享
		政府相关政策发布	发布和解读有关奶业行业的政策法规
		其他信息发布	有关奶业的其他相关信息
奶业服务功能		线上交易	根据乳品加工企业需求和奶农的供给进行合理的分配；为奶源暂时性短缺的乳品加工企业和生产过剩的奶农进行匹配，以解决奶农"有奶无市"和乳品加工企业"奶源不足"的问题
		检验检测	结合第三方检测机构认证，提供检测报告及检测标准，限制"问题奶"流入市场的可能性
		制定各环节标准	根据行业提供的数据制定奶农和乳制品企业生产标准数据
		提供技术服务	结合奶业各领域专家为奶农和乳品企业提供专业性的服务
		合同纠纷处理	处理奶农和企业的交易纠纷问题
		拟定原料奶收购参考价格	根据奶业收购价格的月度、季度、年度数据，拟定原料奶近期的收购价格

1. 系统和用户管理

将用户分为奶农、乳制品加工企业、政府、其他用户四类群体，并设置其相应的浏览权限。奶农、乳制品加工企业、其他只能浏览与自己有关的信息和经过处理的奶业经济的"平均信息"；政府可以浏览到奶农、乳制品加工企业的具体信息；通过这样的权限设置保障奶农和企业经营信息的隐秘性。同时保障平台内交流方式和交流内容的健康，涉及平台上信息、栏目、链接、图片和文件等内容的管理及其他相关联的内容管理。添加及更改信息来源、名称、模块等，对信息进行推荐、置顶、修改或删除等后台操作。对用户权限进行修改，保存用户的账号、密码、个人信息等，新增、修改和删除各个权限的用户。

2.奶业信息采集与分析

保障奶业各经营主体平台参与者之间的信息交流与交换，并完成相应服务的功能。平台参与者包括奶业各经营主体的奶农、乳制品加工企业、政府以及奶业相关从业者等。电子支付为双方提供款项结算支付功能，完成奶农与企业之间的交易；认证功能为进入平台的参与者提供进入认证标准，限制违规和不合格的企业和奶农进入平台。

3.奶业相关信息发布

奶业相关信息处理分析和反馈的功能。北京奶业一体化管理平台能够将收集到的奶业信息进行后台人工分析整理，如原料奶公斤成本、原料奶收购平均价格、乳制品的平均成本等，通过后台绘制成图表供平台参与者参考。同时不仅整合奶业各经营主体奶业方面的信息和政策，还能将其他地区优秀的奶农和企业的经营经验上传到平台，供平台参与者参考。

信息发布在北京奶业一体化管理平台中占据着十分重要的地位，是奶农、乳制品加工企业、奶业相关部门等奶业相关人员和经营管理机构重要的信息来源方式。例如奶农与乳制品加工企业之间的供求信息，乳制品加工企业与消费者的供求信息等最具有代表性的信息。发布功能分为基本信息、交易信息、政策信息、解读分析信息四个部分。基本信息是所有用户都需要上传的信息；交易信息是奶农和乳制品加工企业之间的购销需求信息；政策信息是转发与奶业及相关产业有关的国家政策和指导；解读分析信息是由平台或专家模块将纷繁复杂的信息"加工处理"后便于阅读理解的信息。

考虑到权限的不同和信息需求差异，平台将信息发布依照权限等级划分，等级越高发布的内容也就越多，发布的内容也更加具有权威性。身份权限不同显示的信息内容也不一样。平台内的各个用户根据自己权限所浏览的信息也有所差别，所有信息都会显示在平台中，用户可以根据自己的需求选择性浏览，也可以搜索相应的具体信息进行查询。

4.技术与价格指导

奶业链相关技术指导和奶业市场价格指导。北京奶业一体化管理平台实现线上和线下的技术指导，为奶农和企业提供降低成本的方法，并根据市场动向制定相应的价格参考。利用经济学知识在牛奶价格极低或饲料成本高的情况下，为奶农提供相应的计划，保障他们的利润。平台跟踪和分析影响牛奶生产和消费趋势的关键原因，为乳制品行业提供有关价格走向的独特见解。

奶业市场中存在信息不对称，乳制品加工企业在奶业市场中受益最多，奶业行业利润不能达到理想的分配效果。北京奶业一体化管理平台的目的是推动奶业利润的合理分配，一方面完善乳制品加工企业与奶农之间的利益分配机制；另一方面协调奶农与乳制品加工企业之间的利益冲突。

5.奶业政策信息发布

北京奶业一体化管理平台建立奶业政策信息发布模块，收集奶业政策相关的信息并转发在平台内部，以减少奶业行业人员查找奶业政策信息的成本。奶农和乳制品加工企业都是通过网络查询、阅读书籍期刊的方式获取政策信息，有些奶农甚至对新出台的政策不了解，在经营过程中导致经济损失。在北京奶业一体化管理平台的约束下，奶农和乳制品加工企业均能够保证诚实守信。平台通过奶源信息公开的方式，同时约束奶农和乳制品加工企业。在以往的传统交易过程中，由于双方没有一定的外在约束控制，不管是奶农和乳制品加工企业都会出现不诚信的现象。在平台中能够保障双方信息的共享和透明，杜绝"假奶""不合格奶"源头的产生，通过平台内不同的用户监视双方的生产行为。

6.专家咨询

平台中的交流和互动功能的实现主要通过"专家模块"体现。所有用户均可以在"专家模块"中进行提问，但提交的问题不能修改和删除，只有平台管理员有修改和删除的权限。同时，也可以看到其他用户提出的问题和专家的建议、意见。平台内还有讨论模块，针对奶业链的各经营主体设立相应的讨论模板，为平台内的用户提供线上互相交流和讨论的机会。

7.线上奶源交易

平台提供线上的原料奶交易功能，奶农上传可以提供的原料奶数量和第三方检测报告；企业上传需要的原料奶数量。减少奶农出现"有奶无市"的现象，也能保障企业不会出现"缺奶"的现象。平台为奶农和乳制品加工企业提供"二次交易"的机会，主要针对奶农出现交易量之外多产和少产的情况；乳制品加工企业出现交易量之外变化的需求的情况。奶农和乳制品加工企业发布需求信息，平台为其选择一配一、一配多、多配一的交易形式，以保障奶农和乳制品加工企业供应量和需求量的稳定，及时应对奶源市场的变化。

8.检测检验

乳制品质量检测及报告上传。北京奶业一体化管理平台与第三方检测机构合作，形成平台认定检测机构的权威性，传统的检测由乳制品加工企业进行检测，企业对于检测标准具有独断性，这就让奶农在检测中处于被动地位。通过第三方检测一方面可以达到降低奶农和企业的检测成本的目的；另一方面能够让奶农和企业在检测中均处在公平的地位。同时将检测报告上传到平台反馈给奶农和企业。

奶业一体化平台能够统一检测标准和检测机构，降低检测成本。目前大部分的奶农本身不具备检测功能，检测方式和检测标准均由乳制品加工企业决定，让奶农在检测时处于被动地位，在调研过程中发现，部分乳制品加工企业会以检测不合格的借口拒绝收奶。奶业平台引入第三方检测能够实现检测的客观公正性，保障奶农和乳制品加工企业双方均处在一个透明、公正的检测标准下。实现统一的检测，既降低了乳品企业的检测成本，也保障了原料奶和乳制品质量安全的透明化。

9.制定各环节标准化指标和管理条例

奶业各环节生产标准化就是处于奶业生产环节的人员操作的标准化和模式化，目前乳制品加工企业在标准化方面还是比较完善的，但是奶农生产缺乏一定的标准约束。奶农的生产标准大多是出售原料奶的企业决定的，奶农在标准化方面还缺乏统一的标准和要求。北京奶业一体化管理平台就是通过整合生产加工各环节的标准要求实现北京地区所有奶农和乳制品加工企业的对标，通过平台的运作形成一套科学合理的标准认证体系。进而促进北京市奶业的现代化建设，使得奶农和企业更加具备竞争力。简单来说就是要用标准和原则规范员工工作的各方面，减少违规操作的可能性，使得奶业体系都得到标准化，进而提升原料奶和乳制品质量，产品就更加有竞争力。

平台结合奶农和乳制品加工企业当前的生产、加工状况，制定标准化的指标和管理条例。统一北京市奶业生产的标准，为各环节提供科学合理的管理规范。根据国家和北京市奶业政策和规划，及时调整生产指标的标准和日常管理条例。弥补奶农在养殖各方面标准认知上的空白，同时规范员工在各环节的操作，简化工作流程和工作方式。最终形成科学合理的奶业发展标准体系。

10.提供统一技术服务

平台建设专家问答模块，主要针对奶农养殖过程中的问题进行解答。调研中发现奶农对于专家解答有较高的认同，能够有效地促进奶农养殖效率。技术服务分为两个方面，一方面针对奶农的服务主要有科学的饲料配比、奶牛疫病的处理、有效的员工管理机制、养殖设备安装指导、市场分析等方面；针对乳制品加工企业有生产方面指导、员工培训、市场分析报告等方面。

11.仲裁合同纠纷

在奶农与乳制品加工企业的交易过程中很容易出现交易方面的纠纷，为公正地保障双方的权益，平台提供合同纠纷仲裁功能，让法律意识薄弱的奶农能够保障自己的合法权益，同时也让乳制品加工企业找到解决问题的合理途径。

12.协调并制定原料乳参考价格

北京奶业一体化管理平台通过专家后台分析和模型软件的应用，制定原料奶收购参考价格。合理的收购价格不仅能保障各主体的利益，同时能够促进奶业健康稳定的发展，利益的分配机制对于奶农有很大的激励作用，为此该功能能够促进各环节的和谐发展，让原料奶定价有了科学的依据。

13.行业数据对标

对标功能是平台重要的一项功能，在平台中奶业的生产加工的相关信息会通过平台显示出平均数据，用户即可根据平台提供的"均数"信息，了解到各自的生产经营状况在平台中的地位。平台还提供各奶牛养殖场和乳制品加工企业排名，引导奶业经营者科学养殖、合理生产。推行对标管理，奶业经营者的目光紧紧盯住奶业最好水平，明确自身与行业内最佳的差距，从而明确了生产经营的总体方向。还可以将自身的最好水平也作为内部标杆，通过与自身相比较，可以增强自信，不断超越自我，从而能更有效地推动企业向业界最好水平靠齐。

（二）北京奶业一体化管理平台权限

基于对平台的研究和理解，结合国内外平台建设的理论和实践，北京奶业一体化管理平台具有两个显著的特点：一是透明化；二是公众化，是面向奶业和非奶业人员开放的信息网络。信息在流通中具有不可控性和不对称性，容易造成双方甚至多方的信息不对称，特别是对奶业链的末端消费者来说，信息的不对称很容易造成相反的抉择。在频发的乳制品加工企业安全问题事件中，大量的隐蔽违规行为影响着乳制品的质量安全，这种隐蔽违规行为不仅仅存在于奶农和企业，甚至存在于奶业链的各个环节。在信息不对称的情况下，奶业链各经营者都不能保证交易过程中的诚信问题。即使监管部门加大监管的力度和手段，也不能完全保证整个奶业产业链的安全。在利润的驱使下，违规者仍会想方设法实行投机活动，可以说奶业信息的透明化对奶业未来的发展起着决定性的作用，能够促进奶业产生更大的生产价值。北京奶业一体化管理平台依靠计算机网络系统，无论是奶业部门、奶业经营者、奶企、奶业研究者，还是普通民众，每个人都可以按照自己的需求寻找自己需要的奶业数据或报告等各种信息，因此，北京奶业一体化管理平台的基本功能就是操作的简便性。

北京奶业一体化管理平台就是为了促进建立健全统一、竞争有序的奶业市场。平台通过设立准入规则，保障进入平台的奶业经营者的诚信意识。平台设定开放的奶业信息查询和预测系统，方便用户使用和分析，减少信息寻找过程中的阻碍。以往的奶业信息不足以为用户提供明确的市场动态，复杂又庞大的奶业信息让普通的用户难以理解，对此平台将整个奶业链的信息处理为直观、简洁的信息。

为了实现北京奶业一体化管理平台的需求，本节提出了如下的平台操作设计方案。

平台包括六个经营主体：奶农、乳制品加工企业、检测机构、奶业相关部门、平台管理员、专家用户、其他用户。

为保护用户在平台中的权利和义务以及信息的保密性，平台依据奶农、乳制品加工企业、检测机构、政府部门、专家用户、其他用户六类用户设定四种平台操作权限，分为1级权限、2级权限、3级权限、4级权限。平台管理员负责平台增减用户，维护平台正常运营。

1级权限只能进行平台内数据查询功能且只能查询和下载奶业宏观数据，不能浏览奶业经营者个体（独立的奶业经营者，如某个奶牛养殖场、某个企业、某个组织）的相关数据和信息，对平台的信息不能进行修改、上传、分析和下载等操作；能够在平台中进行沟通、交流、讨论。2级权限可以浏览查询和下载平台内奶业宏观数据；能够上传、修改、下载自己的数据并分析；在平台运作方面不能进行操作和修改；能够在平台中进行沟通、交流、讨论。3级权限能够浏览和下载奶业宏观和微观数据；能够发布、修改和下载分析报告；帮助、指导奶业经营者进行生产、运营等方面行为；能够在平台中进行沟通、交流、讨论；不能对平台运作方面的内容进行操作和修改。4级权限可以浏览平台内任意用户的信息及其上传和下载的信息；能够上传和下载平台内奶业方面任何方面的信息；能够在平台中进行沟通、交流、讨论。其他用户为1级权限；奶农和乳制品加工企业为2级权限；检测机构和专家用户为3级权限；奶业相关部门为4级权限。具体见表7-16。

表7-16　用户权限设计

用户类别	功能	权限
其他用户	查询和下载奶业宏观数据	1级
奶农和乳制品加工企业	查询和下载平台内奶业宏观数据；上传、修改、下载自己的数据并分析；在平台中进行沟通、交流、讨论	2级
检测机构和专家用户	发布、修改和下载分析报告；能够在平台中进行沟通、交流、讨论	3级
奶业相关管理部门	上传和下载平台内有关奶业方面的信息；能够在平台中进行沟通、交流、讨论	4级

（三）北京奶业一体化管理平台逻辑

北京奶业一体化管理平台定位于服务奶业链各环节、融合信息共享、线上交易、政策分析的网络平台。平台参与者包括奶农、乳制品加工企业、检测机构、奶业相关部门、平台管理员、专家用户、其他用户。如表7-17所示，构成一个完整的跨越整个行业工作流程的电子平台，实现信息传播和反馈、数据分析、行业指导、线上交易、政策解读、检验检测等信息的交互，以达到"降成本、补短板"的目的。

奶农、乳制品加工企业、检测机构、专家用户、奶业部门、其他用户都需要经过平台的身份审核。奶农登录后，通过平台上传养殖及相关信息，反馈生产经营等各方面的问题；乳制品加工企业登录后，上传并获取自身生产加工信息，同时通过平台发布收购信息，并反馈生产经营方面的问题；检测机构登录后，通过定时上传统一的监测报告，及时反馈奶农和乳制品加工企业产品检测的信息；专家用户登录后，在平台中解决奶农和乳制品加工企业经营中反馈的问题，进行线下或线上的指导，并为平台上的用户提供政策解读服务；奶业及相关部门登录后，可获取平台内奶业链各环节信息，并及时发布政策法律等信息；其他用户登录后可以浏览当前奶业行业整体平均数据信息，掌握奶业动向。具体见表7-17。

平台内部依靠定性和定量分析处理奶业各经营主体奶业信息，依据求和公式、平均数公式等数学公式建立数理统计模型，将收集到的信息系统分为文字信息和数量信息，文字信息由专家模块进行统一解读分析；数量信息由平台建立的数理统计模型进行计算，依靠时间序列模型、面板数据模型、横截面回归模型等进行信息输出，再由专家模块进行分析解读。

表 7-17　北京奶业一体化管理平台流程表

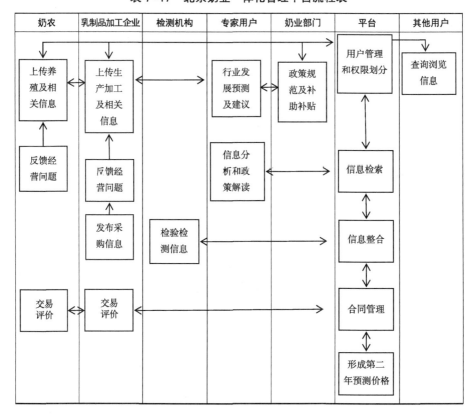

六、北京奶业一体化管理平台运行机制

（一）北京奶业一体化管理平台主体

1. 经营者

经营者包括奶农和乳制品加工企业及其他相关经营者。奶农为了保护自己在市场中的利润，迫切需要一体化的管理平台，并且促进奶农引入人才、资金、技术等资源。奶农能够保障一体化管理平台最基础的数据来源，是北京奶业一体化管理平台的中流砥柱，能够监督乳制品加工企业规范收奶、合理生产，成为奶业一体化管理平台重要的监督者。乳制品加工企业为了在市场竞争中获得更多的利润，会不断地进行生产、技术、服务的研发，在北京奶业一体化管理平台中企业是整个平台最大动力源，起到了发动机的作用。北京奶业一体化管理平台以乳制品加工企业为核心动力，起到整个平台"承上启下"的链接效果，能够让平台内各主体保持紧密的联系。

2. 管理部门

管理部门主要在乳制品相关政策法规、制度等方面起到重要作用，能够将奶业资源进行合理配置、协调各主体间的利益、引导规范生产等，行业管理部门在这些方面会起到无法替代的作用。行政管理部门能够优化奶业宏观环境，创造一个积极、有活力的大背景。通过管理部门对整个奶业产业链的规划和引导，可以最大限度地使奶业各经营主体协同、创新、规范、高效、活跃、有序的发展，避免奶业各环节资源的浪费。

3. 服务部门

服务部门包括了第三方检测机构和奶业方面的专家等，第三方检测机构负责出示检测标准和检测报告，保障原料奶和乳制品的安全，防止出现食品安全问题。专家是从事应用研究以及有应用导向的基础研究，在奶业各个方面拥有专业性的技术和研究成果，可以直接为奶农、乳制品加工企业、管理部门等提供科学合理的奶业发展状况报告和未来发展预测。专家能够围绕政

府发布的政策和法律、法规等进行解读，能够为奶业各经营主体提供标准指导，并开展有关奶业各方面的科学研究。专家承担了北京奶业一体化管理平台的各项科研工作。

（二）北京奶业一体化管理平台运行机制构建

1.利益协调机制的构建

为了保障北京奶业一体化平台各主体的利益，要成立技术指导委员会、成立购销纠纷仲裁委员会、奶价协调委员会和政策建议委员会。

（1）纠纷处理机制

成立技术指导委员会和购销纠纷仲裁委员会。第一，参考乳制品加工企业的要求制定各环节标准化指标和管理条例，进入该系统或平台的奶农、合作社及养殖小区，必须按次标准进行建厂、管理、生产及运输，以保证原料乳的品质。第二，健全奶业社会化服务体系，加强技术人员统筹管理，做好饲养管理技术指导、奶牛选购和疫病防控等工作，提高生鲜乳质量，加快品种改良步伐，提高奶牛单产水平，协调农业银行、农业发展银行和农村信用社等金融机构，加大对乳制品加工企业建立、接管生鲜乳收购站的信贷支持。第三，认证第三方检测机构，制定第三方检测机构成立的相关指标和规定，只有通过平台认证的第三方检测机构的检测结果才能被平台认可，第三方检测机构积极与奶农和乳制品加工企业建立密切的联系，使双方确信第三方检测机构的公正性、权威性，使生鲜乳购销交易过程中出现的质量争议有了"公平秤"。避免生鲜乳质量纠纷、减少乳制品加工企业压价等现象，奶农和企业双方利益都得到有效保障。第四，监督第三方检测机构，纳入该平台的原料奶可采用随机抽查的方法进行检测，可大大降低检测成本。将原料奶收购合同法制化，检测出质量问题的组织将被淘汰并在相关主管部门进行公示，未履行收购合同的奶农和乳制品加工企业同样使用淘汰机制。

（2）利益分配机制

奶价协调委员会在每个生产年度之初，平台可组织生产者、经营者、消费者、政府官员和经济学家组成"原料乳价格委员会"，根据饲料价格、人工价格及相关物价和一定的利润率制定出合理的收购价格，纳入平台的乳企必须以形成的价格进行收购，不能以任何理由拒收、少收、限收。

奶农的经营中最重要的影响因素就是饲料价格；而乳制品加工企业经营中最重要的影响因素就是原料奶价格，但乳制品加工企业在整个产业链中占据了主导地位，奶农受到乳制品加工企业压价、降级的现象严重，所以饲料的价格和原料奶的价格在整个市场信息中尤为重要。同时，分析奶业经营的成本也是平台要解决的一个重要问题，利益的分配决定了奶业链中各经营者生产的积极性，对于促进奶农"养好牛，产好奶"有决定性的作用。政策建

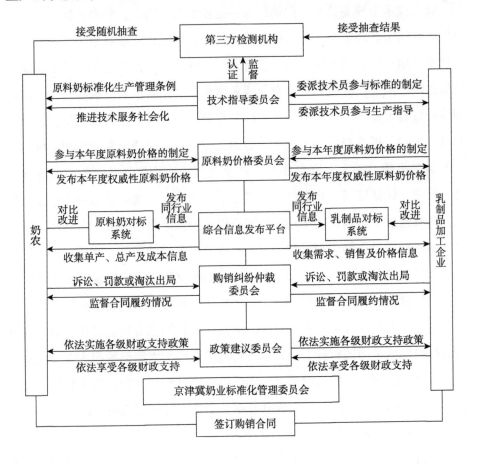

图 7-21　利益协调机制

议委员会根据本年度奶农和乳制品加工企业的成本收益情况预算财政补贴额度，制定补贴方式。通过平台发放补贴款，使专款真正落到实处，起到促进奶业发展的作用。并根据奶农和乳制品加工企业发生的具体情况，提出发展奶业的建设性意见和建议。

2.构建激励奖励机制

建立相应的激励奖励机制能够促进奶农、乳制品加工企业及其他经营主体在北京奶业一体化管理平台的积极性，具体激励机制如下。

（1）资源共享激励

北京奶业一体化管理平台能够有效整合奶农、乳制品加工企业、行政管理部门、专家和高校自身优势，实现平台内部的资源共享。一方面，各经营主体能够依照合约规定的内容，使用来自专家和高校的专业知识，并将知识转化为日常生产的动力，进而将新知识运用于实践之中，形成新的技术、新理论、科技。同时，奶农和乳制品加工企业也能将自己的生产信息等反馈给平台内的其他用户。另一方面，能够实现奶农、乳制品加工企业等在人才、技术、资金方面的共享。激励各经营主体之间的学习行为和学习意愿。

（2）文化激励

北京奶业一体化管理平台能够通过文化的导向、激励作用，引导平台内各主体有正确的指导思想和正效应。通过形成独特的奶业价值观激励奶农、乳制品加工企业等各主体奋发向上的精神，形成良好的凝聚力。使平台内的不同主体真正地合作在一起，形成一个共同认可的文化。榜样作用同样能够激励平台内成员树立起良好的形象和模范作用，榜样更是激励平台内主体不断学习、不断提升的重要心理条件。激发养殖、加工环节组织的权威性，更能够增强内部人员的成就感、归属感、忠诚感。

（3）政策激励

"看不见的手"的作用是有限的，因此需要管理部门的宏观调控职能，加强奶业政策导向和支持，促进北京奶业一体化管理平台的纵向发展。一方面，政府能够通过调控税收、财政补贴等政策，形成奶业行业的政策倾斜，极大限度地发挥"看得见的手"的引导作用。同时可以设立风险基金，在某一环节面临重大风险的时候，能够及时调整其收益，减少损失。另一方面，奶业协会能够通过组织各种专业讲座、培训、研讨会等，激发奶农、乳制品加工企业的兴趣，提供专业指导能够让其更好地从事养殖和加工。

（4）淘汰激励

通过建立危机感，激励其中弱小养殖户和企业的生产，使得处在淘汰激励下的养殖户和乳制品加工企业即时地进行调整。给予奶业内部人员一定的压力，从而激发其积极性，通过有利的竞争使得奶业行业处在一种积极向上的状态，克服慵懒散漫，进而提高工作效率和行业效益。让合作中处于弱势地位的主体通过增强实力来弥补自身的缺陷，并在竞争的同时也能够促进自身的发展。

3. 构建风险共担机制

风险共担的机制旨在奶业行业受到不稳定的冲击时，通过政策、法律法规、契约、合同等方式共建利益共分、风险共担的风险抵御机制。将风险的恶性效果通过各风险分担主体之间的再分配，减弱每个主体的风险效果，从而保障行业的效益，增强奶业各经营主体之间的信任，同时高信任又反作用于风险共担机制的构建。

（三）构建北京奶业一体化管理平台运行机制要解决的问题

构建北京奶业一体化管理平台运行机制需要解决以下问题。

1. 完善政策与制度保障体系

当前，奶业主管部门虽然出台了相关的奶业质量保障法规，但缺乏北京奶业一体化管理平台的法律法规，在利益分配、主体责任、权利义务等方面缺乏有效的规定、规范。因此，政府应结合北京地区奶业实际发展状况和平台建设需要，建立和完善北京奶业一体化管理平台的法律保障体系，保证奶业各经营主体在平台内的稳定运行，推动奶业产业有序发展，为北京奶业一体化管理平台机制的运行提供政策法规环境。

2.建立平台运行机制评价标准

建立北京奶业一体化管理平台运行机制的效益评价标准。效益评价标准是指北京奶业一体化管理平台能够给予奶业各环节的参与者在某种程度上的效益和利益的最大化，满足各经营主体加入北京奶业一体化管理平台的目的。奶农加入平台是为了获取更多的利润，并保障自身人才、技术、资金的获取；乳制品加工企业则需要更高的社会影响力和养殖环节的数据及分析；同时各主体都希望能够有人才上的引进；行业管理部门需要进行宏观调控。同时北京奶业一体化管理平台还应该根据平台的主体作用程度建设平台运行标准和评价指标。例如资源共享程度、利益分配满意度、宏观调控能力等。

3.加强奶业行业监督

北京奶业一体化管理平台要发挥内部主体互相监督的作用。通过责任到人的方式，完善行业内监督手段和监督效果。在国家政策法规下，制定相应的行业监管体系。一方面，要让平台内的主体了解目前的奶业法律法规，在专家的作用下及时发布相应的政策解读功能。在更好地普及法律法规的同时，引导奶农养殖、乳制品加工企业加工等。同时还要保障平台内的资金、人员、科技等的合理利用，杜绝内部职权的滥用。另一方面，还要加强奶业行业的监督，保障奶业环节的合法性。

七、构建北京奶业一体化管理平台保障机制

建立相应的保障机制能够促进奶农、乳制品加工企业及其他奶业方面经营方进入北京奶业一体化管理平台的意愿。首先要基于奶农和乳制品加工企业的实际情况，推出合理的奶业补贴政策，加强对奶业信息化的建设和扶持，激励北京地区奶业经营者更加积极地加入奶业一体化管理平台。设立专项的奶业信息化设备的补贴金，用于补贴加入北京奶业一体化管理平台的奶农和乳制品加工企业。在资金激励的同时还不能忽视精神激励的重要性，设立奶业信息化贡献奖项，对于促进奶业信息化发展的奶农或乳制品加工企业

颁发相应的荣誉称号。加入奶业一体化管理平台要有一定的设备设施、资源、技术的支持，据了解北京市的大多数奶农都有想要发展的意愿，但是由于养殖利润较低，导致奶农没有足够的资金投入到奶业信息化中；同时养殖环节的人员素质水平较低，对奶业信息化发展造成了一定的阻碍。因此要为奶农和乳制品加工企业提供合理的资金、技术、人员支持，确保奶业经营者有足够的经费去发展奶业信息化。

北京奶业一体化管理平台的有效运行需要一系列的保障机制，见图7-1。对平台的管理、运行、安全，以及对奶业产业链的需求进行维护，实现平台的有效运转必须要构建相应的保障机制。

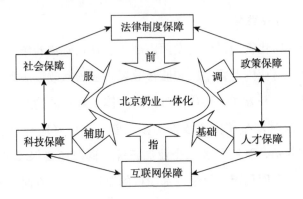

图 7-22　北京奶业一体化管理平台保障机制

（一）政策保障机制

农业农村部印发的《2018年畜牧工作要点》中指出推动畜牧兽医监管监测信息一体化。围绕"一个平台、一次填报、一套数据"目标，加快畜牧兽医监管监测信息横向互通、省部互联共享步伐。修订《畜禽标识和养殖档案管理办法》，加强畜牧兽医生产、监管全程联网追溯管理。推广应用畜牧业生产经营单位代码，实现畜牧兽医监管监测对象"一场（厂、企）一码"，为数据互联互通奠定基础。加快推进畜牧业政务信息系统实质性整合，建设畜牧业中心数据库。规范统计监测类报表制度，实行统一备案管理，建立统一指标体系。推动监管监测制度融合，为监管监测一体化提供保障。

良好的财政补贴政策既能够带动奶农的积极性，又能够发挥政府调控的作用。面对国外奶源市场的冲击，奶农的利润逐渐缩小，同时奶农的利润又遭受到乳制品加工企业低价收购政策的挤压。在双面压力下，奶农成为奶业链中受冲击最严重、受影响最大的环节。北京奶业一体化管理平台能够提供奶业市场各环节分析，便于奶业主管部门实施宏观调控。以往，政府不能及时地针对奶业市场的变化做出调整，导致很多奶农由于利润被压榨而宣布破产。进入平台的奶农能够享受到政府及时的补贴政策，有效保障了奶源市场的稳定，最终促进奶业健康稳定的发展。

（二）法律制度保障机制

法律制度是保障北京奶业一体化平台有效的机制，通过了解平台运行的机制，制定相应的法律和制度，保障平台科学、合理的运行。法律制度是实现北京奶业一体化管理平台解决内部问题的有效手段，也能实现平台保障制度的良性循环，不仅能够约束加入主体的权利和义务的行为规范，也是保障平台管理机制、业务机构的行为准则。根据平台涉及的各经营主体之间的关系，用法律和法规约束并保障平台参与者的意愿和利益问题。构建平台加入协议和规范，平台自身的工作制度的规范，出台一系列的北京奶业一体化管理平台标准化工作文件。法律制度能够调整奶农、乳制品加工企业、行业主管部门之间的关系。明确各主体在平台内的权利、职责和义务，对发生的关系进行调整。同时能保障平台的项目、基金、运行、管理等规范的运行。也是调动平台内各主体积极性的主要手段，引导和鼓励奶农、乳制品加工企业、行业管理部门积极加入平台，开展各项活动，促进平台建设等方面，都有着十分重要的作用，并且能够消除平台内不稳定因素，稳定平台内各经营主体的安定团结。

（三）社会保障机制

近年来，奶业各经营主体对于信息管理平台有了越来越准确的认识，在第七届奶业大会上，国家奶牛产业技术体系首席科学家李胜利提出"打造奶业资源集聚的大数据平台"。伊利董事长潘刚也提出要建立实现多产业融合、打造线上线下平台资源。奶业管理平台在奶农方面应用性不强，对于平台的使用还停留在简单的数据录入上，虽然奶农认识到了奶业信息的重要性，但是由于缺乏准确的培训，奶农不能熟练掌握平台的应用方法。而且部分企业为奶农所提供的平台，出现了诸多的问题，比如操作上复杂、指标不符合实际状况、平台维护差等。为增加奶业各经营主体一体化水平，增强行业抗风险能力，保护奶业链薄弱环节，都依赖于一个完善的奶业一体化管理平台作为基础，为奶业产业提供各方面的经营指导。

营造发展奶业信息化的社会氛围，激励奶农、乳制品加工企业及其他奶业经营者加入北京奶业一体化管理平台的热情。良好的社会氛围，鼓励更多奶业经营者加入奶业平台，让奶农和乳制品加工企业的信息化得到社会的认可。可以通过宣传的方式加大奶业平台的影响力，让更多的奶业经营者认可奶业平台的促进作用。与此同时要完善相关法律政策，保护加入奶业平台的奶农和乳制品加工企业及其他奶业方面经营者的合法权益，让平台内的用户享受到良好的政策保护环境。目前北京市奶农处于整个奶业产业发展最缓慢、最薄弱的环节，奶农更加渴求政策法规的支持，保护奶农就是在保护奶业的健康稳定发展。

（四）人才保障机制

人才资源是北京奶业一体化管理平台发展的基础，建设好北京奶业一体化管理平台必须要依托北京高素质的人才作为支撑。平台内的信息收集、整理和分析的工作都需要有专业知识背景的信息人才。北京作为全国资源的集聚地，拥有八十多所大学，数百家科研所，可以说北京集中了全国大多数人才资源。利用好北京的人才优势，鼓励具备专业知识的高学历人才投身于北京奶业一体化管理平台的建设和优化工作中。

在奶业发展过程中，奶农要积极顺应奶业信息化潮流，在设备和人员方面要加大投入力度。在调研过程中，发现奶农在处理信息上还使用手工记账的方式，大部分负责养殖信息的人员素质比较低，信息处理速度较慢、方法比较复杂。养殖环节应建立完善的信息处理考核制度，培养人员对信息使用、信息处理方式的重视。

将信息处理的质量和效率纳入考核的标准中，制定公平完善的考核制度和考核体系。为了促进人员的积极性，除了建立健全考核机制，还可以提高信息人员的制度保障，给予员工物质奖励和精神奖励。除了建立激励工资标准，给优秀的信息人员一定的激励工资，另外还可以表彰信息人员，对他们的工作成果给予肯定，这样信息人员在工作上也会更加积极认真。

（五）科技保障机制

现代信息技术在飞速发展，北京奶业也逐渐步入"信息时代"，也可以成为奶业的信息化。奶业的信息化可以划分为奶牛育种信息化、奶牛养殖信息化、奶牛加工环节信息化、奶业社会服务信息化（王娜，2017）。信息化在奶业链的生产、加工、市场等方面均有渗透，但是目前信息化应用最广泛的阶段是乳制品市场；其次是乳品加工行业；最后是牛奶生产阶段。国内的各大零售平台以及线下商场都有详细的乳制品的各方面信息，依托互联网技术消费者可以搜索和买到他们期望的乳制品，完善的售后服务平台体系也为解决消费者交易过程中的问题提供了便利。在北京协同发展战略下，信息化必将成为促进奶业各经营主体及奶业发展的重要推手，并为建立北京奶业一体化管理平台提供良好的保障。

反观国外奶业的发展，奶业以"大牧场""大数据"为基础，并早已实现了自动化、智能化的养殖、加工、运输体系。尤其在奶牛养殖方面，奶农依靠高度发达的信息化和机械化手段，大大降低了源头的牛奶生产成本。奶业平台在整个奶业链的环节中起着至关重要的作用，在奶业高度的信息化条件下，平台运营方面有着显著的增效作用。低人工成本、高效的自动化设施、信息网络广泛覆盖等都为平台运作降低了难度和阻力。国外牧场经营更加注重影响奶牛成长生活的各个方面，包括饲料的管控、奶牛的生活环境、奶牛的成长状况等。利用大数据库与云技术将这些信息收集并加以分析，针对奶牛的行为特点提供相应的解决办法，这种方法大大降低了饲养奶牛过程中的成本，并提高了奶牛的产奶量。在乳制品加工方面，国外开发了一系列的软件工具收集乳制品加工企业的能源用水量等数据，并在平台中进行数据的比较参考，这样能够有效激励乳制品加工企业不断向市场的平均水平看齐，最终提升企业的利润。

总的来说，北京奶业的信息化还属于初级发展阶段，奶业未来的发展中应该引入新技术应用。不同牧业类型应该应用不同的新技术，依据地理位置和经济模式决定粗放还是集约、制定奶价的科学性、劳动力的成本以及相应的政策管理。未来奶业的驱动力应该是奶业链劳动力成本管理和可用性；增加乳制品更多的需求；增强牧场盈利、扩张的能力；降低牧场牛奶收获成本。

（六）互联网保障机制

北京奶业一体化管理平台发展离不开互联网技术的支持，优秀的互联网技术是信息化在奶业领域应用的关键，北京奶业一体化管理平台发展水平的高低，离不开互联网技术的应用，因此互联网技术是北京奶业一体化管理平台的灵魂。"互联网+"技术包括牧场互联网技术、牧场智能管理等。

国家奶牛产业技术体系首席科学家李胜利认为："现代奶业的发展是基于互联网思维，实现互联网与奶业的跨界资源整合，采用移动互联网、物联网、云服务、大数据等技术促进奶业的整体提升，实现以'互联网+'为载体的奶业大数据公共服务平台。"北京奶业的发展已经到了转型的关键时期，奶业资源优势的开发达到了质变的程度。互联网技术在奶业信息化中能够突破传统奶业思维模式，开创奶业智能化、自动化的时代，依靠互联网技术促进奶业生产力水平发展、奶业质量达到或超越国际水平。在牧场和乳制品加工企业管理方面，依靠奶业各经营主体人才和科技力量，综合大中小牧场的数据建立奶业大数据平台。奶业云平台将牧场管理和经营、质量监控、信息整理等纳入平台，解决牧场和企业素质不平衡、信息不透明、运行成本高、科学技术应用水平低等问题。

　　未来奶业信息化的发展，将以互联网技术为支撑，实现牧场、企业、人才、科技、信息、资金等奶业资源的整合、聚集、开放和共享，推动互联网技术与奶业的融合，实现奶业的提质增效和发展转型，提高奶业的信息化水平。互联网技术在北京乃至中国奶业发展中占据着举足轻重的地位。

第八章

北京生鲜乳价格协商机制构建研究

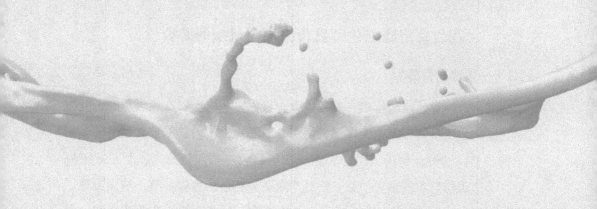

构建生鲜乳价格协商机制，发布生鲜乳基础收购价格，督促乳企和奶农规范执行，稳定双方合理收益，是保障奶业链健康稳定可持续发展的重要保障。本章在分析北京市建立生鲜乳价格协商机制的必要性的基础上，借鉴上海、河北的生鲜乳价格协商机制的经验，并基于北京三元在奶源领域的有益探索，提出了在北京市建设生鲜乳价格协商机制的政策建议。

一、在北京市建立生鲜乳价格协商机制的必要性

（一）提出背景

北京市生鲜乳收购价格一般是由乳企根据企业标准和市场供需的情况决定，这种定价机制以乳企为主导，奶农处于弱势地位，只能被动接受乳企制定的价格。这种现状形成的原因在于我国奶业养殖加工分离，利益联结松散，小散规模奶农发展史使其长期处于利益分配链的薄弱环节，从而出现了"乳企抬价，奶业扩张；乳企降价，奶业萎缩"的企业控制产业的怪圈，生鲜乳价格波动异常，不利于奶业稳定发展。

虽然表面上看，近期北京市生鲜乳价格并未出现异常波动，甚至自2020年10月以来一直保持上升趋势，但溯其根源可以发现，生鲜乳价格上涨的背后，是奶牛养殖成本的不断攀升，奶牛养殖利润空间已受到极大的压缩。根据《北京示范牛场监测月报》中对北京奶业经济景气指数的监测，新冠肺炎疫情以来，北京市奶料价格比指数呈不断下跌趋势，2021年2月以来，该景气指数已跌落到1.40的警戒线以下，北京市奶牛养殖业不景气，养殖企业的境况愈渐窘迫。

基于目前境况，北京市奶业应防患于未然，为避免出现奶价异常波动影响奶业稳定发展的情况，探索更有利于稳定生鲜乳价格并保障优质优价的定

价机制十分重要。

（二）生鲜乳价格协商机制的提出

早在2007年的《国务院关于促进奶业持续健康发展的意见》（国发〔2007〕31号）和2008年的国务院令第536号《乳制品质量安全监督管理条例》中就明确提出过要规范生鲜乳收购价格秩序，推动建立生鲜乳价格协调机制。此后，多个奶业主产省积极推动生鲜乳价格协商机制建设，依托地方奶业管理部门和奶业协会，根据饲养成本、合理利润等因素，构建起多方参与、科学合理的生鲜乳价格形成机制，截至目前，已在上海、河北、山东、陕西等地取得了良好的成效，其中，尤以上海的生鲜乳价格协商机制最为完善。

2018年的《国务院办公厅关于推进奶业振兴保障乳品质量安全的意见》（国办发〔2018〕43号）再次明确提出：建立乳品企业、养殖企业和行业协会参与的生鲜乳价格协商机制。通过国家政策的重视与强调以及生鲜乳价格协商机制给上海、河北等奶业主产地区奶业带来的稳定利好效果可以相信，生鲜乳价格协商机制将有助于北京市乳企与奶农的利益联结，稳定北京奶业利益链，促进北京市奶业持续健康发展，因此，建议在北京市推动建设生鲜乳价格协商机制。

二、上海与河北生鲜乳价格协商机制的经验借鉴

（一）上海市生鲜乳价格协商机制

1.发展历程

上海市生鲜乳价格协商机制的发展大体经历了两个阶段，一个是2008—2014年的政府指导价阶段，一个是2015年至今的市场调节价阶段。

2008年，为了保护奶农利益，维持生鲜乳交售的良好秩序，上海市开始对生鲜乳收购实行政府指导价，并且是同阶段全国唯一将生鲜乳收购价格

列入政府定价目录的省市，政府指导价起到了有效的托底作用。但上海市进一步意识到政府指导价并不是"铁板一块"，故又在政府指导价基础上，建立了奶农、乳企、行业协会、政府主管部门共同参与的价格协商机制，开始了基本每半年进行一次的价格协商。

到2015年，价格协商机制运作已比较成熟，乳企和奶农通过长期沟通，双方已学会换位思考，政府开始有了退居幕后的条件。因此，为了推进奶价的市场化改革，上海市发改委向市委、市政府提出，生鲜乳价格退出政府定价目录，不再实行政府指导价管理，协商机制将由上海奶业行业协会牵头，同样的，生鲜乳收购基本价也开始由奶业协会发布，政府则转变职能开始在幕后发挥监督与引导市场稳定发展的作用。自那时起，上海市的生鲜乳价格协商机制运行秩序良好，奶业发展平稳，产销量和价格都未出现大的波动。

2.价格产生

上海生鲜乳实际收购价的产生是在生鲜乳全成本调查的基础上，通过协商确定基础价，同时执行优质优价与规模奖励。2017年开始加入了季节差价与两病净化奖惩。故上海生鲜乳的实际收购价格可表示为如下公式：

生鲜乳实际交易价=基础价+按质论价（乳脂、乳蛋白、体细胞、微生物、冰点）+分级奖励+季节差价+两病净化奖惩

因此，成本调查与按质论价成为决定生鲜乳价格的两大主要因素，成为上海生鲜乳价格协商机制需重点明确的内容。

（1）成本调查

上海市制定有完善的生鲜乳生产的全成本调查方案，并成立了专门的"生鲜乳成本调查工作组"，以一个年度为调查单位（如2020年5月至2021年4月），对样本奶牛场进行公斤奶生产成本的调研、统计与测算。现将上海市生鲜乳成本调查的关键步骤介绍如下。

首先，选择样本。采取抽样调查法。为确保数据的代表性，抽样原则如下：①根据牧场总头数300～500头、500～1 000头和1 000头以上划分规模，按15%的比例确定样本点；②样本点牧场管理规范、数据统计记录完

整；③兼顾牧场稳定性、代表性，政府明确退养计划、饲养方式特殊、牧场结构复杂的不作样本点。

其中，调查内容包括：①奶牛场基本情况，即成乳牛平均饲养头数、生鲜乳出售总量、副产品产值、政府补贴；②饲料成本，即精饲料和青粗饲料耗量、费用；③人工成本，即用工数量、雇工费用；④其他费用，即饲料加工费、水电煤费、医疗防疫费、死亡损失费、工具材料费和修理维护费、固定资产折旧费、管理费、财务费等。

其次，调查实施。①由市物价局成本调查队对调查点统计员进行专题培训后，各点统计员开始逐场调查，并如实、准确、按时上报调查数据。②市物价局成本调查队对调查数据进行逐一审核，对于个别出入较大的牧场，由市奶协组织督查核实。

再次，结果审定。科学分析调查数据，形成上海市生鲜乳生产成本调查基础表、农委相关数据采集表和周边省市生鲜乳收购价格采集表，并报"上海市生鲜乳成本调查专家小组"审核、分析、研究和确认。

最后，结果公示。将经确认后的调查结果上传"上海市奶业信息网"和"长三角奶业微信公众号"进行公示。公示一周后，市奶协适时召开协商会。

（2）按质论价

上海的生鲜乳按质论价体系始于20世纪80年代，发展至今，大体经过了七个阶段，已十分成熟。

第一阶段（1996年6月之前）：以牛奶中的脂肪为计价依据。第二阶段（1996年6月至2000年3月）：以生鲜乳中的乳脂和乳蛋白作为计价依据。第三阶段（2000年3月至2002年12月）：增加了抗生素残留和细菌数计价与考核。第四阶段（2002年12月至2004年5月）：增加了黄曲霉素$M1 \leqslant 0.5$微克/公斤的指标。第五阶段（2004年5月至2006年6月）：增加了牛奶冰点测试的合格范围和亚硝酸盐指标的考核。第六阶段（2006年6月至2019年）：将体细胞纳入计价体系。第七阶段（2019年至今）：增加嗜冷菌指标。

按质论价体系中，脂肪、蛋白质作为基础指标有一个计算公式，奶价计算公式=（基础价×0.45/3.25×实测脂肪指标）+（基础价×0.55/2.95×实测蛋白指标），其中脂蛋比为45：55。

目前正在执行的体细胞、微生物、冰点、嗜冷菌等指标的具体计价方法及分级奖励标准如表8-1所示。

表 8-1　上海市原料奶按质论价体系

项目	检测值下限	检测值上限	奖惩标准（元/公斤）	备注
体细胞（万个/毫升）		≤ 20	+0.15	
	> 20	≤ 25	+0.12	
	> 25	≤ 30	+0.05	
	> 30	≤ 40	−0.05	3 次/旬，拒收整改
	> 40	≤ 75	−0.15	2 次/旬，拒收整改
	> 75	≤ 100	−1.00	1 次/旬，拒收整改
	> 100	≤ 200	−2.00	1 次/旬，拒收整改
	> 200		−3.00	1 次/旬，拒收整改
微生物（万 CFU/毫升）		≤ 10	+0.04	
	> 10	≤ 30	+0.00	2 次/旬，拒收整改
	> 30	≤ 50	−0.10	1 次/旬，拒收整改
	> 50	≤ 100	−0.40	1 次/旬，拒收整改
	> 100		−1.00	1 次/旬，拒收整改
冰点（℃）	> −0.500		−0.50	
	> −0.508	≤ −0.500	−0.10	
嗜冷菌（毫升）		≤ 1 000	+0.03	每旬任一天检测，监测数据作为下一旬考核的依据
	> 1 000	≤ 10 000	不奖不罚	
	> 10 000	≤ 100 000	−0.05	
	> 100 000		−0.10	
分级奖励（生鲜乳交售量）		< 1 100	−0.20	
	≥ 1 100	< 2 400	+0.06	
	≥ 2 400	< 4 000	+0.09	
	≥ 4 000		+0.12	

上海按质论价体系有效地推动了生鲜乳各类指标的提升，引导了上海生鲜乳的优质化生产，确保了本市的生鲜乳供给与质量安全。

（二）河北省生鲜乳价格协调机制

1.发展历程

河北省对于生鲜乳价格协调机制的探索始于2008年，省物价局和省畜牧兽医局联合印发了《河北省生鲜乳价格协调机制试行方案》，提出成立由物价、畜牧等行政主管部门以及奶业协会、奶站、乳企和奶牛养殖场（户）参加的生鲜乳价格协调委员会，其主要职责是根据生鲜乳成本价格，提出旺季（5月至10月）、淡季（11月至下一年4月）以及在影响生鲜乳主要要素发生大幅度价格波动时的生鲜乳交易参考价，并在附件中对生鲜乳成本价格的测算办法进行了详细说明。

经过几年的试运行后，2015年12月，由省畜牧兽医局、省奶业协会、乳企代表、奶牛养殖企业代表、奶业专家组成的河北省生鲜乳价格协调委员会正式成立，召开了第一次生鲜乳价格协调会并通过投票表决确定了2016年第一季度的生鲜乳交易参考价格。此后2016—2017年间的八个季度，河北省的生鲜乳交易参考价的产生采取的均是投票表决制，主要通过委员投票取平均值得出。

直到2017年12月，河北省在生鲜乳价格协调会上对生鲜乳价格协调机制做出了调整，将投票表决制改为了成本计算制。自2018年第一季度至今，主要以河北省奶牛产业技术创新团队测算的奶牛养殖成本为基础，协商产生生鲜乳交易参考价。

2.价格产生

由于自2018年至今，河北省生鲜乳价格产生的机制已调整为成本计算制，因此，成本调查亦成为河北省生鲜乳交易参考价产生的重要一环，现将河北省生鲜乳的成本调查过程和价格确定原则介绍如下。

（1）成本调查

首先，选择样本。由7个奶牛综合试验推广站，在河北省11个市随机抽取本地大、中、小三个规模奶牛场；由DHI试验站在参测奶牛场中随机抽取大、中、小三个规模奶牛场，合计24家规模奶牛场。

其次，调查内容。发放《奶牛场动态信息监测表》，调查奶牛场与生鲜乳产量相关费用支出情况，包括固定资产折旧、饲料成本、人工费、防疫、兽药及消毒费、管理费、水电费、煤等燃料费、配种及改良费、设备维修费、奶厅消耗费、运输费、生鲜乳检测费、成乳牛折旧费、银行贷款利息、土地成本、奶牛保险费、奶牛死亡损失费等。

最后，计算成本。河北省奶牛产业技术创新团队对公斤奶成本的计算主要有三种方法。设n代表奶牛场序号为：1、2、3…24；M代表月份为：1、2、3或4、5、6或7、8、9或10、11、12月；b代表当月奶牛场总存栏头数。

方法1：总成本的平均值法

当月公斤奶成本 X_{1nM} ＝总成本/当月生鲜乳产量

季度公斤奶成本＝$\Sigma X_{1nM}/3$

方法2：单向成本的平均值法

当月公斤奶成本 X_{2nM} ＝Σ（单项成本/当月生鲜乳产量）

季度公斤奶成本＝$\Sigma X_{2nM}/3$

方法3：加权平均法

当月公斤奶成本计算公式：

X_{3nM} ＝奶牛场当月总成本/当月生鲜乳产量

季度公斤奶成本＝$\Sigma X_{3nM} \times b/\Sigma b$

（2）价格确定

首先，以测算的生产成本为基础，遵循利益共享原则，保障10%的养殖利润，确定最低收购价，再上浮8%，作为季度参考价格。如：测算成本为3.0元/公斤，上调比例为10%，计算出最低交易参考价格为3.3元/公斤；3.3÷0.92=3.59元/公斤，该价格即为对外发布的交易参考价格。同时，鼓励优质优价。

其次，每季度召开生鲜乳价格协调会，确定下一季度的生鲜乳交易参考价格。每半年召开一次大型生鲜乳交易参考价格协调会议，确定并发布下一季度的生鲜乳交易参考价格，并就产业发展相关事宜进行讨论。

最后，发布价格。每季度末生鲜乳价格协调会后2日内，通过省级生鲜乳价格发布平台等渠道公布下季度全省规模牧场生鲜乳交易平均参考价、奶牛养殖小区生鲜乳交易平均参考价及最低参考价。

（三）经验借鉴

1.上海与河北的比较分析

（1）两地协商机制异同点

在基本介绍之后，接下来将上海与河北的生鲜乳价格协商机制的特点与经验进行比较总结。

首先，是上海与河北生鲜乳协商机制的共同点。无论是上海的生鲜乳收购基础价还是河北的生鲜乳交易参考价，都建立在成本调查的基础上，以成本测算作为确定收购基础价的依据，使所发布的价格更加科学，大大降低了价格波动的随机性与风险性。

其次，由于上海与河北的奶牛养殖规模、奶牛养殖基础以及市场需求等方面的不同，两地的生鲜乳价格协商机制也存在一些不同点。第一，在发布周期上，上海采用半年度发布的形式，而河北采用季度发布的形式；河北依然在采用由政府主导并参与的价格协商机制，省畜牧兽医局依然是主要的牵头组织单位。第二，在生鲜乳价格的形成上，上海对交易价格的构成部分规定较河北更为详细与明确，在基础价与按质论价体系的基础上加入了分级奖励、季节差价与两病净化奖惩一系列指标。第三，上海进行了奶价的市场化改革，政府已退出基本由政府主导的价格决定机制，更多由市场决定收购价格，由上海奶业行业协会组织奶农与乳企代表一起协商并发布生鲜乳收购基础价，政府更多发挥幕后引导的作用。

（2）两地协商机制差异的原因分析

从上述对比来看，相较于河北省，上海市的生鲜乳价格协商机制更为完善、成熟，有完备的按质论价体系，并呈现出更高的市场化程度。究其原因，应是上海市生鲜乳价格协商机制运行的有效时间较河北更长，且整体奶牛存栏量较小，规模化程度又更高，故而上海市的奶农数量少，但每个主体都有较强大的资本，相较于河北省的小散规模的奶农来说，具有更为强大的市场势力。

其实，早在2008—2014年上海执行政府指导价期间，发改委就牵头建立了奶农、乳企、行业协会、政府主管部门共同参与的价格协商机制，开始了基本每半年进行一次的价格协商，因此自2008年开始，上海的生鲜乳虽有指导价，但最终价格形成，已经是由各方市场主体共同参与决定的。到2015年，价格协商机制运作已比较成熟，乳企和奶农通过长期沟通，双方已学会换位思考，政府已经有了退居幕后的条件。

另外，上海市现在全部的奶牛养殖企业都完成了规模化、集约化改革，并都在强大资本下运转，上海奶农已成为具有一定市场势力的主体，在价格谈判中拥有相应的话语权，市场竞争格局基本已经形成，政府退居幕后由市场发挥主要作用，能更好地反映市场需求的变化。而且，政府并不是不管，只是将组织机构委托给了奶业协会，自己则在幕后起引导作用。

反观河北省，其地域广，奶牛多，奶农也多。要在11个地级市选出奶农代表并组织参与生鲜乳价格协商，没有政府掌舵，是不太容易的。且河北省小规模养殖户占比仍然不小，在市场中处于弱势地位，若完全依靠市场调节，可能会出现市场失灵的状态，故仍需要政府加以引导与支持。

2.北京市可借鉴的经验

尽管河北省的协商机制不如上海市完善，但其对建立生鲜乳价格协商机制的重视依然值得北京市学习，因为该机制确实较好地稳定了生鲜乳价格，更好地保护了购销双方尤其是奶农的利益，保障了奶业的健康持续发展。

成本调查是生鲜乳价格协商机制的基础环节，北京市应组建生鲜乳生产成本调查队，确定生鲜乳的成本调查方法，选出有代表性的样本牧场，实施成本调查。

上海市生鲜乳的按质论价体系也值得北京市借鉴，上海市的按质论价体系与国际接轨，经过三十多年八个阶段的发展，已相当成熟，检测指标丰富全面，指标水平基本均高于国家标准。

另外，无论是从奶牛存栏总规模来看，还是从奶牛养殖的规模化程度来看，甚至从奶牛养殖业面临的严峻的环境资源压力方面考虑，北京和上海的奶业现状都颇为相似，故上海的生鲜乳价格协商机制对北京来说也更具借鉴价值。和上海基本同步，北京奶业已实现了从数量向质量，从小散向规模化、集约化、标准化的转型升级，北京奶农也因规模化拥有一定的市场势力，可以与乳企形成基本势均力敌的供需双方，因此建议北京可跳过政府指导价阶段，将上海当前协商机制的组织模式借鉴过来，建立由政府作为幕后引导，由奶牛产业技术体系北京市创新团队牵头组织，奶农代表和乳企代表共同参与的生鲜乳价格协商机制。

三、北京三元推行的生鲜乳按质论价体系

北京三元食品有限公司一直十分注重对奶源的建设，并采取措施密切养殖加工的利益联结，在生鲜乳价格制定方面，三元积极学习国际标准，也推行了相应的按质论价体系。

三元实行的按质论价体系，除了明确基础的乳脂和乳蛋白奖罚制度外，也将细菌数、体细胞数和冰点的考核引入了计价体系，是较为完善的。另外，三元还将生鲜乳脂肪蛋白比例指标纳入考核标准，规定脂蛋比应在1.1~1.3范围内，若不在此区间，视同不合格。企业通过这个标准引导牛场关注生鲜乳脂肪蛋白比例，因为如果忽视这项指标，将会影响奶牛的健康。

有三元的按质论价体系做基础，在北京广泛地推行按质论价体系应该并不十分困难，因为北京市多数奶牛养殖场生产的生鲜乳供给三元，只要引导三元较好地发挥示范推广作用，便可逐渐完成按质论价体系在北京市的全覆盖。

四、在北京市建设生鲜乳价格协商机制的政策建议

（一）组织形式

建议在政府的统一领导下，由奶牛产业技术体系北京市创新团队牵头组织，成立由奶牛创新团队负责人、乳制品加工企业代表、奶牛养殖企业代表组成的生鲜乳价格协调委员会。

每季度的第三个月下旬召开生鲜乳价格协调会，通报本季度生鲜乳收购基础价执行情况，同时就本市下一季度的生鲜乳收购基础价格进行协商。

奶牛产业技术体系北京市创新团队（以下称奶牛创新团队）是能够有效联络北京市奶业养殖端与加工端的重要组织，团队自2012年成立以来，一方面一直竭诚为北京市示范奶牛场提供保姆式服务，与养殖场负责人建立起了良好的信任关系，另一方面也积极与乳制品加工企业保持了较为密切的交流与合作，由奶牛创新团队来组织供需双方进行协商是非常合适的。

（二）成本调查

奶牛创新团队产业经济岗位自2013年至今一直在定期撰写《北京奶业监测月报》，月报中便有对北京市示范牛场生鲜乳生产成本的统计与计算，计算所需数据均通过《示范奶牛场动态信息月监测表》采集得到，该监测表中统计了各示范奶牛场的固定资产折旧、精粗饲料成本（玉米、豆粕、麸皮、青贮、苜蓿、羊草等）、人工费、兽药及消毒费、管理费、水电费、煤等燃料、配种及改良费用、设备维修费及其他共10项成本费用。

上述监测体系已较为成熟，可以将北京市16个示范奶牛场作为样本点，根据专家建议对《示范奶牛场动态信息月监测表》中的指标进行补充完善，持续监测北京市生鲜乳的公斤奶成本。

以核算出的成本为基础，协商确定生鲜乳收购基础价。

（三）按质论价

北京可以以三元正在执行的按质论价体系为基础，参照上海的按质论价

体系进行补充完善，将抗生素残留、黄曲霉毒素、亚硝酸盐和嗜冷菌等检测指标纳入奖惩体系，然后将其在全市范围内推广实行。

（四）保障措施

由政府出台相关政策文件，并做好引导、支持与监督工作。生鲜乳价格协商机制的建立与持续推进离不开政府的支持，在机制刚刚诞生还未成熟稳定的时期，政府的引导与监督必不可少。上海市农委畜牧兽医办公室、市发展改革委价督处的主要领导在《政府定价目录》放开前每次都亲自参加奶价协商会。《政府定价目录》放开后，这两个部门的领导对奶价协商仍是一以贯之给予支持、帮助；上海市成本调查队的领导对成本调查培训的需求也是有求必应。

奶牛创新团队要将奶价协商工作视为使命与职责，勇于担当，攻坚克难。奶价协商是比较麻烦的，乳企与奶农立场不同，在协商初期，双方难免因各执己见而出现矛盾冲突，奶牛创新团队应耐心引导双方换位思考，缓解双方矛盾，尽最大努力做到保证双方合理收益，促进协商友好进行。

另外，各方支持是奶价协商的核心。奶牛创新团队还要重视宣传工作，要通过正面的实事求是的宣传，使奶农、乳企能认清形势、顾全大局，换位思考、合作共赢。

最后，建议每次协商会议都邀请媒体到场，并首先通报上期生鲜乳收购基础价实施情况，保证协商机制的公开透明，做好舆论监督。

参考文献

[1] 冯献，李瑾，郭美荣."互联网＋"背景下农村信息服务模式创新与效果评价[J].图书情报知识，2016，（6）：4-15.

[2] 张振国，吕全贵，张学军，等.农业物联网在新疆棉花产业中的应用与发展——以农八师一五〇团为例[J].新疆农机化，2015，（1）：28-33.

[3] 熊大红.基于本体的农业物联网信息智能管理机制研究[D].长沙：湖南农业大学，2013.

[4] 李庆香.EPC物联网在奶牛养殖中的应用[J].重庆文理学院学报（自然科学版），2011，30（5）：59-62.

[5] 曲爱玲，马长路.基于物联网的奶牛养殖场PM（2.5）环境监测及控制系统研究[J].中国乳品工业，2018，46（4）：61-64.

[6] 霍晓静.基于物联网的奶牛场数字化管理关键技术研究[D].保定：河北农业大学，2014.

[7] 张建华，赵璞，刘佳佳，等.物联网在奶牛养殖中的应用及展望[J].农业展望，2014（10）：56.

[8] 刘陈，景兴红，董钢.浅谈物联网的技术特点及其广泛应用[J].科学咨询（科技·管理），2011（9）：86.

[9] KOLBACHR，付海涵，罗德里格兹.全自动挤奶技术现状[C].第五届中国奶业大会，2014.

[10] 张智勇，刘承，杨磊.基于RFID的乳制品供应链安全风险控制研究[J].食品工业科技，2010，31（3）：333.

[11] 熊本海，杨亮，潘晓花.我国畜牧业物联网技术应用研究进展[C].中国畜牧兽医学会信息技术分会2014年学术研讨会，2014.

[12] 葛文杰，赵春江.农业物联网研究与应用现状及发展对策研究[J].农业机械学报，2014，45（7）：222-230，77.

[13] 任腾.基于协同进化理论的物联网产业公共政策研究[D].长沙：湖南大学，2012.

[14] 袁学国，朱军.我国农业物联网发展现状、问题和对策[J].中国农村科技，2014（6）：3-60.

[15] 李奇峰，李瑾，马晨，等.我国农业物联网应用情况、存在问题及发展思路[J].农业经济，2014（4）：6-115.

[16] 邹一琴，张兵.基于SOA的网格型农业物联网[J].江苏农业科学，2017，45（19）：239-242.

[17] 赵晓飞，肖文韬.商业生态系统视角下我国农业物联网发展战略与政策研究[J].中南民族大学学报，2017（6）：137-141.

[18] 张复宏，罗建强，柳平增，等.基于物联网情景的蔬菜质量安全社会化监管机制研究[J].2017（5）：47-55.

[19] 曾光，卢文，郭静，等.基于物联网技术的奶牛热应激反应防控系统[J].现代农业科技，2018（13）：278-279.

[20] 杨国章.基于物联网技术的奶牛成长监控管理系统建设[J].自动化与仪器仪表，2018（2）：155-157.

[21] 许璇，郎朝先，邱达，等.基于单片机的奶牛生理状态监测系统[J].现代信息技术，2018（3）：195-196.

[22] 韦美莹，李楚颖，马蓉，等.农业物联网政策咨询服务调查与研究[J].现代营销（经营版），2018（7）：88-90.

[23] 王郁，郭丽芳，马家齐，等.供给侧改革下农业物联网风险管理机制研究[J].管理现代化，2018（3）：117-119.

[24] 杨泽礼.农业物联网技术应用及创新发展策略[J].农家参谋，2017（16）：202.

[25] 杨洋，贾宗维.区块链技术在农业物联网领域的应用与挑战[J].信息技术，2017（12）：24-26.

[26] 熊本海，蒋林树，杨亮，等.奶牛饲喂自动机电控制系统的设计与试验

[J].农业工程学报，2017，33（7）：157-163.

[27] 许秋霞.农业物联网技术应用及创新发展策略[J].科技风，2017（6）：219.

[28] 胡晓云.农业品牌及其类型[J].中国农垦，2018（5）：51-53.

[29] 范二平.品牌价值提升策略探讨[J].企业经济，2013，32（1）：21-24.

[30] 刘长全，韩磊，张元红.中国奶业竞争力国际比较及发展思路[J].中国农村经济，2018（7）：130-144.

[31] 李媛，刘芳.中国乳制品企业的现状分析与对策建议——以蒙牛和伊利为例[J].中国畜牧杂志，2018，54（9）：151-154.

[32] 李超，刘芳，何忠伟，等.基于层次分析法的上市乳品企业成长性评价研究[J].中国食物与营养，2014，20（8）：28-33.

[33] 席超.基于财务视角的我国乳品上市企业成长性分析[D].南京农业大学，2013.

[34] 夏巧奇.伊利乳业酸奶产品营销策略研究[D].北京：首都经济贸易大学，2017.

[35] 刘凡.提升中小企业品牌竞争力对策研究——以皖北曦强乳业为例[J].贵阳学院学报（社会科学版），2017，12（3）：117-120.

[36] 陈香玉.可追溯乳品消费者行为研究[D].北京：中国农业科学院，2015.

[37] 刘芳，何忠伟，李超.北京乳品企业成长性研究[M].北京：中国农业出版社，2015.

[38] 王婉钰.品牌价值在营销能力与企业价值关系间的中介作用研究[D].哈尔滨工业大学，2017.

[39] 陈平，朱静文.品牌价值与企业绩效关系的文献综述[J].中国集体经济，2019（2）：85-86.

[40] 赵晨.中小型乳品企业渠道传播品牌研究[D].广州：暨南大学，2008.

[41] 邹宇.舜覃公司凯兰牧场A2-β酪蛋白纯牛奶营销策略案例研究[D].长春：吉林大学，2018.

[42] 赖庆梅.农产品品牌营销中整合营销传播策略的运用[J].中国经贸导刊

（中），2019（3）：93-94.

[43] 王沛，张国礼.广告传播途径与人们对产品确信度的影响[J].心理学，
2005，28（3）：614-618.

[44] 孙立，何佳讯.国家品牌战略、企业制度性行为与品牌资产——中国乳
业市场的证据[J].经济管理，2019，41（4）：142-157.

[45] 石依灵.农产品溯源系统对品牌的影响及对营销的启示[J].现代营销（下
旬刊），2019（6）：70-71.

[46] 赵艳，赵晓玲.寒地黑土农产品品牌竞争力提升模型和策略研究[J].黑龙
江畜牧兽医，2019（12）：7-10.

[47] 黄星星，印睿，阳高峰.湖南以产业扶贫打造湘西农产品区域品牌[J].中
国质量万里行，2019（6）：85.

[48] 高玉碧.企业科技创新对品牌价值影响机理研究[D].西安理工大学，
2018.

[49] 王大鹏.基于综合价值评估的房地产企业品牌价值评估及管理研究[D].
杭州：浙江工业大学，2019.

[50] 胡晓云，魏春丽，许多，等.2019中国茶叶区域公用品牌价值评估报告
[J].中国茶叶，2019，41（6）：22-43.

[51] 王雨，李忠魁.品牌价值评价与林业应用研究[J].林业经济，2018，40
（9）：55-60.

[52] 张庆雨.新能源汽车企业品牌价值评估体系研究[D].北京交通大学，
2018.

[53] 游嘉.修正的Sinobrand模型在品牌价值评估研究中的应用[D].北京：首
都经济贸易大学，2018.

[54] 张羽.农产品品牌价值提升策略研究[D].青岛大学，2016.

[55] 殷格非，林波，李永康，等.可持续品牌价值评估模型——基于品牌强
度优化的品牌价值评估方法[J].WTO经济导刊，2018（12）：40-41.

[56] 冯鹏飞.企业危机事件下品牌价值评估方法及对策研究[D].昆明：云南

财经大学，2018.

[57] 赵爽.基于BVA方法的房地产企业品牌价值评估研究[D].保定：河北大学，2018.

[58] 李宇峰，姜宝山，杨继荣.基于Interbrand方法的"互联网+"企业品牌价值评估研究——以广东猪兼强互联网科技有限公司为例[J].辽宁经济，2018（2）：66-71.

[59] 姚杰.品牌价值评估指标体系探析[J].中国广告，2003（9）：60-61.

[60] 范婷婷.基于Interbrand模型的白酒企业品牌价值评估[D].青岛理工大学，2018.

[61] 袁航.基于Interbrand模型的品牌价值评估[D].开封：河南大学，2016.

[62] 符国群.Interbrand品牌评估法评介[J].外国经济与管理，1999（11）：37-41.

[63] 李先涛."互联网+"环境下特色农产品网络营销对策[J].农家参谋，2019（13）：31.

[64] 白茹.三元食品的财务分析[J].会计师，2018（13）：38-39.

[65] 高倩玉.基于企业财务报表的中国农业企业发展能力分析——以北京三元食品股份有限公司为例[J].中国农业会计，2017（6）：36-38.

[66] 薛金萍.三元梅园：创意包装打造老字号的"宫廷范儿"——专访北京三元梅园食品有限公司总经理曹金禄先生[J].今日印刷，2015（12）：33-35.

[67] 兰洪杰.食品冷链物流系统协同研究[M].北京：中国农业科学技术出版社，2011.

[68] 霍青梅.乳制品行业呼唤全程冷链物流建设[J].物流技术与应用，2008（08）.

[69] 赵玉国.冷链物流，重在"链"的建设[J].物流技术与应用，2008（10）.

[70] 中国农业部官网[EB/OL].[2013-07-23].http：//www.moa.gov.cn.

[71] 洪华南.冷链物流中的共同配送策略研究[J].铁道运输与经济，2009（9）.

[72] 陈然，兰洪杰，殷悦.发展冷链物流共同配送的探讨[J].物流工程与管

理，2009（4）.

[73] 张革.当前我国冷链物流存在的问题及完善对策[J].科技情报开发与经济，2009（4）.

[74] S. J. James, C. James, J. A. Evans.Modeling of Food Transportation Systems Review.International Journal of Refrigeration，2006（29）：947-957.

[75] 康海琪.中国乳业组织模式与运行绩效评价研究[D].北京农学院，2017.6.

[76] 王娜.北京乳业信息化发展探析[J].农业科技展望，2017（5）：76-80.

[77] 邓群芳.基于PDA的乳牛生产管理系统的设计与研究[D].哈尔滨：东北农业大学，2014.

[78] 赵威.内蒙古乳户市场信息需求分析[D].呼和浩特：内蒙古农业大学，2013.

[79] 盛安琪.牛场管理信息系统研究[D].哈尔滨工业大学，2016.

[80] 赖媛媛.我国畜牧业物流体系构建研究[D].青岛：中国海洋大学,2015.

[81] 蒋帮镇.物联网环境下乳牛育种优化研究[D].上海交通大学，2014.

[82] 郭利亚，梁海军，刘媛媛，葛怀礼.现代农业信息化建设背景下我国乳业生产信息化发展现状分析[J].中国畜牧杂志，2017（16）.

[83] 王贵荣.新疆乳业结构、行为与绩效研究[J].新疆农业大学，2010（3）.

[84] 李红霞.生鲜品"冷链物流"断链解决措施[J].山东工业技术，2019（16）：220，230.

[85] 薛珂.电商生鲜品冷链物流及其风险研究[J].中国市场，2018（15）：176-177.

[86] 戴宇欣，袁梦.品牌价值评估方法标准化的探讨[J].标准科学，2017（11）：102-105.

[87] 李学工，齐美丽.生鲜电商冷链物流的成本控制研究[J].农业经济与管理，2016（4）：52-60.

[88] 陈吉铭，刘芳，何忠伟，等.京津冀乳制品冷链物流效率与影响因素研

究[J].中国畜牧杂志，2017，53（11）：123-128，143.

[89] 于秋，李学工.生鲜品电商冷链物流系统的优化设计及对策[J].现代食品，2015（14）：7-11.

[90] 刘玉满，李胜利.中国奶业经济研究报告[M].北京：中国农业出版社，2017：105-126.

[91] 张萍.石河子垦区鲜奶冷链统一收储运模式研究[D].石河子大学，2011.

[92] 朱娜，郑亚平，温佐凤.GM乳业公司冷链物流问题研究[J].物流技术，2012，31（19）：59-62.

[93] 刘畅，张婷婷.基于冷链物流的乳制品企业共同配送研究[J].物流技术，2013（20）：79-82.

[94] 曾志雄，邹炽导，韦鉴峰，等.基于蚁群算法的乳制品冷链物流配送成本模型优化[J].包装工程，2019，40（11）：58-65.

[95] 伊梦杰.基于道路畅通度下冷链物流成本优化[J].现代营销（经营版），2019（5）：215.

[96] 刘兴荧，罗晓红.生鲜企业冷链物流成本控制优化探索[J].现代商贸工业，2019，40（5）：33-34.

[97] 张倩，张悟移，Incharroen Rattapon.电商环境冷链物流路径优化研究[J].特区经济，2018（11）：103-105.

[98] 魏艳娇.基于原料乳质量安全的奶牛养殖风险评估及防控研究[D].哈尔滨：东北农业大学，2014.

[99] 张瑜.生鲜农产品冷链物流配送网络优化[J].农业工程，2018，8（6）：143-145.

[100] 尹红媛.冷链物流的发展现状及驱动因素研究[J].现代商贸工业，2018，39（18）：37-38.

[101] 唐洪峰.不同区域农业信息化推进模式研究[J].河南畜牧兽医，2013（5）.

[102] 李国英.大互联网背景下农业信息化发展空间及趋势——借鉴美国的经验[J].世界农业，2015（10）.

[103] 陈长石.地方政府激励与安全规制波动[D].大连：东北财经大学，2012.

[104] 王勇.河南省农业信息化水平评价及对策研究[D].郑州：河南农业大学，2013.

[105] 刘林，乔绿，郑维韬，等."良种选育的典范、名牛培养的摇篮"——北京奶牛育种体系概述[J].中国奶牛，2012（3）：41-43.

[106] 刘菲菲，刘孟超.北京畜牧业走向"北京创造"[N].中国畜牧兽医报，2016-3-6（002）.

[107] 王慧慧，路永强，刘芳.北京奶牛养殖业发展种养结合模式可行性探讨[J].北京市畜牧总站专栏，2015（15）：90-93

[108] 孙志刚，王明，刘文奇，等.北京市奶牛饲养管理现状与发展对策的调查研究[J].中国农学通报，2012（23）：45-49.

[109] 刘薇，吴迪梅.北京市奶牛养殖结构及粪污处理现状分析[J].畜牧兽医，2011

[110] 易小燕，杨宇泽.北京市奶牛养殖与粪污处理现状及展望——以三元绿荷为例[J].农业科技展望，2015（9）：52-56.

[111] 辛国昌，张立中.不同规模奶牛养殖的成本和收益比较[J].财会月刊，2011（5）：44-46.

[112] 朱红.国外如何发展农业物联网[J].农家参谋，2017（5）：59.

[113] 张旭光，赵元凤.奶牛保险对奶牛养殖规模的影响研究[J].保险研究，2017（2）：40-49.

[114] 赵文哲，钱贵霞.奶牛规模化养殖的可持续性评价[J].中国人口·资源与环境，2013（11）：435-438.

[115] 李红，常春华.奶牛养殖户质量安全行为的影响因素分析——基于内蒙古的调查[J].农业技术经济，2012（10）：73-79.

[116] 张倩，胡小琪，孟丽苹，等.农村学生营养改善措施的成本—效益分析：校园奶牛养殖[J].中国食物与营养，2015（1）：16-19.

[117] 郑丽.农户奶牛养殖生产行为研究——以眉山市为例[D].雅安：四川农业大学，2014.

[118] 乌云花，黄季焜，ScottRozelle，等.农户奶牛养殖与乳品加工业扩展[J].农业经济问题，2007（12）：62-69.

[119] 魏秀芬，刘子扬，李杰，等.天津奶牛养殖经济效益分析及发展对策研究[J].天津农学院学报，2013（1）：46-51.

[120] 董晓霞，李孟娇，刘浩森.我国奶牛优势区域养殖成本效益比较分析[J].中国食物与营养，2013（12）：19-23.

[121] 于海龙，李秉龙.中国奶牛养殖的区域优势分析与对策[J].农业现代研究，2012（2）：150-154.

[122] 刘芳，范宣丽，郭江鹏，等.中国奶牛养殖时空变化及影响因素研究[J].中国畜牧杂志，2016（12）：26-32.

[123] 梦帆.三元的"三个对接"——访北京三元集团有限责任公司总经理范学珊[J].中国牧业通讯，2005（4）：76-77.

[124] 晓萌.构建保健体系是奶牛养殖之屏障——访北京奶牛中心研究员肖定汉.[J]中国牧业通讯，2009（19）：35-36.

[125] 傅泽田，张小栓，张领先，等.生鲜农产品质量安全可追溯系统研究[M].北京：中国农业大学出版社，2012：264-321.

[126] 国家农村发展改革委宏观经济研究院，国家发展改革委农村经济司.产业融合：中国农村经济新增长点[M].北京：经济科学出版社，2016：3-42.

[127] 安森东，常璟.区域性农业信息化建设模式研究[M].北京：中国社会科学出版社，2012：25-26.

[128] 盛旗峰.农业信息化建设与评价研究[D].合肥：安徽农业大学，2005.

[129] 谷春梅.我国农业信息化存在的问题与对策[J].现代情报，2006（12）：53-54.

[130] 雷程伟.农业现代化过程的农业信息化研究[D].成都：西南财经大学，2014.

[131] 王炬.农业信息化进程中的问题及对策研究[D].重庆：西南农业大学，2003.

[132] 袁晓庆.农业信息化水平和效益评价模型和方法研究[D].北京：中国农业大学，2015.

[133] 王欣，李萍萍.我国北方地区农业信息化水平评价研究[J].情报科学，2014（10）：75-79.

[134] 王懦敬.我国农业信息化发展的瓶颈与应对策略思考[J].现代农业，2013（3）：337-343.

[135] 孔繁涛，陈萍，王平，等.我国农业信息化建设的实践与思考——基于"辽宁模式"的探索与启示[J].农业现代化研究，2016（3）：416-422.

[136] 姜爱林.信息化水平的八种测算方法[J].测绘软科学研究，2002（1）：44-49.

[137] 钱学军.中国农业现代化进程中的农业信息化研究[D].北京：中国农业大学，2005.

[138] 中国农业信息化体系建设研究课题组.中国农业信息化体系建设研究[J].经济研究参考，2014（38）：3-20.

[139] 陈晓明，高羽洁.创新机制搭建平台努力提升奶业信息化管理水平——访齐齐哈尔市畜牧兽医局奶业管理办公室主任齐晓彤[J].中国乳业，2012（129）：10-13.

[140] 张旭.奶牛信息化管理系统[D].保定：河北农业大学，2014.

[141] 侯振平，刘景喜，潘振亮，等.信息化技术在奶牛养殖管理中的应用[J].饲料饲养与环境，2011：105-106.

[142] 中国畜牧杂志.做用信息化武装起来的新牛人——我国首款奶牛牧场云计算管理系统在京发布[J].中国畜牧杂志，2012（10）：37.

[143] 晓玲.奶业信息化技术亟须实现"傻瓜化"[J].农业工程，2013：36.

[144] 唐洪峰.综合信息化管理是实现奶业现代化的基础手段[J].河南畜牧兽

医，2013（5）：16-18.

[145] 陶静娴.我国乳制品加工企业竞争力研究[D].福州：福建师范大学，
2013.

[146] 朱秋语.基于GIS建立农业数据平台可行性研究——以湖南省为例[J].
农业开发与装备，2017（10）：44-45.

[147] 刘林，齐振华.基于BIM的大型建筑物业管理平台应用[J].建筑经济，
2015（5）：78-80.

[148] 冯立超，刘国亮，张蒙.公共服务平台信息资源共享模型及仿真研
究——基于Lotka-Volterra模型[J].情报杂志，2017（36）：178-183.

[149] 邱磊.基于MVC模式的企业信息平台模型的实现与应用[D].成都：电
子科技大学，2012.

[150] 关爱浩.信息共享边界理论基本框架研究——基于市场价格决定视角
[J].当代财经，2013（12）：21-27.

[151] 李学婷，张俊飚，小林一，等.日本奶农生产经营的改善及其对我国奶
业发展的启示[J].农业现代化研究，2015（36）：536-538.